Uni-Taschenbücher 1878

UTB
FÜR WISSEN
SCHAFT

Eine Arbeitsgemeinschaft der Verlage

Wilhelm Fink Verlag München
Gustav Fischer Verlag Jena und Stuttgart
Francke Verlag Tübingen und Basel
Paul Haupt Verlag Bern · Stuttgart · Wien
Hüthig Fachverlage Heidelberg
Leske Verlag + Budrich GmbH Opladen
J. C. B. Mohr (Paul Siebeck) Tübingen
Quelle & Meyer Heidelberg · Wiesbaden
Ernst Reinhardt Verlag München und Basel
Schäffer-Poeschel Verlag · Stuttgart
Ferdinand Schöningh Verlag Paderborn · München · Wien · Zürich
Eugen Ulmer Verlag Stuttgart
Vandenhoeck & Ruprecht in Göttingen und Zürich

Albert Newen und Eike von Savigny

Analytische Philosophie

Eine Einführung

Wilhelm Fink Verlag · München

Die Deutsche Bibliothek – CIP-Einheitsaufnahme

Newen, Albert:
Analytische Philosophie: eine Einführung / Albert Newen und Eike von Savigny. – München: Fink, 1996
(UTB für Wissenschaft: Uni-Taschenbücher; 1878)
ISBN 3-8252-1878-3 (UTB)
ISBN 3-7705-3061-6 (Fink)
NE: Savigny, Eike von; UTB für Wissenschaft / Uni-Taschenbücher

Ohmstraße 5, 80802 München
ISBN 3-7705-3061-6

Printed in Germany
Einbandgestaltung: Alfred Krugmann, Freiberg am Neckar
Herstellung: Ferdinand Schöningh GmbH, Paderborn

UTB-Bestellnummer: ISBN 3-8252-1878-3

Inhaltsverzeichnis

Vorwort

Das vorliegende Buch präsentiert einen Überblick über das Selbstverständnis, die Grundlagen und die Entwicklung der Analytischen Philosophie. Dabei werden Darstellungen von Autoren, Disziplinen und neueren Strömungen miteinander verknüpft. Das Buch wurde so konzipiert, daß das, was nach unserer Einschätzung für das Studium der Analytischen Philosophie grundlegend ist, möglichst weitgehend berücksichtigt wurde. Die Wahl der einzelnen Themen ist selbstverständlich stark durch unsere Vorlieben und Forschungsschwerpunkte geprägt: Neben der Darstellung der wegweisenden Autoren Frege, Russell und Wittgenstein finden Sie historische Abrisse der Disziplinen Metaethik, Moralphilosophie, Philosophie der Sinneswahrnehmung, Anthropologie (Philosophie des Geistes) und Sprachphilosophie. Den Abschluß bilden einige systematische Problemdiskussionen, die das Zentrum von umfangreichen Debatten markieren. Wir haben uns bemüht, ein möglichst klares und charakteristisches Bild der Analytischen Philosophie zu zeichnen. Zugleich haben wir Wert darauf gelegt, daß diese Einführung nicht nur für fortgeschrittene Studenten, sondern auch für interessierte Laien und Studienanfänger lesbar ist, die gewöhnlich nicht über fundierte Kenntnisse der Logik verfügen. Daher haben wir darauf verzichtet, Disziplinen vorzustellen, für deren Präsentation umfangreiche logische Formalisierungen unerläßlich sind. Dazu gehören die Wissenschaftstheorie, die Handlungs- und Entscheidungstheorie sowie die Philosophische Logik. Die Bibliographie bietet zu jedem der elf Abschnitte Hinweise zu einführender und weiterführender Literatur. Zusätzlich haben wir bei den Abschnitten 1 bis 8 jeweils zentrale Hauptwerke eines Autors bzw. einer Disziplin in chronologischer Reihenfolge zusammengestellt. Damit soll sowohl dem Laien als auch dem fortgeschrittenen Studenten eine rasche Orientierung ermöglicht werden.

Die Gesamtkonzeption, den einleitenden Abschnitt zur Frage „Was ist Analytische Philosophie?" und das Literaturverzeichnis haben wir gemeinsam zu verantworten. Die Abschnitte zu Frege, Russell und dem *frühen* Wittgenstein (1, 2, 3.1) sowie die Abschnitte zu neueren Strömungen in Ontologie, Philosophie des Geistes und Sprachphilosophie (9 bis

11) hat Albert Newen verfaßt. Für hilfreiche, kritische Anmerkungen zu Form und Inhalt möchte ich mich bei Martin Anduschus, Ulrike Haas-Spohn, Andreas Kemmerling, Peter Lanz und Karl Peters bedanken. Der Abschnitt zum *späten* Wittgenstein (3.2) und die Darstellung der Disziplinen Metaethik, Moralphilosphie, Philosophie der Sinneswahrnehmung, Anthropologie und Sprachphilosophie (4 bis 8) stammen aus der Feder von Eike von Savigny. Unser Dank gilt Brigitte Drappa und Ute Halfar-Schneiders für die Sekretariatsarbeiten sowie Rimas Cuplinskas für die Mitarbeit beim Erstellen des Literaturverzeichnisses.

0.1 Was ist Analytische Philosophie?

Diese Frage versuchen wir zu beantworten, indem wir in einem ersten Schritt aus der Sachfrage eine Frage nach einem Begriff machen: Wie wird der Begriff „Analytische Philosophie" verwendet? Mit diesem Begriff wird eine einflußreiche philosophische Schule des zwanzigsten Jahrhunderts benannt. Ausgehend von klaren Anwendungsfällen des Begriffs, möchten wir einen historischen und einen methodischen Kern der Analytischen Philosophie charakterisieren. Das Wechseln des Untersuchungsobjekts von Sachen zu Begriffen wird als *die sprachliche Wende („the linguistic turn")* bezeichnet.

Die Wurzeln der Analytischen Philosophie reichen weit bis ins neunzehnte Jahrhundert zurück. Neben Franz Brentano (1838–1917) und Alexius Meinong (1852–1920) gehört insbesondere Bernard Bolzano (1781–1848) wegen seiner besonders klaren Sprache, der durchsichtigen Argumentation und der Transformation von Sach- in Begriffsfragen zu den Vorläufern der Analytischen Philosophie. Mit seinen Arbeiten hat er einen neuen Stil des Philosophierens eingeführt. Dieser Stil des Philosophieren, der sich mit seinen Formulierungen eng an der Normalsprache orientiert, wurde im zwanzigsten Jahrhundert von George E. Moore und besonders von Ludwig Wittgenstein in den *Philosophischen Untersuchungen* (1953) weiterentwickelt. Die daraus entstehende Grundrichtung der Analytischen Philosophie wird die Philosophie der normalen Sprache genannt. Ein zweiter Meilenstein für die Entstehung der Analytischen Philosophie war Gottlob Freges *Begriffsschrift* (1870). Damit wurde die Logik erstmals seit der aristotelischen und der stoischen Logik wesentlich weiterentwickelt. Die Entwicklung der modernen Logik war anfangs sehr eng an die Entwicklung der zweiten Grundrichtung der analytischen Philosophie gekoppelt, nämlich der Philosophie der idealen Sprache. Für diese wurde die moderne Logik zum zentralen methodischen Arbeitsmittel. So ist es charakteristisch, daß bei Frege, Russell und dem *frühen* Wittgenstein, der den *Tractatus logico-philosophicus* (1918) verfaßt hat, die Hauptwerke wesentlich von der Frage geleitet sind, was die Grundlagen der Mathematik sind. Indem sie diese erforschten, begannen sie zugleich mit systematischen Diskussionen zur Sprachphilosophie. Die Analytische Philosophie hatte in den dreißiger Jahren prominente Vertreter in Deutschland und Österreich, von denen sich viele im Wiener Kreis zusammenschlossen. Wegen der nationalsozialistischen Diktatur wanderten fast alle analytischen Philosophen vom europäischen Festland nach Großbritannien oder in die USA aus, so daß für einige Jahre die Analytische Philosophie eine rein angelsächsische Angelegenheit wurde. Doch schon bald nach dem Ende des Zweiten Weltkrieges begann die Analytische Philosophie wieder auf dem europäischen Festland Fuß zu fassen. Die bis heute weit verbreitete Redeweise von der angelsächsichen Analytischen Philosophie einerseits und der kontinentalen Philosophie andererseits war nur wenige Jahre zutreffend, wurde rasch irreführend und ist heute völlig unangemessen. Die Entwicklung der Analytischen Philosophie in Deutschland ist in den ersten Jahrzehnten der Bundesrepublik ganz wesentlich von Wolfgang Stegmüller und dem vormaligen Münchener Philosophischen Seminar II geprägt worden. Mittlerweile gehören Veranstaltungen zur Analytischen Philosophie an (fast) allen Universitäten in Deutschland zur philosophischen Ausbildung. Seit einigen Jahren gibt es sowohl eine Gesellschaft für Analytische Philosophie (GAP) in Deutschland als auch eine europäische Gesellschaft für Analytische Philosophie (ESAP).

Die Unterscheidung zwischen der Philosophie der normalen und der idealen Sprache ist ein brauchbares Mittel, die Arbeiten zur Analytischen Philosophie vom Anfang des zwanzigsten Jahrhunderts bis etwa in die sechziger Jahre methodisch zu charakterisieren. Autoren, die zur Philosophie der idealen Sprache gehören, zeichnen sich methodisch dadurch aus, daß sie mittels *einer logischen Analyse* der Normalsprache eine Idealsprache zu konstruieren suchen, in der sich alles ausdrücken läßt, was wir mit sinnvollen normalsprachlichen Sätzen ausdrücken, nur klarer, prägnanter und logisch eindeutig. Darüber, wie eine logische Analyse der Normalsprache genau auszusehen hat, gehen die Meinungen weit auseinander. Wir stellen in unserer Themenauswahl beispielhaft die Auffassung des *frühen* Wittgenstein vor (siehe 3.1.4). Die Philosophie der idealen Sprache hat außerdem das methodische Mittel der *rationalen Rekonstruk-*

tion entwickelt. In der Erkenntnistheorie versucht man die Fundamente einer Wahrnehmung, in der Wissenschaftstheorie die Fundamente einer Wissenschaft so anzugeben, daß in der Beschreibung psychologische Aspekte, die das faktische Entstehen eines Phänomens beeinflussen, außen vor bleiben zugunsten von Faktoren, die aus logisch-begrifflicher Sicht für eine Beschreibung eines Phänomens wesentlich sind. Die Philosophie der idealen Sprache wurde ausgehend von Frege, Russell und dem *frühen* Wittgenstein wesentlich von den Mitgliedern des Wiener Kreises weiterentwickelt, zu dessen Kern unter anderen Moritz Schlick und Friedrich Waismann gehörten. Der Wiener Kreis hat Untersuchungen zur Entwicklung der Wissenschaften ins Zentrum seiner Philosophie gestellt. Karl Popper und Carl G. Hempel haben, darauf aufbauend, solide Fundamente für die Disziplin Wissenschaftstheorie gelegt, während Rudolf Carnap und Hans Reichenbach außerdem die Sprachphilosophie weiterentwikkelten.

Die Philosophie der normalen Sprache hat zwei charakteristische Methoden entwickelt, nämlich Begriffsanalyse und Therapie. In den *Philosophischen Untersuchungen* (PU) hat Wittgenstein die Auffassung entwickelt und praktiziert, daß ein Philosoph eine Frage wie eine Krankheit behandele (PU 255). Die Krankheit ist die Verwirrung, die die Philosophie mit ihren unlösbaren Fragen stiftet. Die *Therapie* besteht darin, die Begriffe, die für das Entstehen des philosophischen Problems wesentlich sind, aus der metaphysischen Verwendung in ihren alltäglichen Gebrauch zurückzuführen und damit das Problem als Scheinproblem zu entlarven: „Die Philosophie ist ein Kampf gegen die Verhexung unsres Verstandes durch die Mittel unserer Sprache." (PU 109)

Dieses Bild vom Philosophen als Therapeuten hat wahrscheinlich deshalb an Attraktivität eingebüßt, weil das Auflösen philosophischer Probleme das Entwickeln einer konstruktiven Theorie zur Erklärung eines Phänomens überflüssig macht. So ist zwar die bescheidene Haltung des Nichtwissens oftmals angemesser als das Vertreten einer falschen konstruktiven Theorie; aber das philosophische Fragen begnügt sich dauerhaft meist nicht mit der sokratischen Haltung des Nichtwissens. Die Philosophie der normalen Sprache hat auch eine konstruktive Methode entwickelt, nämlich die *Begriffsanalyse*. Diese hat sich sehr viel stärker durchgesetzt. Es handelt sich dabei um die Strategie, einen Begriff durch einen anderen Begriff informativ zu erläutern. Betrachten wir zunächst ein einfaches Alltagsbeispiel:

(i) Ein Großvater zu sein ist dasselbe wie Vater eines Vaters oder Vater einer Mutter zu sein.

Es ist wesentlich, daß es sich bei diesen Sätzen um begriffliche und nicht um empirische Wahrheiten handelt. Der Satz „Ein Großvater zu sein ist dasselbe wie ein verheirateter Mann zu sein, der älter als fünfzig Jahre ist" ist dagegen ein empirischer Satz, in dem charakteristische Merkmale von Großvätern festgehalten werden. Großväter sind in der Regel verheiratet und über fünfzig Jahre alt. Doch ist es keineswegs so, daß in der Regel ein verheirateter Mann über fünfzig ein Großvater ist. Selbst wenn es *faktisch* so wäre, daß alle Großväter dieser Welt verheiratete Männer über fünfzig wären und umgekehrt alle verheirateten Männer über fünfzig auch Großväter wären, so wäre dies nicht *notwendigerweise* so. Die Tatsache, daß es auch anders sein kann, zeigt, daß mit dem obigen Satz eine empirische und keine begriffliche Aussage gemacht wird. Doch wenn korrekte Begriffsanalysen nur begrifflich wahre Aussagen zulassen, so besteht der Verdacht, daß diese – entgegen der Anforderung – nicht informativ sein können. Wie das Beispiel (i) zeigt, entsteht eine begrifflich wahre Aussage zumindest dann, wenn der analysierte Begriff und seine Erläuterung bedeutungsgleich bzw. synonym sind. Es scheint jedoch gerade dann keine informative Analyse möglich. Damit steht die Analytische Philosophie vor dem „Paradox der Analyse". Bei der folgenden Darstellung haben die Begriffsanalysen die allgemeine Form „X zu sein ist dasselbe wie Y zu sein".[1]

1. Prämisse: Wenn ‚X' und ‚Y' synonym sind, dann ist die Begriffsanalyse nicht informativ.
2. Prämisse: Wenn ‚X' und ‚Y' nicht synonym sind, dann ist die Begriffsanalyse inkorrekt.
Konklusion: Eine Begriffsanalyse kann nicht korrekt und informativ sein.

Wenn man die Konklusion nicht akzeptiert, muß man zeigen, daß eine der Prämissen falsch ist, denn der Schluß ist richtig. Die Lösung des Paradoxes besteht darin, die zweite Prämisse des Arguments als falsch zurückzuweisen: Eine Begriffsanalyse kann korrekt sein, auch wenn die beiden Begriffe nicht synonym sind. Um dies zu zeigen, brauchen wir zunächst genauere Erläuterungen der Begriffe „Synonymie" und „korrekte Analyse". Die Synonymie wird durch eine notwendige Bedingung erläutert: Wenn zwei Begriffe ‚F' und ‚G' synonym sind, dann kann jemand, der beispielsweise die Sätze ‚Michael ist F' und ‚Michael ist G' versteht, nicht zugleich den einen für falsch und den anderen für wahr

[1] Vgl. W. Künne: George Edward Moore, Was ist Begriffsanalyse?, in: M. Fleischer (Hrsg.): Philosophen des 20. Jahrhunderts, Darmstadt 1990, S. 27–40.

halten.[2] Betrachten wir als Beispiel die Begriffe „Bruder sein“ und „männliches Geschwister sein“. Wenn jemand den Satz „Michael ist ein Bruder von Sylvia“ für wahr hält, dann auch den Satz „Michael ist ein männliches Geschwister von Sylvia“. Die Bedingung für eine korrekte Analyse haben wir uns bereits vor Augen geführt: Eine Begriffsanalyse ist nur dann korrekt, wenn die Aussage „X zu sein ist dasselbe wie Y zu sein“ nicht bloß zufällig, sondern notwendigerweise wahr ist. Kommen wir nun zu einem Beispiel, welches der Bedingung einer korrekten Analyse genügt, ohne die notwendige Bedingung für Synonymie zu erfüllen. Die philosophische Analyse des Begriffs „Wissen“ sieht wie folgt aus, wobei der Buchstabe ‚p‘ für einen beliebigen Satz steht:

Eine Person weiß genau dann, daß p, wenn
1.) sie glaubt, daß p,
2.) sie gute Gründe hat zu glauben, daß p und
3.) es der Fall ist, daß p.

Der Begriff des Wissens ist somit nur dann angebracht, wenn erstens jemand eine Überzeugung hat, zweitens sich seine Überzeugung auf gute Gründe stützt (und nicht beispielsweise auf eine Eingebung im Traum) und drittens die Überzeugung wahr ist. Wissen ist nach dieser Analyse gerechtfertigte, wahre Meinung.[3] Die Aussage „Wissen zu haben ist dasselbe wie eine gerechtfertige, wahre Meinung zu haben“ ist notwendig und nicht bloß zufällig wahr. Damit liegt eine korrekte Begriffsanalyse vor. Allerdings ist es durchaus möglich, daß jemand, der die Alltagssprache beherrscht, den Satz ‚Anna weiß, daß es regnet‘ für wahr und zugleich den Satz ‚Anna hat die gerechtfertige, wahre Meinung, daß es regnet‘ für falsch hält, weil er den von der Philosophie aufgedeckten Zusammenhang zwischen Wissen und gerechtfertiger, wahrer Meinung nicht kennt. Die Bedingung der Synonymie ist nicht erfüllt. Damit haben wir beispielhaft gezeigt, daß eine korrekte Analyse auch bei zwei Begriffen möglich ist, die nicht synonym sind, und daß somit die Begriffsanalysen korrekt und informativ sein können. Diese Art von Begriffsanalyse ist in der Philoso-

---

2 Die beiden Sätze sind dabei so zu wählen, daß der Eigenname nicht mehrdeutig ist und somit dasselbe Objekt bezeichnet, und zweitens, daß die Sätze von diesem Objekt *in derselben Hinsicht* sagen, daß es die Eigenschaften F zu sein bzw. G zu sein hat.

3 Neuere Arbeiten haben gezeigt, daß genaugenommen noch einige Bedingungen ergänzt werden müssen. Vgl. P. Bieri (Hrsg.): Analytische Philosophie der Erkenntnis, Frankfurt [2]1992, S. 91–107.

phie der normalen Sprache ausgiebig verwendet worden. Gilbert Ryle hat in *The Concept of Mind* (1949) ein Begriffsnetz bzw. eine Geographie unserer mentalistischen Begriffe aufgedeckt, und Peter F. Strawson hat in *Individuals* (1959) Vergleichbares für die ontologischen Begriffe geleistet.

Seit den sechziger Jahren breitete sich die Analytische Philosophie nicht nur im angelsächsischen Raum, sondern auch in Europa zunehmend aus. In den Disziplinen der Analytischen Philosophie entwickelten sich umfangreiche Diskussionen, denen man nicht mehr durch die methodische Unterscheidung von Philosophie der normalen und der idealen Sprache gerecht werden kann. Es mag zu früh sein, die vielen Strömungen der letzten drei Jahrzehnte in der Analytischen Philosophie auf einen gemeinsamen Nenner zu bringen. Doch spricht zur Zeit vieles dafür, daß die sprachliche Wende in der Analytischen Philosophie von einer kognitiven Wende abgelöst wird. Viele Disziplinen der Analytischen Philosophie, insbesondere die Erkenntnistheorie, die Philosophie des Geistes und Teile der Sprachphilosophie, stehen in engem Zusammenhang mit der Kognitionswissenschaft. Diese junge Wissenschaft hat sich das Ziel gesetzt, die psychischen Fähigkeiten des Menschen zu erforschen, wobei Linguisten, Psychologen, Neurobiologen, Philosophen und Informatiker an denselben Leitfragen arbeiten. Es ist für die neueren Strömungen in der Analytischen Philosophie charakteristisch, daß sie sich für einen interdisziplinären Austausch öffnen.

Die Frage, was Analytische Philosophie ist, haben wir bislang durch einige historische und methodische Anmerkungen beleuchtet. Diese Grundgedanken können Sie durch die Lektüre der vorgestellten Autoren, Disziplinen und neueren Strömungen zu einem fundierten Einblick erweitern. Wenn es uns gelingt, Ihr Interesse für eine philosophische Schule zu wecken, die auf literarische Eigenwilligkeit und Eleganz zugunsten von gründlicher und durchsichtiger Argumentation verzichtet, so ist ein wesentliches Ziel dieser Einführung erreicht.

I Frege, Russell und Wittgenstein

1 Gottlob Frege

Gottlob Frege (1848–1925) war offiziell ein Vertreter des Faches Mathematik. Seine akademische Laufbahn ist eng an das Mathematische Institut in Jena gekoppelt. Dort habilitierte er sich, wurde 1879 zum außerordentlichen Titularprofessor und 1896 zum ordentlichen Honorarprofessor ernannt. Zu seinen Arbeitsfeldern gehörten vor allem mathematische Grundlagenforschung, philosophische Logik und Sprachphilosophie. Da Frege mit seinen Forschungen sowohl in der Mathematik als auch in der Philosophie Neuland betrat und gemäß der damals verbreiteten Auffassung bloß mit Randgebieten befaßt war, blieb ihm eine gebührende Anerkennung seiner bahnbrechenden Arbeiten zeitlebens versagt. Ein ordentlicher Lehrstuhl wurde ihm unter diesen Umständen verweigert. Frege hatte großen Einfluß auf Russell und Wittgenstein. Zunächst verbreiteten sich seine Grundideen nur indirekt, nämlich über die Aufnahme der Schriften von Russell und Wittgenstein. Seit einigen Jahrzehnten gibt es jedoch eine umfassende Frege-Renaissance, die ihn als Wegbereiter der modernen Logik, der formalen Semantik und der Sprachphilosophie anerkennt.

Die Philosophie Freges möchten wir in zwei Abschnitten vorstellen. Im ersten Abschnitt steht die Schrift *Die Grundlagen der Arithmetik* im Mittelpunkt. Sie ist charakteristisch für Freges Entwicklung, weil in ihr der mathematische Begriff der Zahl untersucht wird und darüber hinaus bei der Argumentation Grundsätze eingeführt und benutzt werden, die den Rahmen für seine Sprachphilosophie bilden. In dieser Schrift wird die Verbindung von mathematischen und sprachphilosophischen Untersuchungen besonders deutlich. Im zweiten Abschnitt werden die wichtigsten Züge von Freges Sprachphilosophie systematisch entwickelt, so wie sie vor allem in den Aufsätzen *Funktion und Begriff*, *Über Sinn und Bedeutung*, *Über Begriff und Gegenstand* und im ersten Teil der logischen Untersuchung mit dem Titel *Der Gedanke* nachzulesen sind.

1.1 Die Verbindung von Mathematik und Sprachphilosophie in den *Die Grundlagen der Arithmetik*

Gemäß dem Titel der Schrift geht es um eine Untersuchung der Grundlagen der Arithmetik, und zwar insbesondere um den Begriff der Zahl. Die Erforschung der Grundlagen darf nicht als die psychologische Frage nach den Ursprüngen für die Entdeckung der Zahl mißverstanden werden, sondern muß als logische Frage nach den Bedingungen einer einwandfreien Definition des Begriffs der Zahl aufgefaßt werden. Die Unterscheidung von Entdeckungs- und Begründungszusammenhang ist ein in den dreißiger Jahren von Karl Popper (s. *Logik der Forschung*) in die Wissenschaftstheorie eingeführter Standard, der in den *Die Grundlagen der Arithmetik* seine Wurzeln hat:

> So hat man allgemein die Frage, wie wir zu dem Inhalte eines Urteils kommen, von der zu trennen, woher wir die Berechtigung für unsere Behauptung nehmen.[1]

In einer philosophischen Fassung ist die Leitfrage der Untersuchung eine Frage nach der analytischen oder synthetischen Natur der arithmetischen Wahrheiten. Die von Kant eingeführte Unterscheidung erläutert Frege wie folgt: Ein Satz bzw. die Begründung eines Satzes ist analytisch, wenn bei dem Beweis des Satzes nur allgemeine logische Gesetze und Definitionen benötigt werden. Ein Beispiel für ein logisches Gesetz ist die Formel „p oder nicht p", eine Anwendung des Gesetzes ist der Satz „Es regnet oder es regnet nicht". Ein Beispiel für eine Definition ist der Satz „Junggesellen sind unverheiratete Männer". Ein logisches Gesetz ist ohne Zuhilfenahme von sinnlicher Wahrnehmung zu begründen. Dasselbe wird auch von Definitionen gefordert, so daß der Verzicht auf sinnliche Wahrnehmung ein durchgängiges Merkmal bei der Begründung analytischer Sätze ist. Ein Satz bzw. die Begründung eines Satzes ist synthetisch, wenn bei dem Beweis des Satzes darüber hinaus Wahrheiten benötigt werden, die sich auf ein besonderes Wissensgebiet beziehen. Wahrheiten eines besonderen Wissensgebietes sind Satzinhalte, deren Wahrheit letztlich nur abhängig von einer sinnlichen Wahrnehmung bewiesen werden kann, z. B. der Satzinhalt, daß jetzt in Bielefeld die Sonne scheint. Dazu gehören aber auch Inhalte von Sätzen über die Bedingungen unserer sinnlichen Wahrnehmung. So akzeptiert Frege Kants Argument dafür, daß die Begründung eines geometrischen Satzes synthetisch sei; denn eine solche

---

[1] Frege: *Die Grundlagen der Arithmetik (GLA)*, S. 27.

kommt ohne einen Satz über die Bedingungen der Wahrnehmung nicht aus.

Die Leitfrage Freges ist nun, ob eine solche Abhängigkeit auch für die Begründung arithmetischer Sätze wie „2+3=5" besteht oder ob sie analytischer Natur sind. Da die arithmetischen Sätze vor allem den Begriff der Zahl voraussetzen, kann die Frage nur entschieden werden, indem geklärt wird, ob der Begriff der Zahl definierbar ist oder nicht. Im ersten Fall wäre die Analytizität der Zahlformeln gezeigt und damit die Arithmetik als Teilgebiet der Logik ausgewiesen. Im zweiten Fall wären die Zahlformeln synthetischer Natur, und damit bekäme die Arithmetik denselben Status wie die Geometrie als ein Gebiet der Mathematik, dessen Grundlagen von den Bedingungen der Wahrnehmung abhängen.

Frege entscheidet die Alternative in *Die Grundlagen der Arithmetik* zugunsten der Analytizität der Zahlformeln, indem er eine Definition des Begriffs der Zahl entwickelt und diese in groben Zügen begründet; das heißt, er ist sich bewußt, daß sein Ergebnis, auch wenn es durch gute Argumente wahrscheinlich gemacht wurde, noch eines logisch vollständigen Beweises bedarf. Da das Ergebnis durch Russells Kritik später ins Wanken gebracht wurde (siehe Abschnitt 2.2), interessiert uns in diesem Fall mehr der Weg von Freges Denken als sein Ziel. Auf diesem Weg hat er drei Grundsätze eingeführt, die die Schnittstelle zwischen seiner Philosophie der Mathematik und seiner Sprachphilosophie markieren.

1.1.1 Die Trennung von Logik und Psychologie

Freges Antipsychologismus zeigt sich nicht nur in der Unterscheidung von Entdeckungs- und Begründungszusammenhang, sondern auch bei seiner Diskussion der Frage, ob die Zahl wie eine Geschmacksempfindung etwas Subjektives sei. Subjektive Empfindungen, wie alles Subjektive, faßt Frege mit dem Terminus Vorstellungen zusammen. Seine These lautet:

> [...] die Zahl ist so wenig ein Gegenstand der Psychologie oder ein Ergebnis psychischer Vorgänge, wie es etwa die Nordsee ist.[2]

Als Beleg seiner These führt er zwei Argumente an. Mit einer Äußerung des Satzes „Die Nordsee ist 10000 Quadratmeilen groß" behauptet man etwas ganz Objektives. Die Objektivität zeigt sich darin, daß der Inhalt dieses Satzes unabhängig von unserer subjektiven Auffassungsweise

2 Frege: *GLA*, S. 56.

von „Nordsee“ und „10 000“ einen festen Wahrheitswert besitzt. Wenn der Inhalt des Satzes nach gewöhnlichem Verständnis wahr ist und wir die Grenzen der Nordsee in einer neuen Auffassungsweise enger fassen oder etwas anderes unter der Zahl 10 000 verstehen, so wird nicht derselbe Inhalt falsch, der vorher richtig war, sondern der Inhalt des Satzes verändert sich. Der neue Inhalt ist falsch, völlig unabhängig von der fortbestehenden Wahrheit des ersten Inhalts. In einer zweiten indirekten Argumentation weist Frege auf einige offenkundig absurde Konsequenzen hin. Als Voraussetzung benutzt er, daß der Satz „Eine Vorstellung kann nicht zwei Menschen gemeinsam sein“ ein analytischer Satz ist, das heißt, wenn etwas zwei Menschen gemeinsam ist, dann ist es keine Vorstellung. Wenn die Zahl etwas Subjektives, eine Vorstellung wäre, dann müßten in der Mathematik so viele Zweien unterschieden werden, wie es Menschen gibt, die zählen können; denn die Vorstellungen zweier Menschen sind per definitionem verschieden. Es wäre des weiteren eine offene Frage, ob sich die Vorstellungen der Menschen (bei gleichbleibenden objektiven Bedingungen) so verändern, daß plötzlich „2 + 2 = 5“ richtig ist. Nicht zuletzt hinge die Frage, ob 10 000 ein leeres Zeichen ist oder nicht, allein davon ab, ob es jemanden gibt, der eine Vorstellung von der Zahl hat. Die aufgezeigten Konsequenzen sind so offensichtlich unhaltbar, daß damit die Position, die Zahl sei etwas Subjektives, ad absurdum geführt ist. Die Zahl ist somit etwas Objektives, wenn es auch klar ist, daß sie im Gegensatz zu Tischen und Stühlen, aber auch im Gegensatz zum Zahlzeichen kein raumzeitliches Objekt ist. Daraus folgt nach Frege nur, daß nicht alles, was objektiv ist, einen Raum einnehmen muß. Neben dem Subjektiven, den Vorstellungen, die nicht raumzeitlich lokalisierbar sind, muß der Bereich des Objektiven als zweigeteilt betrachtet werden, nämlich in Objektives, welches raumzeitlich lokalisierbar ist, und solches, für das dies nicht gilt. Frege nennt ersteres das objektiv Wirkliche und letzteres das objektiv Nichtwirkliche. Eine Untersuchung des objektiv Nichtwirklichen gehört in den Bereich der Logik. Da die Psychologen nur für eine Untersuchung des Subjektiven zuständig sind, fällt eine Betrachtung der Zahl nicht in ihr Gebiet. Vielmehr ist es die Aufgabe der Logiker, eine Definition der Zahl als eines objektiv Nichtwirklichen zu liefern. Der erste Grundsatz, den Frege in den *Grundlagen der Arithmetik* demgemäß formuliert, lautet:

> Es ist das Psychologische von dem Logischen, das Subjektive von dem Objektiven scharf zu trennen.[3]

---

[3] Frege: *GLA*, S. 23.

1.1.2 Das Satzzusammenhangprinzip

Der zweite Grundsatz in *Die Grundlagen der Arithmetik* lautet:

> Nach der Bedeutung der Wörter muß im Satzzusammenhange, nicht in ihrer Vereinzelung gefragt werden;[4]

Auch dieses Prinzip ist Teil von Freges Antipsychologismus. Er kritisiert die zu seiner Zeit verbreitete Position, daß die Bedeutung eines Wortes die mit dem Wort verbundenen inneren Bilder oder, allgemeiner, die Vorstellungen sind. Diese Auffassung ist falsch, weil wir keine Vorstellung von der Entfernung zwischen Erde und Sonne haben, sondern nur eine Regel, wie oft man einen Maßstab anlegen müßte. Trotzdem können wir die Richtigkeit unserer Angabe zweifelsfrei ausweisen. Da die Äußerung eines Satzes, mit der die richtige Entfernung zwischen Erde und Sonne behauptet wird, wahr ist, muß sie auch bedeutungsvoll sein. Die Unfähigkeit, sich eine Vorstellung vom Inhalt eines Wortes zu machen, ist somit kein hinreichender Grund, dieses als bedeutungslos anzusehen. Neben einem Argument, welches die Auffassung, die Bedeutung eines Wortes sei eine Vorstellung, als falsch ausweist, liefert Frege auch eine Analyse, warum diese Position attraktiv erscheint. Die falsche Position ist eine Folge der isolierten Betrachtung der Wörter, denn bei einer solchen liegt es nahe, als Bedeutung eines Wortes die mit ihm verbundene Vorstellung anzunehmen.

> Es ist also die Unvorstellbarkeit des Inhalts eines Wortes kein Grund, ihm jede Bedeutung abzusprechen oder es vom Gebrauche auszuschließen. Der Schein des Gegenteils entsteht wohl dadurch, daß wir die Wörter vereinzelt betrachten und nach ihrer Bedeutung fragen, für welche wir dann eine Vorstellung nehmen. So scheint ein Wort keinen Inhalt zu haben, für welches uns ein entsprechendes inneres Bild fehlt. Man muß aber immer einen vollständigen Satz ins Auge fassen. Nur in ihm haben die Wörter eigentlich eine Bedeutung.[5]

Mit der Beachtung des zweiten Grundsatzes wird sichergestellt, daß man nicht in den Fehler der psychologischen Bedeutungstheorien verfällt und damit zugleich gegen den ersten Grundsatz verstößt; anders formuliert, ist der zweite Grundsatz eine Anwendung des ersten allgemeineren Grundsatzes im Bereich der Bedeutungstheorie.

---

4 Frege: *GLA*, S. 23.

5 Frege: *GLA*, S. 92.

1.1.3 Die Unterscheidung von Begriff und Gegenstand

Da die Bedeutung eines Zahlwortes nichts Subjektives ist, bleibt nur noch zu klären, unter welche Kategorie des Objektiven sie aus logischer Sicht gehört: Ist sie ein Gegenstand oder ein Begriff? Die Unterscheidung von Begriff und Gegenstand geht auf die mathematische Unterscheidung von Funktion und Argument zurück. In der Mathematik ist es üblich, den Zahlausdruck „3^2" in den Funktionsausdruck „$( )^2$" und den Argumentausdruck „3" zu zerlegen. Der Funktionsausdruck bezeichnet die Funktion des Quadrierens, und der Argumentausdruck bezeichnet ein Argument, nämlich die Zahl 3. Das wesentliche Merkmal eines Funktionsausdrucks ist seine Unvollständigkeit bzw. Ergänzungsbedürftigkeit, welche durch die Klammer in dem Ausdruck symbolisiert wird. Ein Funktionsausdruck bildet erst zusammen mit einem Argumentausdruck ein vollständiges Ganzes. Im Gegensatz dazu benötigt ein Argumentausdruck keine Ergänzung. Frege nennt deshalb einen Funktionsausdruck sowie die von ihm bezeichnete Funktion *ungesättigt* und einen Argumentausdruck sowie das von ihm bezeichnete Argument *gesättigt*.

Ein Satz kann genauso wie eine mathematische Angabe in Argument- und Funktionsausdruck zerlegt werden. Der Satz „Brutus tötete Caesar" kann in den Argumentausdruck „Brutus" und den Funktionsausdruck „( ) tötete Caesar", in den Argumentausdruck „Caesar" und den Funktionsausdruck „Brutus tötete ( )" oder in die Argumentausdrücke „Brutus" und „Caesar" sowie den zweistelligen Funktionsausdruck „( ) tötete ( )" zerlegt werden. Die Zerlegung eines Satzes ist abhängig von unserer Wahl des variablen, ersetzbaren Satzbestandteils und damit nicht eindeutig.

In *Die Grundlagen der Arithmetik* betrachtet Frege nur Sätze, die einen singulären, beurteilbaren Inhalt haben. Singulär ist der Inhalt eines Satzes, wenn der Argumentausdruck des Satzes ein gewöhnlicher Name ist oder mit dem bestimmten Artikel oder dem Demonstrativpronomen beginnt. Der Argumentausdruck eines Satzes mit einem singulären Inhalt hat somit eine grammatische Form, die etwas Einzelnes, Singuläres als Bezeichnetes verlangt. Alle Argumentausdrücke, die dieser Bedingung genügen, faßt Frege unter der Kategorie „Eigennamen" zusammen. Damit der singuläre Inhalt eines Satzes beurteilbar ist, muß der Satz sinnvoll sein. Damit ein Satz einen singulären, beurteilbaren Inhalt hat, dürfen somit als Funktionsausdrücke nur solche ungesättigten Satzteile zugelassen werden, die zusammen mit einem Eigennamen einen sinnvollen Satz ergeben. Mit dieser Einschränkung von Argumentausdrücken auf Eigennamen und von Funktionsausdrücken auf solche Begriffswörter, die in Verbindung mit Eigennamen einen sinnvollen Satz ergeben, ist es leicht möglich, Begriff und Gegenstand zu definieren. Ein Gegenstand ist das, was mit einem Eigennamen bezeichnet werden kann, das heißt, ein Gegenstand ist das, was mit dem Argumentausdruck eines Satzes bezeichnet werden kann, welcher einen singulären, beurteilbaren Inhalt hat. Ein Begriff ist das, was durch ein Begriffswort bezeichnet werden kann. Ein Begriff, genauer ein Begriff erster Stufe, ist das, was durch einen Funktionsausdruck eines Satzes bezeichnet werden kann, der einen singulären, beurteilbaren Inhalt hat.[6]

Ein Begriffswort bezeichnet somit einen Begriff und ein Eigenname einen Gegenstand. Da sowohl Begriffe als auch Gegenstände in den Bereich des Objektiven gehören, sind sie gute Kandidaten für die Bedeutung von Begriffswörtern und Eigennamen. So bestimmt Frege denn auch als Bedeutung eines Begriffswortes den bezeichneten Begriff und als Bedeutung eines Eigennamens den bezeichneten Gegenstand. Die Ausgangsfrage nach der Bedeutung des Wortes „Zahl" und den Zahlwörtern kann somit in eine Frage nach der Wortart umformuliert werden: Haben wir es mit einem Begriffswort oder mit einem Eigennamen zu tun? Das Wort „Zahl" bzw. „( ) ist eine Zahl" ist offensichtlich ein Begriffswort. Dagegen sind ein Zahlwort, z. B. „zwei", sowie die Kennzeichnung „die Zahl 2" Eigennamen im Sinne Freges. Die Unterscheidung zwischen dem Begriffswort „Zahl" und den Zahlwörtern (z. B. „zwei", „vier"), welche Eigennamen sind, beruht auf Freges drittem Grundsatz:

> Der Unterschied zwischen Begriff und Gegenstand ist im Auge zu behalten.[7]

1.1.4 Adjektivisch verwendete Zahlwörter als Begriffswörter zweiter Stufe

Die häufigste und wichtigste Verwendung von Zahlwörtern ist damit noch nicht erfaßt, denn dies ist die adjektivische Verwendung wie in den Beispielen „vier Pferde", „drei Städte". Ein gewöhnliches Adjektiv, wie z. B. „weise", bezeichnet einen einstelligen Begriff, nämlich die Eigenschaft,

---

6 Vergl. Frege: *GLA*, S. 98, Anm. 88.

7 Frege: *GLA*, S. 23.

weise zu sein. Ist das Zahlwort „zwei" in der Verwendung „zwei Häuser" ebenso ein gewöhnliches Adjektiv wie „edel" in der Verwendung „edle Pferde"? Mit einem gewöhnlichen Adjektiv, etwa „edel", wird in der Verbindung mit einem Begriffswort, z. B. „Pferde", den Gegenständen, die unter den Begriff fallen, eine Eigenschaft zugeschrieben. Mit diesem Beispiel wird Pferden die Eigenschaft zugeschrieben, edel zu sein. Möchte man dieses Zuschreiben durch eine veränderte Stellung der Wörter deutlicher machen, so muß man das Adjektiv mit dem Verb „sein" verbinden und den dazugehörigen Begriff zum Subjekt machen. Aus „edle Pferde" wird auf diese Weise der Satz „Pferde sind edel". Bei der Transformation darf das Wort „sein" aber nur in einer der drei Verwendungsweisen, die es aufweist, benutzt werden. „Sein" kann zum Ausdruck von Existenz verwendet werden, z. B. in „Gott ist" als Ausdrucksvariante für „Gott existiert", aber auch zum Ausdruck von Identität, z. B. in „Samuel Clemens ist Mark Twain" als Kurzform für „Samuel Clemens ist identisch mit Mark Twain". Die dritte bei der erläuterten Transformation zulässige Verwendungsweise von „sein" ist die als Hilfsverb, weil nur in dieser Rolle die Verbindung mit einem Adjektiv das gewünschte Ergebnis zeigt, nämlich daß den Gegenständen, die unter einen dazugehörigen Begriff fallen, eine Eigenschaft zugeschrieben wird. Wenn das Wort „sein" als Hilfsverb gebraucht wird, spricht man auch von der Kopula „sein". Bei dem Ausdruck „zwei Häuser" führt eine solche Transformation zu einem unsinnigen Satz, nämlich „Häuser sind zwei". Sinnvoll ist der Satz nur, wenn der Ausdruck „sein" nicht als Kopula aufgefaßt wird, sondern als Ausdruck für Existenz. Das Ergebnis ist der Satz „Häuser gibt es zwei". Mit diesem wird jedoch nicht den unter den Begriff „Häuser" fallenden Gegenständen eine Eigenschaft zugeschrieben; denn selbst wenn der Satz wahr wäre, dann hätte ein Haus nicht die Eigenschaft zwei, wohl aber hätte ein Pferd die Eigenschaft, edel zu sein, wenn der Satz „Pferde sind edel" wahr wäre. In einem vorläufigen Resümee können wir festhalten, daß das Zahlwort „zwei" in der adjektivischen Verwendung „zwei Häuser" einerseits kein Eigenname ist, weil es als Adjektiv ungesättigt ist. Andererseits ist es auch kein gewöhnliches einstelliges Begriffswort, das den unter einen dazugehörigen Begriff fallenden Gegenständen eine Eigenschaft zuweist. Es bleibt also die Frage, welche Rolle ein adjektivisch verwendetes Zahlwort spielt.

Freges Antwort lautet: Es ist ein Begriffswort zweiter Stufe, das heißt ein Begriffswort, das etwas von einem dazugehörigen Begriff erster Stufe aussagt und nicht von den unter diesen Begriff fallenden Gegenständen. Als Bestätigung für diese These weist Frege unter anderem auf den Sprachgebrauch hin. Man sagt „zehn Mann", „vier Mark", „drei Faß" und verwendet dabei die zum Zahlwort gehörenden Begriffswörter im Singular. Damit wird deutlich, daß das Zahlwort dem Begriff eine Eigenschaft zuschreibt: Dem Begriff „Mann" wird die Eigenschaft zugeschrieben, in zehn Exemplaren realisiert zu sein, dem Begriff „Mark" wird die Eigenschaft zugeschrieben, in vier Exemplaren realisiert zu sein usw. Wenn mit einem Adjektiv einem dazugehörigen *Begriff* erster Stufe eine Eigenschaft zugeschrieben wird, dann ist das Adjektiv ein Begriffswort zweiter Stufe.

Wenn dagegen mit dem Adjektiv den *Gegenständen,* die unter den dazugehörigen Begriff erster Stufe fallen, eine Eigenschaft zugeschrieben wird, dann ist das Adjektiv ein Begriffswort erster Stufe. Die Erkenntnis, daß adjektivisch verwendete Zahlwörter Begriffswörter zweiter Stufe sind, ist die entscheidende Grundlage für Freges allgemeine Definition der Zahl in *Die Grundlagen der Arithmetik.* Diese erlaubt ihm im Gegensatz zu den zu seiner Zeit vorliegenden Alternativvorschlägen unter anderem eine problemlose Definition der Zahl Null:

0 ist die Anzahl, welche dem Begriff ‚sich selbst ungleich' zukommt.[8]

Den psychologistischen Theorien fiel es stets schwer anzugeben, welche Vorstellung für die Bedeutung des Zahlworts „Null" relevant sein soll. Frege kann dieses Problem vermeiden, denn der Witz seiner Definition besteht darin, daß sie mit Ausdrücken auskommt, die rein logisch geklärt werden können: Der Ausdruck „eine Anzahl sein, welche einem Begriff zukommt" wird durch die allgemeine Definition der Anzahl als rein logisches Begriffswort ausgewiesen.[9] Für das außerdem noch verwendete Begriffswort „sich selbst ungleich" gilt, daß rein logisch bewiesen werden kann, daß nichts unter den von ihm bezeichneten Begriff fällt.

Die Definition des Zahlworts „Null" erlaubt des weiteren eine Bestimmung des Ausdrucks „Existenz". Da die Bejahung der Existenz nichts anderes ist als die Verneinung der Null-Zahl, gehört der Begriff der Existenz derselben Stufe an wie die adjektivisch verwendete Null-Zahl, das heißt, Existenz ist ein Begriff zweiter Stufe. Wenn Gegenständen, die unter einen Begriff fallen, Existenz zugeschrieben wird, dann ist die Anzahl, die dem Begriff zukommt, verschieden von der Anzahl, die dem Begriff „sich selbst ungleich" zukommt. Mit dieser Erläuterung zum

---

8 Frege: *GLA*, S. 107.

9 Frege: *GLA*, S. 100 f.

Begriff der Existenz wird Kants Behauptung, daß „Sein" im Sinne von Existenz kein reales Prädikat ist, durch eine Begriffsbestimmung konkretisiert.

1.1.5 Begriffe höherer Ordnung

Begriffe dritter Stufe verhalten sich zu Begriffen zweiter Stufe wie diese zu Begriffen erster Stufe, das heißt, mit einem Begriffswort dritter Stufe wird einem Begriff zweiter Stufe eine Eigenschaft zugeschrieben und nicht den Gegenständen, die unter den Begriff zweiter Stufe fallen. Allgemein gilt: Ein Begriffswort der Stufe n + 1 schreibt einem dazugehörigen Begriff n-ter Stufe eine Eigenschaft zu und nicht den Gegenständen, die unter den Begriff n-ter Stufe fallen. Ob ein Adjektiv, das in Verbindung mit einem Begriffswort n-ter Stufe verwendet wird, ein Begriffswort der Stufe n oder n+1 ist, kann durch die bereits vorgestellte Transformation ermittelt werden. Wenn ein Adjektiv mit der Kopula zu einem Prädikat verbunden werden kann, welches zusammen mit dem Begriffswort n-ter Stufe als Subjekt einen sinnvollen Satz ergibt, dann ist das Adjektiv ebenfalls ein Begriffswort der Stufe n, andernfalls ist es ein Begriffswort der Stufe n+1.[10] Dieses allgemeine Prinzip soll an dem Ausdruck „vier edle Pferde" erläutert werden. Das Wort „Pferde" bezeichnet einen gewöhnlichen Begriff erster Stufe. Die Gegenstände, die unter ihn fallen, sind Pferde. Ob das Adjektiv „edel" ein Begriffswort erster oder zweiter Stufe ist, kann man durch die erläuterte Kopulatransformation feststellen: Aus „edle Pferde" wird der Satz „Pferde sind edel". Da er sinnvoll ist, ist das Begriffswort „edel" ein Begriffswort erster Stufe, das heißt, daß den einzelnen Pferden, die unter den Begriff „Pferd" fallen, die Eigenschaft, edel zu sein, zugeschrieben wird. Welcher Stufe gehört das Begriffswort „vier" an? Aus „vier edle Pferde" wird der Satz „Edle Pferde sind vier". Dies ist ein sinnloser Satz, es sei denn, man faßt das Wort „sein" nicht mehr als Kopula, sondern als Ausdruck für Existenz auf. Dies bedeutet aber, daß „vier" in adjektivischer Verwendung kein Begriffswort erster Stufe ist, sondern eines der zweiten Stufe, wie wir es allgemein für adjektivisch verwendete Zahlwörter erwarten.

---

10 Strenggenommen muß für den Schluß, daß ein Adjektiv ein Begriffswort der Stufe n +1 ist, nicht nur negativ gezeigt werden, daß es kein Begriffswort der Stufe n ist, sondern auch, daß mit ihm etwas von dem dazugehörigen Begriff der Stufe n ausgesagt wird.

Die Einschränkung der Begriffsbestimmung auf eine Verwendungsweise ist notwendig, weil oftmals ein und dasselbe Wort in verschiedenen Verwendungsweisen als Begriffswort unterschiedlicher Stufe oder gar als Eigenname fungieren kann. Wie wir bereits gesehen haben, kann z. B. das Wort „vier" als Eigenname für die Zahl Vier verwendet werden oder in adjektivischer Verwendung als Begriffswort zweiter Stufe.

1.2 Freges Sprachphilosophie

Die Konzeption von Freges Sprachphilosophie wird im folgenden ohne Rücksicht auf die zeitliche Entwicklung seiner Gedanken skizziert. Dabei kommt zunächst der späte Aufsatz „Der Gedanke" aus dem Jahre 1918 in den Blick. In ihm wird deutlich, daß es Frege vorrangig um eine Klärung der Wahrheit und Falschheit von Gedanken geht. Die Analyse von Sätzen erweist sich dabei als das beste Mittel, als *via regis,* für die Untersuchung von Gedanken, denn Gedanken werden am deutlichsten in Sätzen zum Ausdruck gebracht. Freges Sprachphilosophie dient heute noch vielen Autoren als Orientierung, weil er eine systematisch durchgeführte Theorie von Sinn und Bedeutung vorgelegt hat.

1.2.1 Logik und Wahrheit

Die Grundbegriffe der Logik, seien es die Begriffswörter „Folgerung", „Identität" oder „Wahrheit", können nicht durch eine psychologische Untersuchung erläutert werden, sondern nur durch eine logische. Wenn man das Begriffswort „Wahrheit" durch eine psychologische Untersuchung der Denkvorgänge oder der Vorstellungen der Menschen zu klären versuchte, so würde man das Ziel verfehlen, denn das Ergebnis wären allgemeine Gesetze über das Fürwahrhalten bei Menschen. Das Fürwahrhalten auf Grund von Vorstellungen ist jedoch etwas anderes als eine wissenschaftliche Wahrheit, denn ansonsten könnte jede Einzelperson auf Grund ihrer Vorstellungen eine eigene Wahrheit festsetzen. Damit jedoch wäre jeder wissenschaftliche Diskurs überflüssig. Eine wissenschaftliche Wahrheit würde durch die subjektiven Vorstellungen des Wissenschaftlers begründet, die ihn auf die Idee gebracht haben. Das erste Problem mit dieser psychologischen Sichtweise besteht darin, daß die anderen Menschen nicht die Vorstellungen des Wissenschaftlers haben, denn diese sind gemäß Frege subjektiv, privat; insofern bliebe auch die Begründung subjektiv und wäre keine im eigentlichen Sinne des Wortes. Selbst wenn wir dieses Problem ignorieren, indem wir nicht mehr von den subjektiven Vorstellungen, sondern von den allgemein faßbaren Gedanken sprechen, bleibt ein Weiteres: Auch wenn ein psychologisches Gesetz einen verbreiteten Übergang von einem Gedanken zu einem anderen beschreibt, ist dies keine Garantie dafür, daß der eine Gedanke zum Beweis des anderen dienen kann. Wie die moderne Psychologie gezeigt hat, sind einige der weitverbreiteten und stabilen Denkweisen logisch falsche Schlüsse.[11] Auf diesen würde die wissenschaftliche Wahrheit ruhen, wenn eine Erklärung mittels psychologischer Denkgesetze, das heißt allgemein verbreiteten Denkweisen, als Begründung einer Wahrheit ausreichen würde. Gedanken können durch einen logisch schlüssigen Beweis auf der Basis von Definitionen und wahren Prämissen als wahr ausgewiesen werden. Die Logik muß dafür die gültigen Schlußweisen entdekken, während die Psychologie die weitverbreiteten, oftmals logisch unschlüssigen Denkweisen zusammenfaßt.

> Um jedes Mißverständnis auszuschließen und die Grenze zwischen Psychologie und Logik nicht verwischen zu lassen, weise ich der Logik die Aufgabe zu, die Gesetze des Wahrseins zu finden, nicht die des Fürwahrhaltens oder Denkens.[12]

1.2.2 Die Objektivität der Gedanken

Gedanken werden bei Frege als etwas eingeführt, bei dem überhaupt Wahrheit in Frage kommen kann, das heißt, wenn etwas wahr oder falsch ist, so muß dies ein Gedanke sein. Da etwas, was wahr ist, nichts Subjektives sein kann, müssen Gedanken objektiv sein. „Objektiv" wird der Gedanke genannt, erstens, weil derselbe Gedanke von vielen Menschen erfaßt werden kann, und zweitens, weil er nicht erschaffen, sondern nur entdeckt wird. Mit der Redewendung, daß Wissenschaftler mit der Entdeckung und nicht mit der Schaffung von wahren Gedanken beschäftigt sind, möchte Frege auf die zeitlose Gültigkeit wahrer Gedanken hinweisen. Der Satz des Pythagoras oder eine astronomische Wahrheit waren auch vor ihrer Entdeckung gültig. Sie können daher benutzt werden, um Ereignisse zu beschreiben, die stattgefunden haben, bevor die Gesetze selbst entdeckt wurden. Wegen der zeitlosen Gültigkeit muß es die wah-

---

11 Kahnemann, D., Slovic, P. und Tversky, A.: *Judgement under Uncertainty: Heuristics and Biases,* Cambridge UP 1982.

12 Frege: *Der Gedanke*, S. 31.

ren Gedanken auch schon vor ihrer Entdeckung gegeben haben. Dasselbe gilt für falsche Gedanken auf Grund ihrer zeitlosen Ungültigkeit. Frege schreibt den Gedanken auf Grund dieser Eigenschaft eine eigene Form von Existenz zu: Sie sind objektiv-nichtwirklich und haben damit denselben Status wie Zahlen. Die spezifische Existenzform der Gedanken wird jedoch nur negativ charakterisiert. Indem die Gedanken als nichtwirklich bezeichnet werden, grenzt Frege sie von den raumzeitlichen Gegenständen der Außenwelt ab. „Nichtwirklichsein" heißt bei Frege soviel wie „kein raumzeitlicher Gegenstand sein". Mit der Eigenschaft, objektiv zu sein, werden die Gedanken von den subjektiven Vorstellungen abgegrenzt, das heißt, sie sind im Gegensatz zu den Vorstellungen nicht nur einem Menschen, sondern allgemein zugänglich.

> So verstehe ich unter Objektivität eine Unabhängigkeit von unserem Empfinden, Anschauen und Vorstellen, von dem Entwerfen innerer Bilder aus den Erinnerungen früherer Empfindungen, ...[13]

Positiv abgegrenzt werden die Gedanken nur durch die Eigenschaft, einen Wahrheitswert („wahr" oder „falsch") zu haben, die sowohl den Gegenständen der Außenwelt als auch den Vorstellungen fehlt. Frege unterscheidet somit drei Arten von existierenden Sachen, nämlich Gegenstände der Außenwelt, Vorstellungen und Gedanken. Für jede von den dreien verfügen wir über einen eigenen Zugangsmodus: Wir *sehen* die Gegenstände der Außenwelt (oder nehmen sie auf andere Weise sinnlich wahr), wir *haben* unsere Vorstellungen und wir *fassen* die Gedanken.

Tabelle 1[14]

Merkmale	Gegenstände der Außenwelt	Gedanken	Vorstellungen
subj./objektiv	objektiv	objektiv	subjektiv
Raum u. Zeit	raumzeitlich	nicht raumzeitlich	nicht räumlich
Wahrheit	nicht wahrheitswertfähig	wahrheitswertfähig	nicht wahrheitswertfähig
Zugangsmodus	sehen/sinnlich wahrnehmen	fassen	haben

13 Frege: *GLA*, S. 59.
14 Die Tabelle ist nicht als erschöpfende Aufgliederung der Fregeschen Ontologie

1.2.3 Zerlegung und Komposition von Sätzen

Bei seinen Untersuchungen konzentriert sich Frege auf Behauptungssätze. Mit einem Behauptungssatz sprechen wir die Anerkennung der Wahrheit eines Gedanken aus. Zur Analyse von Befehls-, Wunsch-, Fragesätzen etc. macht er nur beiläufige Bemerkungen. Diese Satzarten sind erst von der Sprechakttheorie in den fünfziger Jahren adäquat analysiert worden (siehe Abschnitt 8). Die Zerlegung eines mathematischen Ausdrucks in einen gesättigten und einen ungesättigten Teilausdruck ist bereits als die Zerlegung in Funktions- und Argumentausdruck eingeführt worden. Die Bedeutung eines Funktionsausdrucks ist die bezeichnete Funktion und die Bedeutung des Argumentausdrucks das bezeichnete Argument. Um diese Begriffe auf Sätze zu übertragen, wählen wir als vorbereitendes Beispiel den mathematischen Ausdruck „$2^2 = 1$", denn dieser ist in einer sprachlichen Formulierung ein Behauptungssatz, nämlich der Satz „Das Quadrat der Zahl 2 ist identisch mit der Zahl 1". Eine Möglichkeit, diesen Ausdruck zu zerlegen, ist die folgende: Der Ausdruck „$2^2 = 1$" besteht aus dem Funktionsausdruck „$(\ )^2 = 1$" und dem Argumentausdruck „2". Bei Einsetzung der Argumente –1, 0, 1 und 2 ergibt diese Funktion die folgenden Gleichungen:

$$-1^2 = 1;\ \ 0^2 = 1;\ \ 1^2 = 1 \text{ und } \ 2^2 = 1.$$

Jeder durch die Einsetzung eines Arguments gewonnenen Gleichung wird ein Wahrheitswert zugeordnet. Die erste und die dritte Gleichung sind wahr, die zweite und die vierte falsch. Die Werte solcher Funktionen, die aus der Zerlegung eines Behauptungssatzes hervorgehen, sind also die Wahrheitswerte das Wahre und das Falsche. Einen Funktionsausdruck eines Behauptungssatzes nennt Frege Begriffswort und einen Argumentausdruck, sofern er ein Einzelding bezeichnet, einen Eigennamen. Die Bedeutung eines Begriffswortes ist der bezeichnete Begriff. Da die Bedeutung eines Begriffswortes eine Funktion ist, die für jedes Argument als Wert einen Wahrheitswert liefert, kann Frege den Begriff des Begriffs auch wie folgt einführen: „... ein Begriff ist eine Funktion, deren Wert immer ein Wahrheitswert ist."[15] Die Bedeutung eines Eigennamens ist der bezeichnete Gegenstand. Ein Eigenname ist ein Ausdruck, der ein Einzelding bezeichnet; dazu gehören gewöhnliche Namen oder Kenn-

gedacht, sondern nur als eine kontrastierende Darstellung der drei genannten Arten von Entitäten.

15 Frege: *Funktion und Begriff*, S. 28.

zeichnungen, die mit dem bestimmten Artikel oder dem Demonstrativpronomen beginnen. Damit erhalten wir eine Erläuterung des Begriffs „Gegenstand", die wesentlich mehr umfaßt als das, was wir im letzten Kapitel als Gegenstände der Außenwelt (die sinnlich wahrnehmbaren, raumzeitlich lokalisierbaren Gegenstände) bezeichnet haben. Ob etwas ein Gegenstand ist oder nicht, wird durch ein sprachliches Kriterium entschieden:

> Gegenstand ist alles, was nicht Funktion ist, dessen Ausdruck also keine leere Stelle mit sich führt.[16]

Nachdem wir als Bedeutung eines Begriffswortes den bezeichneten Begriff und als Bedeutung eines Eigennamens den bezeichneten Gegenstand festgelegt haben, bleibt die Frage, was die Bedeutung eines Satzes ist. Dafür gibt es zwei Kandidaten, nämlich den vom Satz ausgedrückten Gedanken und den Wahrheitswert des Satzes. Die Entscheidung für einen der beiden Kandidaten fällt Frege auf der Basis von drei Prinzipien, die seiner Sprachphilosophie zugrunde liegen. Das erste ist das Kompositionalitätsprinzip für Bedeutung:

> Die Bedeutung eines komplexen sprachlichen Ausdrucks ergibt sich aus den Bedeutungen seiner Bestandteile.

Dieses Prinzip wird vorausgesetzt, um die Satzbildungsmöglichkeiten in der Sprache zu erklären, nämlich die Möglichkeit, unendlich viele neue Sätze aus einem endlichen Vokabular zu bilden. Das zweite ist das Substitutionsprinzip für Bedeutung:

> Wenn in einem komplexen sprachlichen Ausdruck ein Bestandteil durch einen bedeutungsgleichen ersetzt wird, so bleibt die Bedeutung des komplexen sprachlichen Ausdrucks erhalten.

Dies ist kein neues Prinzip, sondern nur eine Anwendung des Kompositionalitätsprinzips; denn da die Bedeutung eines Satzes durch die Bedeutungen der Satzbestandteile festgelegt wird und diese durch die Substitution eines bedeutungsgleichen Ausdrucks nicht verändert wird, so ist klar, daß die Bedeutung des Satzes erhalten bleiben muß. Das dritte Prinzip ist ein Kriterium für Gedankenverschiedenheit:

> Zwei Gedanken G1 und G2 sind verschieden, wenn jemand zugleich G1 für wahr und G2 für falsch halten kann bzw. umgekehrt.

---

16 Frege: *Funktion und Begriff*, S. 30.

Wenn diese Prinzipien nicht verletzt werden sollen, dann muß die Bedeutung eines Satzes sein Wahrheitswert und nicht der durch ihn ausgedrückte Gedanke sein. Dies wird deutlich, wenn man unter der Annahme, daß die Bedeutung eines Satzes der ausgedrückte Gedanke ist, eine Substitution zweier bedeutungsgleicher Ausdrücke durchführt. Da „Mark Twain“ und „Samuel Clemens“ dieselbe Person bezeichnen, sind dies bedeutungsgleiche Eigennamen. Wenn wir in dem Satz „Mark Twain ist ein berühmter Schriftsteller“ eine Substitution des Eigennamens vornehmen, so ergibt sich der Satz „Samuel Clemens ist ein berühmter Schriftsteller“. Gemäß dem Substitutionsprinzip müssen die beiden Sätze dieselbe Bedeutung haben. Aber sie drücken gemäß dem Kriterium für Gedankenverschiedenheit nicht denselben Gedanken aus, denn jemand könnte den Gedanken, daß Mark Twain ein berühmter Schriftsteller ist, für wahr und zugleich den Gedanken, daß Samuel Clemens ein berühmter Schriftsteller ist, für falsch halten; z. B. deshalb, weil er den bürgerlichen Namen des bekannten Autors Mark Twain noch nie gehört hat. Da die von den beiden Sätzen ausgedrückten Gedanken verschieden sind, die Bedeutung aber gemäß dem Substitutionsprinzip dieselbe ist, kann der Gedanke nicht die Bedeutung eines Satzes sein. Es bleibt also der Wahrheitswert als Kandidat für die Bedeutung eines Satzes. Dieser Kandidat bewährt sich mit Blick auf das obige Beispiel, denn die beiden Sätze haben denselben Wahrheitswert: Weil die Eigennamen denselben Gegenstand bzw. dieselbe Person bezeichnen, sind es dieselben Umstände, die die beiden Sätze wahr bzw. falsch machen.

1.2.4 Die Notwendigkeit von Sinn und Bedeutung

Freges primäres Interesse ist ein klares Darstellen wissenschaftlicher Gedanken. Aus diesem Grunde genügt es ihm nicht, bei Sätzen nur ihre Bedeutung, das heißt ihren Wahrheitswert, zu unterscheiden, denn damit würden die Gedanken nur in zwei Klassen geteilt, die wahren und die falschen. Da die Wissenschaft jedoch den wahren Gedanken, daß die Erde eine Kugel ist, von dem ebenfalls wahren Gedanken, daß die Sonne ein großer Heliumkörper ist, unterscheiden können muß, ist es notwendig, neben der Bedeutung eine weitere Ebene einzuführen: den Sinn des Satzes. Mit dem Sinn eines Satzes soll der Inhalt des Satzes erfaßt werden oder in Freges Worten der Gedanke. Der Sinn eines Satzes ist der durch ihn ausgedrückte Gedanke. Ein Satz hat somit als Sinn den ausgedrückten Gedanken und als Bedeutung seinen Wahrheitswert.

Für die Bestandteile des Satzes – wir beschränken uns nach wie vor auf einfache Behauptungssätze – ist ebenfalls eine Berücksichtigung von Sinn und Bedeutung erforderlich. Die Notwendigkeit wird ersichtlich, wenn wir informative und nichtinformative Identitätsaussagen einander gegenüberstellen. Eine Variante des klassischen Frege-Beispiels sind die folgenden Sätze:

(1) Der Morgenstern ist identisch mit dem Morgenstern.
(2) Der Abendstern ist identisch mit dem Morgenstern.

Da in Satz (2) im Vergleich zu Satz (1) nur ein Vorkommnis des Eigennamens „der Morgenstern" durch den bedeutungsgleichen Eigennamen „der Abendstern" ersetzt wurde, haben die beiden Sätze gemäß dem Substitutionsprinzip dieselbe Bedeutung. Ihre Bedeutung ist der Wahrheitswert „das Wahre", denn es ist der Fall, daß der Planet Venus in der Relation der Identität zu sich selbst steht. Bezüglich ihres Informationsgehaltes unterscheiden sie sich jedoch: Der Satz (1) ist uninformativ, der Satz (2) dagegen ist informativ. Daher drücken die beiden Sätze unterschiedliche Gedanken aus. Da der Unterschied der beiden Sätze jedoch allein durch die Substitution bedeutungsgleicher Eigennamen entstanden ist, muß die Ersetzung die Ursache für die Verschiedenheit der Gedanken sein. Die Eigennamen müssen also einen Beitrag zum Sinn des Satzes liefern, der über ihre Bedeutung hinausgeht, denn diese ist dieselbe. Die Eigennamen „der Morgenstern" und „der Abendstern" bezeichnen denselben Gegenstand, aber sie unterscheiden sich in der Art und Weise, wie sie den Gegenstand bezeichnen. Der Eigenname „der Morgenstern" bezeichnet die Venus als den Planeten, der am Morgen als letzter untergeht, während der Eigenname „der Abendstern" die Venus als den Planeten bezeichnet, der am Abend als erster aufgeht. Demgemäß erläutert Frege den Sinn eines Eigennamens allgemein als die Art des Gegebenseins eines Gegenstandes. Der Sinn eines Eigennamens kann durch eine entsprechende Kennzeichnung ausgedrückt werden. Wenn der Punkt z als Schnittpunkt der Geraden a, b und c festgelegt ist, so kann der Punkt z auf verschiedene Arten gegeben sein, z. B. als der Schnittpunkt der Geraden a und b, als der Schnittpunkt der Geraden a und c, als der Schnittpunkt der Geraden b und c.

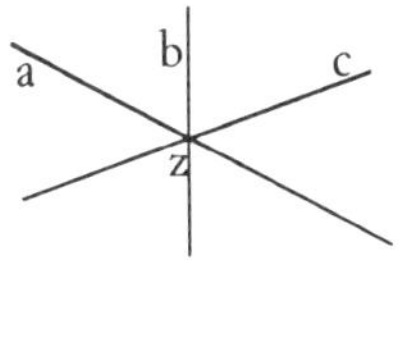

Indem Frege den Sinn eines Eigennamens als die Art des Gegebenseins des Gegenstandes festlegt, kann er erläutern, warum die Aussage (2) informativ ist; denn in dieser wird der Gedanke ausgedrückt, daß der Planet, der am Abendhimmel als erster erscheint, derselbe ist wie der Planet, der am Morgenhimmel als letzter verschwindet. Sinn und Bedeutung führt Frege nicht nur für Eigennamen und Sätze, sondern auch für Begriffswörter ein. Der Sinn des Begriffswortes „( ) eroberte Gallien" wird analog als die Art des Gegebenseins des von dem Begriffswort bezeichneten Begriffs bestimmt. Der Sinn des Begriffswortes wird bei Frege nicht näher erläutert. Klar ist allerdings, daß er so wie das Begriffswort selbst ungesättigt sein muß. Ein und derselbe Gegenstand kann die Bedeutung von verschiedenen Eigennamen sein, denn der Gegenstand kann auf verschiedene Arten gegeben sein. Dasselbe gilt für einen Wahrheitswert als die Bedeutung von Sätzen und für einen Begriff als die Bedeutung von Begriffswörtern. Durch die Bedeutung eines Ausdrucks ist sein Sinn noch nicht festgelegt, denn dieselbe Bedeutung kann auf verschiedene Arten gegeben sein. Das Umgekehrte jedoch gilt: Mit dem Sinn eines Ausdrucks ist auch seine Bedeutung festgelegt, denn mit der Art des Gegebenseins der Bedeutung ist auch die Bedeutung bestimmt. In einer Übersicht wollen wir Sinn und Bedeutung der verschiedenen Ausdrücke vor Augen führen[17]:

Tabelle 2

	Eigenname ‚a'	Begriffswort ‚f( )'	Satz ‚f(a)'
gewöhnliche Bedeutung	der von ‚a' bezeichnete Gegenstand G	der von ‚f( )' bezeichnete Begriff B	der Wahrheitswert von f(a) (wahr/falsch)
gewöhnlicher Sinn	die Art des Gegebenseins des Gegenstandes G	die Art des Gegebenseins des Begriffes B	der Gedanke, daß f(a)

[17] Frege spricht bei Sätzen in direkter Rede von *gewöhnlicher Rede* und demgemäß von gewöhnlichem Sinn und von gewöhnlicher Bedeutung. Bei einem Satz in Anführungsstrichen spricht er von *gerader Rede* und bei einem Satz in indirekter Rede von *ungerader Rede*.

Für die Ebene des Sinnes gelten ebenso wie für die Ebene der Bedeutung analoge Prinzipien der Komposition und Substitution.

Kompositionalitätsprinzip für Sinn: Der Sinn eines komplexen sprachlichen Ausdrucks ergibt sich aus dem jeweiligen Sinn seiner Bestandteile.

Substitutionsprinzip für Sinn: Wenn in einem komplexen sprachlichen Ausdruck ein Bestandteil durch einen sinngleichen ersetzt wird, so bleibt der Sinn des komplexen sprachlichen Ausdrucks erhalten.

Bei der adäquaten Erfassung und Darstellung einer wissenschaftlichen Erkenntnis muß nicht nur der erfaßte Gedanke, sondern auch sein Wahrheitswert ausgewiesen werden, denn eine wissenschaftliche Erkenntnis ist das Ergebnis eines Urteilens, welches nicht nur in dem Fassen eines Gedankens, sondern auch in dem Anerkennen der Wahrheit eines Gedankens besteht.

> Es kann uns also niemals auf die Bedeutung eines Satzes allein ankommen; aber auch der bloße Gedanke gibt keine Erkenntnis, sondern erst der Gedanke zusammen mit seiner Bedeutung, d. h. seinem Wahrheitswert. Urteilen kann als das Fortschreiten von einem Gedanken zu seinem Wahrheitswert gefaßt werden.[18]

1.2.5 Sätze ohne Sinn und Satzteile, die nicht zum Ausdruck eines Gedankens dienen

Frege läßt mit Ausnahme von Behauptungssätzen und Satzfragen alle anderen Satzarten bei seiner Theorie von Sinn und Bedeutung außer acht, weil diese keinen Wahrheitswert haben. Genausowenig werden Sätze berücksichtigt, die zwar grammatisch korrekt sind, aber eine notwendige Bedingung für sinnvolle Sätze verletzen, wie z. B. „Es gibt Julius Cäsar". In diesem Satz wird das Begriffswort zweiter Stufe „es gibt ( )" mit dem Eigennamen „Julius Cäsar" verbunden. Das Ergebnis ist ein sinnloser Satz, denn ein Begriffswort zweiter Stufe kann nur über ein Begriffswort erster Stufe, nicht jedoch über den von einem Eigennamen bezeichneten Gegenstand etwas aussagen; z. B. wird in dem Satz „Es gibt Elefanten" von dem Begriff „Elefant" gesagt, daß er nicht leer ist. Dieses Beispiel verdeutlicht eine notwendige Bedingung für sinnvolle Sätze, die eng mit

[18] Frege: *Über Sinn und Bedeutung*, S. 50.

Freges Art der Zerlegung von Sätzen verbunden ist: Ein Satz ist sinnvoll, drückt einen Gedanken aus, sofern nach einer Zerlegung des Satzes in zwei Teile der eine Teil der Stufe n und der andere Teil der Stufe n + 1 angehört; dabei setzen wir fest, daß Eigennamen der Stufe 0 angehören. Gemäß diesem Kriterium ist der Satz „Es gibt Julius Cäsar" ein sinnloser Satz, der keinen Wahrheitswert hat, denn nach einer Zerlegung des Satzes finden wir einen Ausdruck der Stufe 0, den Eigennamen „Cäsar", und einen Ausdruck der Stufe 2, den Begriff „es gibt ( )"; dagegen ist der Satz „Cäsar ist viereckig" gemäß Frege sinnvoll, wenn er auch falsch ist, denn er kann in den Eigennamen „Cäsar" und das Begriffswort erster Stufe „( ) ist viereckig" zerlegt werden. Neben bestimmten Satzarten und sinnlosen Sätzen möchte Frege auch einzelne Satzteile sinnvoller Sätze in seiner Theorie von Sinn und Bedeutung nicht berücksichtigt wissen. Das Ausschlußkriterium wird durch sein Interesse an einer exakten Darstellung der wissenschaftlichen Erkenntnisse bestimmt. Demgemäß werden alle Satzteile, die nicht für die Wahrheitsbewertung einer wissenschaftlichen Behauptung relevant sind, als uninteressant ausgegrenzt:

> ... die strenge Wissenschaft ist auf die Wahrheit gerichtet und nur auf die Wahrheit. Alle Bestandteile des Satzes also, auf die sich die behauptende Kraft nicht erstreckt, gehören nicht zur wissenschaftlichen Darstellung ...[19]

In dem Satz „Leider ist Alfred nicht gekommen" ist das Wort „leider" für den Wahrheitswert des ausgedrückten Gedankens, daß Alfred nicht gekommen ist, irrelevant. Mit dem Zusatz „leider" bringt der Sprecher nur sein Bedauern über das Nichtkommen von Alfred zum Ausdruck. Dieses ist Teil der Stimmung oder Beleuchtung, wie Frege es nennt, die in der Wissenschaft keine Beachtung verdient. Frege gibt kein spezifisches Kriterium an, was außerhalb des Satzsinnes steht und was noch zu ihm gehört, sondern veranschaulicht seine Ausgrenzung von Satzteilen durch einige Beispiele: Ob in einem Satz von „dem Pferd, das das Rennen gewonnen hat" oder „dem Gaul, der das Rennen gewonnen hat" gesprochen wird, macht keinen Unterschied im ausgedrückten Gedanken, sondern signalisiert im zweiten Fall nur eine Geringschätzung des Pferdes. Mit Blick auf das Kriterium für Gedankenverschiedenheit können wir ausführlicher formulieren: Zwei Sätze, die sich nur dadurch unterscheiden, daß in dem ersten im Vergleich zum zweiten Satz das Wort „Pferd" durch das Wort „Gaul" ersetzt ist, drücken denselben Gedanken aus, denn

---

[19] Frege: *Der Gedanke*, S. 36.

niemand kann zugleich den einen Satz für wahr und den anderen für falsch halten. Dabei wird vorausgesetzt, daß der Urteilende sprachkompetent ist und daß es zum Wissen eines kompetenten Sprechers gehört, daß „Gaul" und „Pferd" bezüglich des Inhalts von Sätzen, in denen diese Ausdrücke vorkommen, als synonym zu betrachten sind. Wenn man von dem pejorativen Beiklang bei „Gaul" absieht, so ist das Kriterium der Gedankenverschiedenheit bei einer Substitution dieser Wörter nie erfüllt. Ebenso schätzt Frege den Unterschied zwischen den Wörtern „aber" und „und" als Teil der Beleuchtung und nicht des Gedankens ein; wie auch den Übergang von einer Aktiv- in eine Passiv-Konstruktion oder umgekehrt: Der Satz „Verena bekommt von Georg Blumen geschenkt" drückt denselben Gedanken aus wie der Satz „Georg schenkt Verena Blumen". Derselbe Gedanke kann auch durch sprachlich noch stärker voneinander abweichende Sätze zum Ausdruck gebracht werden, z. B. durch Sätze, die unterschiedlichen Sprachen angehören wie „Die Erde ist kugelrund" und „The earth is as round as a ball".

Dies sind für Frege deutliche Beispiele für Satzteile oder Transformationen, die den Gedanken nicht berühren, sondern nur die Aufgabe haben, dem Hörer das Fassen des Gedankens zu erleichtern und darüber hinaus noch Aspekte der Stimmung zu erfassen:

> Was man Stimmung, Duft, Beleuchtung in einer Dichtung nennen kann, was durch Tonfall und Rhythmus gemalt wird, gehört nicht zum Gedanken.[20]

1.2.6 Sinn und Bedeutung in gerader und ungerader Rede

Die Theorie von Sinn und Bedeutung hat Frege nicht nur für einfache, sondern auch für komplexere Behauptungssätze ausgebaut. Als komplex werden dabei nicht besonders lange Behauptungssätze bezeichnet, sondern solche in besonderen Verwendungsweisen. Frege unterscheidet die gerade und die ungerade Rede als zwei spezielle Verwendungskontexte. Ein Satz wird in gerader Rede verwendet, wenn man ihn erwähnt und nicht gebraucht. Dies machen wir in der Schriftsprache durch Anführungszeichen kenntlich. Was ist die Bedeutung eines Satzes, der erwähnt und nicht gebraucht wird? Wenn die Bedeutung eines Satzes in Anführungszeichen wie in der gewöhnlichen Rede der Wahrheitswert des Satzes wäre,

[20] Frege: *Der Gedanke*, S. 37.

so müßte der erwähnte Satz gemäß Substitutionsprinzip durch einen beliebigen Satz mit demselben Wahrheitswert ersetzbar sein, ohne daß sich der Wahrheitswert des Gesamtsatzes ändern dürfte. Die Annahme wird jedoch durch das folgende Beispiel als falsch erwiesen:

(1) „Die Erde ist rund" besteht aus vierzehn Buchstaben.
(2) „Der Mond ist kleiner als die Erde" besteht aus vierzehn Buchstaben.

Der Satz (2) geht aus dem Satz (1) durch die Substitution eines bedeutungsgleichen Ausdrucks hervor, denn die beiden erwähnten Sätze sind wahr. Trotzdem sind die Wahrheitswerte der Gesamtsätze verschieden, denn Satz (1) ist wahr, Satz (2) dagegen falsch. Da das Substitutionsprinzip verletzt wird, kann die Bedeutung eines erwähnten Satzes nicht sein Wahrheitswert sein. Prüfen wir nun, ob als Bedeutung eines erwähnten Satzes der ausgedrückte Gedanke in Frage kommt. Dazu ersetzen wir den erwähnten Satz durch einen sinngleichen, der denselben Gedanken ausdrückt, z. B. ‚Die Erde ist kugelförmig'.

(3) „Die Erde ist kugelförmig" besteht aus vierzehn Buchstaben.

Da der Satz (3) aus dem Satz (1) durch eine Substitution sinngleicher Ausdrücke hervorgeht, müßten beide Sätze gemäß dem Substitutionsprinzip für Sinn denselben Sinn haben. Doch sie drücken nicht denselben Gedanken aus, denn sie haben nicht einmal denselben Wahrheitswert. Da Satz (1) wahr und Satz (3) falsch ist, erfüllen die von den beiden Sätzen ausgedrückten Gedanken auch das Kriterium für Gedankenverschiedenheit. Das Substitutionsprinzip ist somit verletzt, und die Annahme, die Bedeutung eines erwähnten Satzes sei der ausgedrückte Gedanke, muß aufgegeben werden.

Die Bedeutung eines erwähnten Satzes ist der in Anführungsstrichen stehende Satz selbst, denn dessen Buchstaben zählen wir, wenn wir den Wahrheitswert der Sätze (1) bis (3) ermitteln. Allgemein erhält man die Bedeutung eines erwähnten Ausdrucks, indem man die Anführungsstriche wegläßt und nur den darin eingeschlossenen Ausdruck behält. Da die Sätze (1) und (2) nicht nur einen Wahrheitswert zugeordnet bekommen, sondern auch einen Gedanken ausdrücken, gilt für sie nicht nur das Kompositionalitätsprinzip für Bedeutung, sondern auch das für Sinn. Eine konsequent weitergeführte Theorie von Sinn und Bedeutung müßte deshalb für Eigennamen, Begriffswörter und Sätze in gerader Rede auch einen geraden Sinn angeben können. Da wir bei Frege dazu keine Ausführungen finden, beschränken wir uns bei der Tabelle auf die Angabe der geraden Bedeutung der Ausdrücke.

Tabelle 3

	Eigenname ‚a'	Begriffswort ‚f( )'	Satz ‚f(a)'
gerade Bedeutung	das Zeichen ‚a'	das Zeichen ‚f( )'	das Zeichen ‚f(a)'
gerader Sinn	– bei Frege nicht ausgeführt –		

Der zweite spezielle Kontext ist die ungerade oder indirekte Rede. Ein Behauptungssatz ‚p' wird in ungerader Rede verwendet, wenn er Teil eines Satzes ist, der die Form „A glaubt/wünscht/hofft ..., daß p" hat, wobei ‚A' eine Person bezeichnet. Ein Beispiel für einen Satz in ungerader Rede ist der daß-Satz in Satz (4).

(4) Kopernikus glaubt, daß die Erde rund ist.

In moderner Redeweise spricht man bei solchen Sätzen von Einstellungsberichten oder von Zuschreibungen propositionaler Einstellungen, weil mit diesem Satz der Person Kopernikus die Einstellung des Glaubens mit dem (propositionalen) Inhalt, daß die Erde rund ist, zugeschrieben wird. Als Einstellung werden die kognitiven Zustände bezeichnet, in denen eine Person sich befinden kann, sofern der Zustand durch einen Gedanken in indirekter Rede spezifiziert wird. Weitere Einstellungen sind die des Wünschens, Fürchtens, Hoffens, Bedauerns etc. Für einen Einstellungsbericht ist es charakteristisch, daß der daß-Satz einen vollständigen Behauptungssatz enthält wie in diesem Beispiel den Satz „Die Erde ist rund". In gewöhnlicher Rede ist seine Bedeutung das Wahre und sein Sinn der Gedanke, daß die Erde rund ist. Was ist die Bedeutung des Satzes in Einstellungsberichten? Hier wiederholen wir den bereits bekannten Test. Wenn die Bedeutung des daß-Satzes „daß die Erde rund ist" sein Wahrheitswert wäre, so dürften wir gemäß Substitutionsprinzip für Bedeutung diesen Satz durch einen beliebigen wahren Satz ersetzen, ohne daß sich der Wahrheitswert des Einstellungsberichtes ändern dürfte. Das ist jedoch nicht der Fall. Wenn der wahre daß-Satz in (4) durch den wahren daß-Satz „daß Energie gleich Masse mal Lichtgeschwindigkeit zum Quadrat ist" ersetzt wird, so ergibt sich der offensichtlich falsche Bericht (5), denn Kopernikus kannte die Einsteinsche Formel gar nicht und konnte ihren Gehalt deswegen auch nicht glauben.

(5) Kopernikus glaubt, daß Energie gleich Masse mal Lichtgeschwindigkeit zum Quadrat ist.

Die Bedeutung eines daß-Satzes in einem Einstellungsbericht ist somit nicht sein Wahrheitswert. Der zweite Kandidat für die Bedeutung eines daß-Satzes in Einstellungsberichten ist der Sinn des Satzes, das heißt der ausgedrückte Gedanke. Dieser bewährt sich mit Blick auf die Substitutionsprinzipien für Sinn und Bedeutung. Wenn die Bedeutung eines daß-Satzes in Einstellungsberichten der ausgedrückte Gedanke ist, so kann der daß-Satz „daß die Erde rund ist" durch einen sinngleichen daß-Satz, z. B. „daß die Erde kugelförmig ist", ersetzt werden; da die beiden daß-Sätze in gewöhnlicher Rede denselben Gedanken ausdrücken, haben sie in dem Einstellungsbericht dieselbe Bedeutung. Dieser Austausch von sinngleichen daß-Sätzen in einem Einstellungsbericht ist eine Substitution bedeutungsgleicher Ausdrücke, so daß die Bedeutung des Gesamtsatzes, das heißt der Wahrheitswert des Einstellungsberichtes, unverändert bleiben müßte. Unsere Annahme kann durch die folgenden Beispielsätze bestätigt werden:

(4) Kopernikus glaubt, daß die Erde rund ist.
(6) Kopernikus glaubt, daß die Erde kugelförmig ist.

Die beiden daß-Sätze in (4) und (6) sind so gewählt, daß sie denselben Gedanken ausdrücken. Es kann gemäß dem Kriterium für Gedankenverschiedenheit nicht der Fall sein, daß Kopernikus den einen Gedanken für wahr und den anderen für falsch hält, das heißt, Kopernikus muß stets beide von den daß-Sätzen ausgedrückte Gedanken glauben oder keinen von beiden. Das bedeutet aber für die Gesamtsätze in (4) und (6), daß sie stets beide wahr oder beide falsch sind. Somit verändert die Substitution sinngleicher Teilsätze den Wahrheitswert des Gesamtsatzes nicht. Das soll uns hier genügen, um Freges Prinzip einzuführen: Die Bedeutung eines daß-Satzes in Einstellungsberichten, das heißt die Bedeutung eines Satzes in ungerader Rede, ist der von dem Satz ausgedrückte Gedanke. Allgemein gilt: Die Bedeutung eines Ausdrucks in ungerader Rede ist der Sinn dieses Ausdrucks in gewöhnlicher Rede.[21] Da wir den Sinn der Ausdrücke in gewöhnlicher Rede bereits kennen, können wir diesen als Bedeutung der Ausdrücke in ungerader Rede übernehmen.

Auch für die Ausdrücke in ungerader Rede muß neben der Bedeutung ein Sinn festgelegt werden, denn ein Einstellungsbericht drückt einen Gedanken aus, der sich aus dem Sinn der Teile und damit auch aus dem Sinn des daß-Satzes ergibt. Die ungerade Bedeutung des Satzes „f(a)"

---

21 Frege: *Über Sinn und Bedeutung*, S. 43.

wurde bereits als der Gedanke, daß f(a), festgelegt. Der ungerade Sinn desselben Satzes ist der Sinn von „der Gedanke, daß f(a)"[22]. Eine vollständige Theorie von Sinn und Bedeutung fordert wegen der für den Sinn postulierten Kompositionalität auch eine Bestimmung des ungeraden Sinns für Eigennamen und Begriffswörter. Dazu finden wir bei Frege keine Ausführungen, so daß sich die folgende Tabelle für Sinn und Bedeutung in ungerader Rede ergibt:

Tabelle 4

	Eigenname ‚a'	Begriffswort ‚f( )'	Satz ‚f(a)'
ungerade Bedeutung = gewöhnl. Sinn	die Art des Gegeb. des von ‚a' bezeichn. Gegenst. G	die Art des Gegeb. des von ‚f( )' bezeichn. Begriffs B	der Gedanke, daß f(a)
ungerader Sinn			der Sinn von „der Gedanke, daß f(a)"

Mit der dargestellten systematischen Theorie ist es auch möglich, Sinn und Bedeutung im Falle von Mehrfachanwendungen von Anführungszeichen sowie bei verschachtelten Einstellungsberichten zu beschreiben, z. B. bei der Erwähnung eines erwähnten Satzes „ „Die Erde ist rund." " oder bei dem Einstellungsbericht über einen Einstellungsbericht „Thomas fürchtet, daß Lucia glaubt, daß Peter gelangweilt ist." Da sowohl Anführungsstriche als auch Einstellungsberichte in der Sprache prinzipiell beliebig iterierbar sind, ergibt sich in Freges Theorie die Notwendigkeit einer unendlichen Hierarchie von Sinnen. Die Frage, ob dies harmlos ist oder für Freges Theorie ein Problem darstellt, ist nach wie vor in der Literatur strittig.

22 Frege: *Über Sinn und Bedeutung*, S. 51.

1.2.7 Fregescher Sinn und konventionale lexikalische Bedeutung

Ein wesentlicher Zug der Fregeschen Sprachphilosophie ist die Identifikation des Inhalts eines Satzes mit dem Inhalt eines Gedankens. Mit einem Satz wird ein Gedanke ausgedrückt. Gedanken besitzen unter anderem die Merkmale, objektiv, wahrheitsfähig, vollständig und ewig zu sein. Die Merkmale „objektiv" und „wahrheitsfähig" haben wir bereits erläutert. Vollständig ist ein Gedanke, weil er immer einen Wahrheitswert zugewiesen bekommen kann, das heißt, er ist in bezug auf die Zuordnung eines Wahrheitswertes nie unterbestimmt. Außerdem hat er die Eigenschaft, ewig zu sein, das heißt, er hat stets denselben Wahrheitswert. Da ein Gedanke vollständig und ewig ist, kann er keine kontextabhängigen Elemente enthalten. Denn würde er solche enthalten, dann wäre sein Wahrheitswert erst zusammen mit einem Kontext festgelegt, und dieser könnte sich von Kontext zu Kontext verändern.

Bei Sätzen ist die Kontextabhängigkeit ein bekanntes Phänomen. Der Inhalt des Satzes

(7) „Heute ist der 31. 12. 1999"

ist erst zusammen mit einem Äußerungskontext vollständig, bzw. erst relativ zu einem Äußerungskontext können wir dem Inhalt des Satzes einen Wahrheitswert zuweisen. Wenn der Satz (7) am 31. 12. 1999 geäußert wird, dann ist sein Inhalt wahr, wird er an einem anderen Tag geäußert, dann ist sein Inhalt falsch. Da Sätze der natürlichen Sprache oft kontextabhängige Elemente enthalten, Gedanken wegen ihrer Vollständigkeit jedoch nie, ist es für Frege schwierig, den Sinn von kontextabhängigen Ausdrücken zu bestimmen. Der Sinn des Ausdrucks „heute" ist nicht der in dem Kontext bezeichnete Tag, denn dann würde der Satz (7) den Gedanken ausdrücken, daß der 31. 12. 1999 der 31. 12. 1999 ist. Dieser Gedanke ist uninformativ im Gegensatz zu dem Gedanken, der mit „Heute ist der 31. 12. 1999" ausgedrückt wird. Der von dem Ausdruck „heute" bezeichnete Tag ist somit nicht der Sinn des Ausdrucks, vielmehr kommt er als Bedeutung in Frage. Doch konzentrieren wir uns hier auf die Frage, was der Sinn des Ausdrucks „heute" ist. Ein weiterer Kandidat ist die konventionale lexikalische Bedeutung von „heute", nämlich die Regel „der Tag, an dem dieses Wort geäußert wurde". Da diese Regel nur in Abhängigkeit vom Äußerungskontext einen Tag festlegt, kann sie nicht den Fregeschen Sinn des Wortes „heute" ausdrücken, denn dieser muß kontextunabhängig sein. Diese Betrachtung kontextabhängiger Ausdrücke zeigt, daß der Fregesche Sinn nicht einfach mit konventionaler lexikalischer Bedeutung gleichgesetzt werden darf. Das wird auch dadurch bestätigt, daß derselbe Gedanke, der mit „Heute ist Dienstag" an einem Dienstag geäußert wird, auch mit dem Satz „Gestern war Dienstag" an einem Mittwoch geäußert werden kann. Obwohl die Ausdrücke „heute" und „gestern" verschiedene konventionale lexikalische Bedeutungen haben, können sie dazu verwendet werden, denselben Gedanken auszudrücken.

Was den Sinn kontextabhängiger Ausdrücke angeht, so finden wir bei Frege nur spärliche Anmerkungen dazu. Aber es gibt einen klaren Hinweis darauf, wie das Verhältnis eines Satzes, der einen kontextabhängigen Ausdruck enthält, zu einem Gedanken aufzufassen ist:

> In allen solchen Fällen [Frege meint bei Sätzen mit kontextabhängigen Ausdrücken] ist der bloße Wortlaut, wie er schriftlich festgehalten werden kann, nicht der vollständige Ausdruck des Gedankens, sondern man bedarf zu dessen richtiger Auffassung noch der Kenntnis gewisser das Sprechen begleitender Umstände, die dabei als Mittel des Gedankenausdrucks benutzt werden. Dazu können auch Fingerzeige, Handbewegungen, Blicke gehören.[23]

Ein Satz, der einen kontextabhängigen Ausdruck enthält, kann einen Gedanken nicht allein ausdrücken, sondern nur zusammen mit einem Äußerungskontext, das heißt in solchen Fällen muß zu dem Satz ein Ausschnitt aus der nichtsprachlichen Realität hinzutreten, damit er einen Gedanken auszudrücken vermag. Wie angesichts dieser Bestimmungen der Sinn kontextabhängiger Ausdrücke gemäß einer Fregeschen Theorie festzulegen ist, ist in der Frege-Exegese umstritten. Da bei Frege selbst dazu kaum etwas steht, geht der Streit der Frege-Interpreten in dieser Frage über in eine systematische Suche nach einer guten Theorie der sprachlichen Bedeutung von kontextabhängigen Ausdrücken.[24]

1.3 Freges Wirkung

Obwohl Frege als einer der Begründer der modernen Logik und der analytischen Sprachphilosophie bezeichnet werden darf, wurde er von seinen Zeitgenossen, abgesehen von einigen Ausnahmen, kaum rezipiert und noch weniger geschätzt. Zu den Ausnahmen gehören allerdings die wichtigen Wegbereiter der Analytischen Philosophie Bertrand Russell, Ludwig Witt-

---

[23] Frege: *Der Gedanke*, S. 38.

[24] Perry: *Frege on Demonstratives*; Künne: *Hybrid proper names*.

genstein und Rudolph Carnap. Auch wenn ihre Werke von einer Auseinandersetzung mit Frege geprägt sind, so sind Freges Schriften selbst erst mit Beginn der fünfziger Jahre als eine originäre Quelle für eine systematische Sprachphilosophie erschlossen worden. Für die bis heute anhaltende Frege-Renaissance gibt es mehrere gute Gründe.

Die formale Semantik hat in zweifacher Hinsicht in Frege ihren Vorläufer. Zum einen hat er mit seiner „Begriffsschrift" schon 1879 ein formales System geschaffen, dessen Mächtigkeit groß genug war, um das Projekt der Transformation von natürlichsprachlichen Sätzen in logische Formeln in Gang zu setzen. Zum anderen hat er dieses Projekt in seinen Aufsätzen ein gutes Stück vorangebracht. Wichtige Aspekte sind die der Mathematik entlehnte Zerlegung von Sätzen in Funktions- und Argumentausdrücke sowie die Theorie von Sinn und Bedeutung. Mit der Frage nach Sinn und Bedeutung von Einstellungsberichten hat Frege eine umfangreiche Diskussion in Gang gesetzt, die bis heute andauert. Die Grundfrage, die dahintersteht, lautet: Welches ist der Zusammenhang des Inhalts von Sätzen mit dem Inhalt von Gedanken? Für Freges Philosophie ist es wesentlich, daß beide Inhalte identifiziert werden. Auch wenn Freges Lösungsvorschlag heute als inadäquat gilt, so ist es doch dieselbe Grundfrage, die die Suche nach einer adäquaten Theorie der Einstellungsberichte (Zuschreibungen propositionaler Einstellungen) leitet. In seiner „Begriffsschrift" stellt Frege den Behauptungssatz „Sokrates ist weise" wie folgt dar:

$\vdash$ Sokrates ist weise.

Das dabei verwendete Zeichen nennt er Behauptungszeichen. Der waagerechte Strich ist der Inhaltsstrich. Er verbindet die rechts von ihm stehenden Zeichen zu einem Ganzen und verlangt, daß diese Zeichen insgesamt einen beurteilbaren Inhalt ausdrücken. Der senkrechte Strich ist der Urteilsstrich, welcher anzeigt, daß der Inhalt des Satzes mit behauptender Kraft geäußert wird. Somit ist das Zeichen zu lesen als „Die Behauptung mit dem Inhalt, daß Sokrates weise ist". Mit dieser Trennung von Behauptung und Inhalt finden wir schon bei Frege einen Aspekt der modernen Sprechakttheorie, nämlich einen Vorläufer der Unterscheidung von illokutionärer Rolle und propositionalem Gehalt (siehe Abschnitt 8). Nicht zuletzt gilt Frege deshalb als Klassiker der Analytischen Philosophie, weil sein knapper, klarer und argumentativer Stil vorbildhaft ist und in der Analytischen Philosophie zum Programm erhoben wurde.

2 Bertrand Russell

Bertrand Russell (1872–1970) gehörte zum britischen Hochadel. Er hat sein Studium sowie den größten Teil seiner Lehrtätigkeit an der Universität Cambridge in England absolviert. Sein Interesse für andere Kulturen führte ihn häufig ins Ausland, unter anderem nach China. Während des Zweiten Weltkriegs übersiedelte er mit seiner Familie in die USA, lehrte dort an verschiedenen Universitäten und kehrte danach wieder nach Cambridge zurück. Bemerkenswert ist, daß er sein Leben lang durch kritische Stellungnahmen zur Politik in der Öffentlichkeit von sich reden machte. Ein öffentlicher Aufruf zur Kriegsdienstverweigerung im Jahre 1917 brachte ihn für ein halbes Jahr hinter Gitter. Auf Grund seiner kritischen Äußerungen über die herrschenden Regeln im Zusammenleben von Ehepartnern in der Schrift „Marriage and Morals“ (1929) wurde ihm 1940/41 in New York ein Lehrstuhl verweigert. Ein Trost für diesen Rückschlag wurde die Verleihung des Nobelpreises für Literatur (1950), denn er erhielt ihn gerade für jene umstrittene Schrift. Sein bewegtes Leben, das unter anderem vier Ehen einschließt, ist in seiner spannenden Autobiographie nachzulesen.

Da Russell in seinem langen und schöpferischen Leben zu allen systematischen Fragen der Philosophie Stellung bezogen hat, erfordert selbst eine Skizze seiner Grundideen einen Durchgang durch eine Reihe von systematischen Gebieten der Philosophie. Mit seinen Arbeiten hat er zugleich wesentlich zu einer methodischen Grundlegung der Analytischen Philosophie beigetragen. Die Entwicklung seiner Gedanken läßt sich grob in vier Phasen einteilen:

1890–1898: Auseinandersetzung mit der deutschen idealistischen Philosophie: Vor allem entwickelte er eine Kritik am erkenntnistheoretischen Idealismus und argumentierte für einen erkenntnistheoretischen Realismus.

1898–1913: Vom Realismus zur mathematischen Logik: Ausarbeitung einer philosophischen Logik, die in den *Principia Mathematica* ihren Niederschlag gefunden hat.

1905–1918: Von der mathematischen Logik zum logischen Atomismus: Russell entwickelt eine Erkenntnistheorie, eine Sprachphilosophie und eine Ontologie, die in seiner Philosophie des logischen Atomismus miteinander verknüpft sind.

1918–1948: Vom logischen Atomismus zum neutralen Monismus: Weiterentwicklung von Sprachphilosophie und Bewußtseinstheorie unter Berücksichtigung der zeitgenössischen Psychologie. Die Entwicklung des neutralen Monismus als neue Bewußtseinstheorie ist die markanteste Veränderung in der späten Phase.

Russell hat es stets verstanden, seine systematischen Fragestellungen miteinander zu verbinden. Daher kann die Charakterisierung der vier Phasen nur als grobes Gerüst dienen, welches die folgende Darstellung durchsichtig zu machen versucht.

2.1 Kritik am erkenntnistheoretischen Idealismus

Zu Russells philosophischer Grundausbildung gehörte unter anderem das Studium des erkenntnistheoretisch motivierten Idealismus von Berkeley und Kant. Das Ende der ersten Phase seines philosophischen Wirkens wird von seiner Abwendung vom Idealismus markiert. Er vollzog diesen Schritt im Jahre 1898 zusammen mit George E. Moore, von dem er zur Idealismuskritik angeregt wurde. Russells Idealismuskritik wendet sich insbesondere gegen die Argumentation bei Berkeley. Die These des Idealismus kann wie folgt formuliert werden: Alles, was existiert, ist in einem Bewußtsein. Russell rekonstruiert die wichtigsten Überlegungen Berkeleys zur Rechtfertigung dieser These in wenigen Schritten:

1. Das einzige, dessen Existenz wir gewiß sind, das sind unsere Eindrükke als Wahrnehmende im Augenblick der Wahrnehmung.

Diese Prämisse wird mit Blick auf Sinnestäuschungen belegt: Wenn wir einen Stab sehen, der halb ins Wasser ragt, so sieht er geknickt aus, obwohl er es nicht ist. Derartige Sinnestäuschungen sind uns vertraut, aber sie sind der Grund für den prinzipiellen Zweifel, ob überhaupt etwas so ist, wie es aussieht. Diesen Zweifel beantwortet der Idealismus wie folgt: Es gibt etwas, das so ist, wie es aussieht und das sind die Eindrücke des Wahrnehmenden im Augenblick der Wahrnehmung. Sie werden gewöhnlich Sinnesdaten genannt. Wenn wir diese Definition der Sinnesdaten in Prämisse 1 einsetzen, bekommen wir den Satz 2.

2. Das einzige, dessen Existenz wir gewiß sind, das sind die Sinnesdaten.

Als Sinnesdaten berücksichtigt Russell zunächst nur Eindrücke, die einem

Wahrnehmenden bewußt sind, so daß die Sinnesdaten stets in einem Bewußtsein sind. Diese Voraussetzung wird in der Prämisse 3 festgehalten:

3. Die Sinnesdaten sind in einem Bewußtsein.

Aus den Prämissen 2 und 3 folgt der Satz 4:

4. Das einzige, dessen Existenz wir gewiß sind, das ist in einem Bewußtsein.

Um die zentrale These des Idealismus folgern zu können, müssen wir in einer letzten Prämisse einen engen Zusammenhang von sicherem Wissen (Gewißheit) und Existenz annehmen:

5. Etwas existiert genau dann, wenn wir dessen Existenz gewiß sind.

Die Sätze 4 und 5 erlauben als Folgerung die Generalthese des Idealismus:

6. Etwas existiert genau dann, wenn es in einem Bewußtsein ist.

Der Satz 6 ist äquivalent mit der zuerst vorgestellten Formulierung, daß alles, was existiert, in einem Bewußtsein ist.

Um die unliebsame Konsequenz zu vermeiden, daß etwas, was keinem Menschen bewußt ist, nicht existiert, ersann Berkeley eine gewagte Hilfshypothese: Alles, was existiert, ist im Bewußtsein Gottes, und damit ist Bedingung 6 erfüllt, ohne daß das Existierende vom Bewußtsein der Menschen abhinge. Es spricht allerdings gegen die Argumentation des Idealismus, daß eine derart spekulative These bemüht werden muß, um die fest verankerte Alltagsüberzeugung als wahr zu erweisen, welche besagt, daß die Existenz der Dinge nicht von unserem bewußten Erfassen oder sonst einem Wissen von diesen Dingen abhängt. Russells Kritik ist grundsätzlicher und richtet sich nicht nur gegen die spekulative Hilfshypothese, deren Notwendigkeit als eine reductio ad absurdum betrachtet werden kann bzw. anders formuliert: Eine Argumentation, die solch spekulative Hilfshypothesen benötigt, um einfache Wahrheiten zu bewahren, muß falsch sein.

Satz 2 ist eine Folgerung aus Satz 1 und der Definition des Begriffs „Sinnesdaten". Ebenso sind Satz 4 und 6 logische Folgerungen. Daher ruht die Gültigkeit des Schlusses auf den Prämissen 1, 3 und 5. Eine Kritik am Idealismus muß mindestens eine der drei Prämissen als falsch erweisen. Russells Kritik richtet sich gegen eine Richtung des Bikonditionals in Satz 5. Zwar ist es wahr, daß, wenn wir von etwas sicheres Wissen (Gewißheit) haben, es dann auch existiert (denn Zweifel an der Existenz sind in diesem Fall unsinnig), aber die Umkehrung ist doch sehr fragwürdig:

Warum soll etwas nur dann existieren, wenn jemand ein Bewußtsein bzw. sicheres Wissen davon hat? Felsbrocken und Planeten existieren auch dann, wenn sie niemand jemals wahrgenommen oder anderweitig ein Wissen über sie erworben hat. Russell übernimmt diesbezüglich Moores Haltung, der auf die tiefgreifende Verankerung der Alltagsüberzeugung hinweist, welche besagt, daß die Existenz von Dingen nicht von unseren Erfahrungen oder unserem Wissen über die Dinge abhängig ist. Russell analysiert darüber hinaus noch die Quelle des Irrtums bei der idealistischen Gegenthese: Die Idealisten haben es versäumt, eine Unterscheidung von Bewußtseinsakt und Bewußtseinsobjekt zu machen. Ihre These, daß die Existenz von x abhängig von einem Bewußtsein von x ist, ist richtig, wenn für x Bewußtseinsakte eingesetzt werden; sie ist jedoch falsch, wenn für x Bewußtseinsobjekte eingesetzt werden. Einen Akt des Erfassens gibt es tatsächlich nur, wenn jemand ein Bewußtsein von etwas hat, aber ein erfaßtes Objekt existiert unabhängig vom Akt des Erfassens, von einem bewußten Erfassen dieses Objekts (dabei wird vorausgesetzt, daß das erfaßte Objekt nicht ein Bewußtseinsakt selbst ist).

Durch die Zurückweisung von Prämisse 5 ist die Folgerung von Satz 6 bereits als ungültig erwiesen. Russell hat aber auch noch die Prämisse 1 kritisiert und damit den Idealismus gründlich in die Schranken gewiesen. Die Kritik an Satz 5 zeigt, daß etwas existieren kann, auch wenn niemand ein Bewußtsein davon hat. Die Kritik an Satz 1 läuft darauf hinaus zu zeigen, daß, wenn wir sicheres Wissen von der Existenz von y haben, diese Gewißheit von der Existenz von y nicht den Schluß erlaubt, daß y ein Sinneseindruck ist. Das Argument muß somit zeigen, daß als Relata von sicherem Wissen nicht nur Sinneseindrücke, sondern auch andere Entitäten in Frage kommen. Die Relationsbezeichnung ‚Die Person x hat sicheres Wissen von y' kann auch dann zu einem wahren Satz werden, wenn für y etwas anderes als Bezeichnungen von Sinneseindrücken eingesetzt wird. Da Sinneseindrücke Dinge sind, ist es für das Argument hinreichend zu zeigen, daß die Relationsbezeichnung zu einer wahren Aussage werden kann, wenn für y die Bezeichnung einer Tatsache eingesetzt wird; wie das folgende Beispiel zeigt, kann es sich bei einer solchen Tatsache sogar um eine generelle Tatsache handeln. Eine Person x kann z. B. über sicheres Wissen von der Tatsache verfügen, die durch den folgenden Allsatz beschrieben wird:

> Alle Zahlen [gemeint sind alle Paare von Zahlen], die noch nie faktisch von einem Menschen miteinander multipliziert worden sind, haben ein Produkt, das größer als 1000 ist.[1]

---

1 Russell: *Philosophie. Die Entwicklung meines Denkens*, S. 104.

Die Aussage ist wahr, weil eine bestimmte Tatsache in der Welt der Fall ist, und bei diesem Beispiel kann eine Person x wissen, daß diese Tatsache der Fall ist; denn wir gehen davon aus, daß es eine Person x gibt, die weiß, daß alle Paare von Zahlen, deren Produkt kleiner als 1000 ist, sicher schon einmal von einem Menschen (z. B. von der Person x selbst) multipliziert wurden und daß unendlich viele Zahlenpaare für eine Multiplikation zur Verfügung stehen. Es gibt somit Zahlenpaare, die noch nie von einem Menschen multipliziert wurden, und deren Produkt ist größer als 1000. Wir können sogar folgendes sagen: Wenn ein Zahlenpaar noch nie von einem Menschen multipliziert wurde, dann ist dessen Produkt größer als 1000. Genau das behauptet der Allsatz. Wir haben damit ein Beispiel, in dem ein sicheres Wissen von y vorliegt, ohne daß y ein Sinnesdatum ist; y ist nämlich nicht einmal ein Ding, sondern eine Tatsache. Diese umfassende Kritik am Idealismus bildete für Russells weiteres Philosophieren eine Rahmenbedingung: Eine Erkenntnistheorie sollte stets so konzipiert sein, daß sie eine idealistische Position vermeidet und eine realistische Position stützt.

2.2 Logik und Mathematik: Die Russellsche Antinomie

Russell war einer der wenigen Mathematiker, die mit Freges Projekt sympathisierten, die Mathematik als einen Zweig der Logik auszuweisen. Russell deckte zunächst einen versteckten Widerspruch in Freges Ausarbeitung der logischen Grundlagen der Mathematik auf. Dieser Widerspruch ist als die Russellsche Antinomie bekannt geworden. Als Frege von der Antinomie durch einen Brief von Russell erfuhr, war er tief bestürzt und ratlos, weil ein Fundament seines Lebenswerks erschüttert war.[2] Russell selbst fand jedoch eine Lösung für die Antinomie, so daß er Freges Projekt weiterführen konnte. Nun aber zur Russellschen Antinomie: Zwei Grundbegriffe der Logik lauten „Individuum" und „Klasse". Individuen sind z. B. (einzelne) Löwen. Sie sind die Elemente von Klassen. Alle Löwen sind die Elemente der Klasse der Löwen. Eine Voraussetzung für die logische Grundlegung der Mathematik ist die wiederholte Anwendbarkeit des Begriffs „Klasse". Es muß z. B. möglich sein, die Klasse aller Klassen, deren Elemente Säugetiere sind, zu bilden. Die Elemente dieser Klasse sind selbst wiederum Klassen, z. B. die Klasse der Löwen, die Klasse der

---

2 Frege: *Wissenschaftlicher Briefwechsel*, hrsg. von G. Gabriel, H. Hermes, F. Kambartel, C. Thiel, A. Veraart, Hamburg 1976, S. 211–213.

Wale, die Klasse der Hunde etc. Russell entdeckte nun einen Fall, in dem die Iteration des Begriffs „Klasse" zu einem Widerspruch führt, nämlich: die Klasse aller Klassen, die sich nicht selbst als Element enthalten. Ein Beispiel für eine Klasse, die sich nicht selbst als Element enthält, ist die Klasse der Löwen, denn die Elemente sind Löwen, und die Klasse der Löwen ist kein Löwe. Wenn wir nun diese seltsame Klasse betrachten (die Klasse aller Klassen, die sich nicht selbst als Element enthält), so stellt sich die Frage, ob diese Klasse sich selbst als Element enthält oder nicht: Wenn man annimmt, daß sie sich nicht selbst enthält, dann erfüllt sie damit genau die Definition ihrer Elemente, das heißt, sie gehört zu ihren Elementen und enthält damit sich selbst als Element. Aus der ersten Annahme folgt somit, daß die Annahme falsch ist. Wenn man im Gegenzug annimmt, daß diese kuriose Klasse sich selbst als Element enthält, dann muß sie, um Element ihrer selbst sein zu können, der Definition ihrer Elemente genügen, das heißt, sie muß eine Klasse sein, die nicht Element von sich selbst ist. Bei der zweiten Annahme folgt wiederum, daß diese falsch ist. Anders formuliert: Die seltsame Klasse ist genau dann Element von sich selbst, wenn sie nicht Element von sich selbst ist. Dies ist offensichtlich ein Widerspruch.

Die Antinomie entsteht nur unter der Voraussetzung, daß die Frage *sinnvoll* ist, ob diese seltsame Klasse (die Klasse aller Klassen, die sich nicht selbst als Element enthält) Element ihrer selbst ist. Genau das bestreitet Russell mit folgender Argumentation: Eine Klasse von Löwen enthält als Elemente Individuen, nämlich Löwen. Da alle Elemente dieser Klasse Individuen sind, kann die Frage, ob die Klasse Element von sich selbst ist, nicht sinnvoll sein, denn offensichtlich ist eine Klasse kein Individuum. Eine Klasse ist eine Gesamtheit von Individuen. Genauso wie es einen prinzipiellen Unterschied zwischen Individuen und einer Klasse von Individuen gibt, besteht ein solcher zwischen Klassen von Löwen und einer Klasse aller Klassen von Löwen. Auch diese beiden Entitäten stehen in der Relation Element – Gesamtheit zueinander. Für die Gesamtheit ist die Frage unsinnig, ob sie ein Element ihrer selbst ist; die Elemente der Klasse aller Klassen von Löwen sind Klassen, nämlich Klassen von Löwen, während dagegen die Elemente der Klasse aller Löwen Individuen, nämlich Löwen, sind. Wir haben es daher bei der Klasse aller Löwen einerseits und der Klasse aller Klassen von Löwen mit verschiedenen Typen von Klassen zu tun. Das Prinzip, mit dem Russell das Auftreten von Antinomien verhindert, lautet: Keine Gesamtheit kann ein Element ihrer selbst sein, bzw. die Behauptung, daß eine Gesamtheit Element von sich selbst ist, ist sinnlos.

Dieses Prinzip ist die Grundlage der Typentheorie. Gemäß dieser müssen wir eine Hierarchie von Klassen unterscheiden: Die Klassen des ersten Typs sind die, deren Elemente Individuen sind. Dann kommen die Klassen des zweiten Typs, deren Elemente Klassen des ersten Typs sind. Die Klassen des dritten Typs sind entsprechend solche, deren Elemente Klassen des zweiten Typs sind, und so weiter. Mit Hilfe der Hierarchie der Klassen kann die Sinnlosigkeit der Frage, die zur Antinomie führt, verdeutlicht werden: die Frage „Kann eine Klasse aller Klassen der Art x (wobei x beliebig ist) ein Element von sich selbst sein?" wird in der Sprache der Typentheorie übertragen in die Frage „Kann eine Klasse des Typs n eine Klasse des Typs n – 1 sein?". Diese Frage ist offensichtlich unsinnig, denn wer den Begriff „Klasse des Typs n" im Sinne der Typentheorie versteht, der weiß, daß die so bezeichnete Klasse prinzipiell verschieden von einer Klasse des Typs n – 1 ist.

Durch eine strikte Unterscheidung von einer Gesamtheit und den Elementen der Gesamtheit vermag es die Typentheorie, nicht nur für den Begriff der Klasse die Antinomie zu vermeiden. Darüber hinaus verhindert sie das Auftreten von Antinomien in allen Fällen von wiederholten Anwendungen von Begriffen, in denen eine Unterscheidung von Gesamtheit und Element relevant wird, z. B. bei einer Aussage über eine Menge von Aussagen, bei einem Versprechen, welches sich auf eine Menge von Versprechen bezieht, et cetera. Die Typentheorie erweist sich somit als ein generelles Hilfsmittel zur Vermeidung von Antinomien.

Russell hat die von ihm selbst aufgedeckte Schwäche von Freges Programm beseitigt und vertritt wie Frege die These, daß die Mathematik eine Teildisziplin der Logik ist. Ein unanfechtbarer Nachweis, daß diese These stimmt, ist weder von Frege noch von Russell geliefert worden. Vielmehr dauert die Diskussion über den Status der Mathematik bis heute an.[3] Russell hat seinen Beitrag zur Logik zusammen mit Whitehead entwickelt und dann in den *Principia Mathematica* veröffentlicht. Obwohl die Hauptthese bezüglich des Status der Mathematik bis heute umstritten ist, nimmt das Werk einen bedeutsamen Platz in der Geschichte der Analytischen Philosophie ein. In ihm wurde ein Standard für die logische Analyse eingeführt, der etwa zwei Jahrzehnte als methodologischer Maßstab in der Philosophie der idealen Sprache dienen sollte.

---

[3] Rheinwald, R.: *Der Formalismus und seine Grenzen: Untersuchungen zur neueren Philosophie der Mathematik*, Königstein 1984.

2.3 Die Philosophie des logischen Atomismus

Nach dem Abschluß der *Principia Mathematica* wandte sich Russell wieder verstärkt erkenntnistheoretischen Fragen zu, die dann mit sprachphilosophischen und ontologischen Untersuchungen eng verbunden wurden.

Eine Reihe von Arbeiten aus der Zeit von 1905 bis 1918 mündeten in eine systematische Theorie: die Philosophie des logischen Atomismus.[4] Auch in dieser Phase wurde Russell von einem zeitgenössischen Philosophen inspiriert, und zwar von Ludwig Wittgenstein, der von 1910 bis 1913 sein Schüler war. Wie Russell im Vorwort zu seinem Vorlesungsmanuskript mit dem Titel *Die Philosophie des logischen Atomismus* bemerkt, verdankt er ihm die Grundideen dieser Philosophie. Es verwundert daher nicht, daß es wesentliche Verwandtschaften zwischen Russells Philosophie des logischen Atomismus und Wittgensteins *Tractatus logico philosophicus (TLP)* gibt, obwohl letzterer unabhängig von Russell während des Ersten Weltkrieges entstand. Die Philosophie des logischen Atomismus verdankt ihre Bezeichnung der Annahme, daß eine logische Analyse der Normalsprache als Instrument betrachtet werden darf, um zu einer Idealsprache zu gelangen, wobei die einfachen Ausdrücke der Idealsprache logische Atome bezeichnen. Die logischen Atome sind die letzten unzerlegbaren Bestandteile einer logischen Analyse. In einer Idealsprache sind alle Mehrdeutigkeiten von Ausdrücken beseitigt, und die logische Struktur der Sätze liegt offen: Es ist klar erkennbar, ob eine Aussage eine Existenzaussage, eine Allaussage, eine negierte Aussage etc. ist. Russell beanspruchte, eine solche Idealsprache in den *Principia Mathematica* entwickelt zu haben. Die Grundpfeiler seiner Philosophie des logischen Atomismus bilden Prinzipien der Erkenntnistheorie, Sprachphilosophie und Ontologie.

2.3.1 Die Erkenntnistheorie

2.3.1.1 Arten des Wissens: Bekanntschaft und Beschreibung

Obwohl Russell sich vom Idealismus verabschiedet hat, bleibt er einem erkenntnistheoretischen Skeptizismus zugeneigt: Auf Grund des bekannten Phänomens der Sinnestäuschung unterscheidet Russell unser Wissen

---

[4] Die wesentlichen Arbeiten sind in einem gleichnamigen Band von Johannes Sinnreich zusammengestellt und übersetzt.

von einem braunen Farbeindruck, den wir gerade haben, und unser Wissen von der braunen Schachtel, die den Farbeindruck verursacht. Da wir nie vor Sinnestäuschungen gefeit sind, verfügen wir nur im ersten Fall über *unmittelbares* Wissen, denn es macht keinen Sinn, zu fragen, ob der Farbeindruck, den wir haben, auch tatsächlich ein Braunton ist oder uns nur als solcher erscheint. Sinneseindrücke sind per definitionem so, wie sie uns erscheinen. Sie sind gerade die Erscheinung, die ein Subjekt hat, wenn es in einer Wahrnehmungsrelation zu einem Objekt steht. Solches unmittelbares Wissen nennt Russell Wissen durch Bekanntschaft oder einfach Bekanntschaft. Im zweiten Falle liegt ein durch Schlußfolgerungen *vermitteltes* Wissen vor, welches er Wissen durch Beschreibung nennt. Russell unterscheidet somit zwei grundlegende Arten von Wissen. Der Ausdruck ‚x hat Wissen von y' kann gemäß Russell auf zwei Weisen aufgefaßt werden, nämlich entweder als ‚x hat Wissen von y *durch Bekanntschaft*' (bzw. ‚x ist mit y bekannt') oder als ‚x hat Wissen von y *durch Beschreibung*'. Die Bekanntschaft eines Subjekts mit einem Gegenstand definiert Russell wie folgt:

> Wir wollen von *Bekanntschaft* immer dann sprechen, wenn uns etwas unmittelbar, ohne Vermittlung durch Schlußfolgerung oder eine vorausgegangene Erkenntnis von Wahrheiten, bewußt ist.[5]

Ausschlaggebend dafür, ob es sich bei einem Wissen um ein Wissen durch Bekanntschaft handelt, ist das Merkmal der Unmittelbarkeit. Wenn die Person x Wissen von y hat, dann handelt es sich dabei nur dann um Wissen durch Bekanntschaft, wenn x in einer unmittelbaren Relation zu y steht. Dabei ist eine Relation *unmittelbar,* wenn sich das Wissen der Person x von der Entität y allein darauf stützt, daß die Person x in der fraglichen Relation zu y steht, das heißt insbesondere, daß sich das Wissen der Person x von der Entität y *nicht* auf Schlußfolgerungen oder anderes Wissen von Wahrheiten stützt. Dabei meint Russell mit dem Wissen von Wahrheiten ein Wissen der Form ‚x weiß, daß p', sogenanntes propositionales Wissen.

Russell unterscheidet verschiedene Arten von Bekanntschaft: die Bekanntschaft mittels gegenwärtiger sinnlicher Wahrnehmung, die Bekanntschaft (mit zuvor Wahrgenommenem) durch Erinnerung und die durch Introspektion. Neben diesen drei Arten von Bekanntschaft gibt es noch eine vierte Art von Bekanntschaft, nämlich die mit Eigenschaften, wie z. B. „rot", und Relationen, wie z. B. „x befindet sich links neben y". Da

5 Russell: *Probleme der Philosophie*, S. 43.

Eigenschaften und Relationen auch als Universalien bezeichnet werden, spricht Russell von der Bekanntschaft mit Universalien, welche er auch ‚Begreifen' nennt.

> Das Bewußtwerden von Universalien nennt man *„begreifen"*, und ein Universale, das uns bewußt ist, nennen wir einen *Begriff*.[6]

Zu den Entitäten, mit denen wir bekannt sein können, gehören nicht nur Dinge, sondern auch Universalien (Eigenschaften, Relationen) und Tatsachen.[7] Für die Bekanntschaftsrelation ist es somit nicht wesentlich, zu welcher Art von Entität ein Subjekt in Relation steht, sondern daß es sich bei der Relation um eine *unmittelbare* handelt. Wissen durch Bekanntschaft ist Wissen, das auf bestimmte Weise fundiert ist: Es stützt sich nicht auf Schlußfolgerungen oder Wissen von Wahrheiten (das heißt propositionales Wissen). Wissen durch Beschreibung ist in Abgrenzung dazu gerade ein Wissen, das sich wesentlich auf propositionales Wissen stützt, das heißt auf Schlußfolgerungen (die Kenntnis von logischen Schlußformen ist eine Art von propositionalem Wissen) oder auf anderes propositionales Wissen. Wenn eine Person x weiß, daß die Erde rund ist, so stützt sich dieses Wissen beispielsweise auf Schlußfolgerungen, die auf der Basis von vielfältigem Wissen durch Bekanntschaft gezogen wurden, oder auf propositionales Wissen anderer Personen (z. B. das Wissen ist aus zuverlässiger Quelle mitgeteilt worden) oder auf propositionales Wissen (z. B. auf das Wissen, daß jemand die Welt umsegelt hat) in Verbindung mit Schlußfolgerungen. Das Wissen, daß die Erde rund ist, ist ein typisches Beispiel für ein Wissen durch Beschreibung, weil eine Person x nicht in einer unmittelbaren Relation zu der Tatsache, daß die Erde rund ist, stehen kann. Allgemein bestimmt Russell das Wissen durch Beschreibung wie folgt:

> Die Erkenntnis von Dingen durch *Beschreibung* hingegen involviert immer [...] ein Wissen von Wahrheiten als Grund und Ursprung eben dieser Erkenntnis.[8]

Russell hat einen wesentlich anderen Wissensbegriff als gegenwärtig in der Analytischen Philosophie üblich. Gemäß dem gegenwärtig üblichen Verständnis handelt es sich bei Wissen entweder um Wissen von Tatsachen (Wissen, daß bzw. propositionales Wissen) oder Wissen von Fertigkeiten (Wissen, wie). Russells Begriff des Wissens ist einerseits enger,

---

[6] Russell: *Probleme der Philosophie*, S. 47.

[7] Russell: *Über die Natur der Bekanntschaft*, S. 130, 135.

[8] Russell: *Probleme der Philosophie*, S. 43.

weil er Wissen von Tatsachen und von Fertigkeiten noch nicht unterscheidet und beides als propositionales Wissen auffaßt. Andererseits ist sein Verständnis von Wissen weiter gefaßt, weil er als Relata des Wissens auch Dinge (z. B. Sinnesdaten) und nicht nur Tatsachen zuläßt. In seiner Theorie gibt es auch Wissen von Dingen. Es wird nichtpropositionales Wissen genannt. Die Unterscheidung von propositionalem und nichtpropositionalem Wissen ist eine Unterscheidung, die den *Wissensinhalt* betrifft: Sie sagt etwas über den ontologischen Status der Relata des Wissens aus, nämlich ob es sich um Dinge oder um Tatsachen (bzw. Fertigkeiten) handelt. Es ist ein wesentliches Merkmal dieser Unterscheidung, daß sie nicht mit der Unterscheidung von Wissen durch Bekanntschaft versus Wissen durch Beschreibung gleichgesetzt werden kann. Ob eine Relation der Bekanntschaft vorliegt, hängt – wie erläutert – davon ob, die Person x in einer unmittelbaren Relation zu der Entität y steht. Die Unmittelbarkeit einer Relation ist ein Merkmal, welches beschreibt, wie das Wissen einer Person fundiert ist, und nicht, von welcher (ontologischen) Art der Wissensinhalt ist. Somit ist die Unterscheidung von Bekanntschaft und Beschreibung eine andere als die Unterscheidung von propositionalem und nichtpropositionalem Wissen.

2.3.1.2 Besonderheiten seiner Theorie des Wissens

Gemäß unserem Alltagsverständnis sind es gerade die gewöhnlichen Dinge wie z. B. Tische, Stühle, Schachteln, die wir unmittelbar wahrnehmen und von denen wir ein sicheres Wissen haben. Dieses Alltagsverständnis steht in krassem Gegensatz zu Russells Erkenntnistheorie. Die Alltagsgegenstände sind uns gemäß Russell nicht unmittelbar zugänglich, das heißt, sie sind uns nicht bekannt. Ein brauner Stuhl beispielsweise wird nicht unmittelbar wahrgenommen, sondern auf Grund des unmittelbaren Wahrnehmens von braunen Farbflecken konstruiert bzw. erschlossen. Unser Wissen von den Alltagsgegenständen ist ein Wissen durch Beschreibung und nicht eines durch Bekanntschaft. Unser Wissen von einem Tisch beispielsweise gehört zur Erkenntnis durch Beschreibung; es ruht auf unserer Wahrnehmung von Sinnesdaten, welche die Erscheinung des Tisches ausmachen. Die Sinnesdaten sind uns bekannt und somit unbezweifelbar gegeben. Der Tisch kann mit Hilfe der Sinnesdaten beschrieben werden als: „*der* physikalische Gegenstand, der *diese* Sinnesdaten verursacht“.[9] Die involvierten Wahrheiten, über die wir verfügen müs-

---

9 Russell: *Probleme der Philosophie*, S. 44.

sen, sind solche, die die uns bekannten Sinnesdaten mit dem beschriebenen Objekt in Verbindung bringen, z. B. das folgende Prinzip: „Solche Sinnesdaten werden von einem physikalischen Objekt verursacht.“[10] Da es keinen Bewußtseinszustand gibt, in dem wir den Tisch unmittelbar wahrnehmen, sind wir mit dem Tisch nicht bekannt. Wir haben ein Wissen von dem Tisch mittels der Beschreibung, welche Bezug nimmt auf die Sinnesdaten, aus denen der Tisch konstruiert werden kann.

> Wir kennen eine Beschreibung, und wir wissen, daß es nur einen Gegenstand gibt, auf den diese Beschreibung zutrifft, obwohl uns dieser Gegenstand nicht unmittelbar bekannt ist. In solchen Fällen sagen wir, daß unsere Kenntnis des Gegenstands Kenntnis durch Beschreibung ist.[11]

Um von den Sinneseindrücken, die wir haben, zu einem Wissen von Alltagsgegenständen zu gelangen, müssen wir uns stets auf das propositionale Wissen stützen, daß diese Sinneseindrücke von einem bestimmten physikalischen Objekt verursacht werden. Ohne ein propositionales Wissen, welches unsere Sinneseindrücke mit der Außenwelt in Verbindung bringt, können wir nichts über die Außenwelt wissen. Da das Wissen, welches die erforderliche Brücke zwischen Sinneseindrücken und Außenwelt herstellt, durch den Skeptizismus angreifbar ist, ist *auf Wahrnehmung basierendes Wissen* entgegen unserer Intuition nie sicheres Wissen.

Im Gegensatz zum Idealismus hält Russell jedoch daran fest, daß auch Wissen durch Beschreibung sicheres Wissen sein kann, nämlich dann, wenn es vollständig auf die Bekanntschaftsrelation zurückgeführt werden kann. Es kann sich dabei nicht um ein Wissen handeln, das auf Wahrnehmung basiert. Es handelt sich beispielsweise um das Wissen einer Tatsache, welche vollständig mit Hilfe von Universalien (Eigenschaften, Relationen) darstellbar ist, mit denen eine Person durch die Relation des Begreifens bekannt ist, z. B.: Eine sprachkompetente Person hat sicheres Wissen davon, daß ein Junggeselle zu sein dasselbe ist wie ein unverheirateter Mann zu sein. Aufgrund der Sprachkompetenz ist die Person mit den Eigenschaften, ein Junggeselle zu sein und ein unverheirateter Mann zu sein, bekannt. Zudem ist sie mit der Relation der Identität bekannt und weiß auf Grund von Sprachkompetenz, daß es sich bei den beiden Eigen-

---

10 Ebd.

11 Ebd.

schaften um dieselben handelt. Das Wissen dieser Tatsache setzt somit die Bekanntschaft mit (in diesem Fall das Begreifen von) zwei Eigenschaften und der Identitätsrelation voraus sowie das propositionale Wissen, daß die beiden Eigenschaften identisch sind. Da propositionales Wissen vorausgesetzt wird, handelt es sich um ein Wissen durch Beschreibung. Da dieses Wissen ausschließlich sicheres Wissen voraussetzt, ist es auch selbst sicheres Wissen. Zum einen ist die Bekanntschaft mit den Eigenschaften und Relationen sicheres Wissen, zum anderen ist das vorausgesetzte Wissen als (idealer) kompetenter Sprecher sicheres Wissen. Somit zeigt das Beispiel, daß auch ein Wissen durch Beschreibung sicheres Wissen sein kann.

Wissen durch Bekanntschaft und Wissen durch Beschreibung sind einander komplementär ergänzende Wissesnarten, wobei Russell das Prinzip vertritt, daß die Bekanntschaftsrelation das Fundament, die primäre Quelle, unseres Wissens über die Welt ist.

> Unser gesamtes Wissen – die Erkenntnis von Dingen ebenso wie die von Wahrheiten – hat die „Bekanntschaft" zur Grundlage.[12]

Eine derart prominente Stellung der Bekanntschaftsrelation für unser Wissen ist nicht unproblematisch: Da wir unter anderem mit Sinneseindrücken bekannt sind und diese gewöhnlich für subjektiv gehalten werden, stellt sich für Russell die Frage, wie es möglich ist, daß wir über nichtsubjektives Wissen verfügen. Russells Antwort zu diesem Problem ist ein Teil seiner Ontologie (siehe 2.3.3.4).

2.3.2 Die Sprachphilosophie

2.3.2.1 Die Prinzipien der Semantik

Eine Grundfrage der Semantik lautet: Was ist die Bedeutung eines sprachlichen Zeichens, und wie wird sie festgelegt? In diesem Abschnitt beschäftigt uns Russells Antwort auf die Frage, was die Bedeutung von Ausdrükken ist. Russells Semantik stützt sich auf eine Reihe von Prinzipien. Davon ist eines das Kompositionalitätsprinzip, welches die Bedeutung eines komplexen sprachlichen Ausdrucks auf die Bedeutung seiner Bestandteile zurückführt.

---

12 Russell: *Probleme der Philosophie*, S. 44.

Das Kompositionalitätsprinzip: Die Bedeutung eines komplexen sprachlichen Ausdrucks ergibt sich aus den Bedeutungen seiner Bestandteile.

Bei den einfachen Ausdrücken unterscheidet Russell zwei Arten der Bedeutungsfestlegung: Entweder kann die Bedeutung eines einfachen Ausdrucks unabhängig von dessen Vorkommen in einem Satz festgelegt werden oder nicht. Im Fall der Abhängigkeit der Bedeutung von dem Vorkommen in einem Satz spricht man auch von synkategorematischen, im anderen Fall von kategorematischen Ausdrücken. Für kategorematische Ausdrücke gilt bei Russell das folgende Prinzip:

Das relationale Prinzip der Bedeutung: Die Bedeutung eines kategorematischen Ausdrucks ist die von dem Ausdruck bezeichnete Entität (der Gegenstand, die Eigenschaft oder ähnliches).

Im Gegensatz zu Frege erschöpft sich für Russell die Bedeutung einfacher Ausdrücke in dem, was sie bezeichnen. Eine darüber hinausgehende Ebene der sprachlichen Bedeutung, die analog zu Freges Ebene des Sinns wäre, gibt es in Russells Theorie nicht.

Die Bedeutung synkategorematischer Ausdrücke kann nur im Hinblick auf ihr Vorkommen im Satz angegeben werden. Ein Beispiel für einfache, synkategorematische Ausdrücke sind die logischen Ausdrücke wie ‚und', ‚oder' usw. Ihre Bedeutung anzugeben heißt die Bedeutung von Sätzen anzugeben, in denen sie vorkommen. Bei logischen Zeichen tut man dies seit Beginn der modernen Logik durch Wahrheitstafeln, die die Wahrheitsbedingungen für Sätze, die mit logischen Zeichen verbunden sind, auf die Wahrheitsbedingungen der einzelnen Sätze allein zurückführen; z. B. sieht die Wahrheitswerttafel für zwei Sätze ‚p', ‚q', die mit dem logischen Zeichen ‚und' ($\wedge$) verbunden sind, wie folgt aus:

p	q	$p \wedge q$
W	W	W
W	F	F
F	W	F
F	F	F

Dies besagt, daß der Satz ‚$p \wedge q$' genau dann wahr ist, wenn sowohl der Satz ‚p' als auch der Satz ‚q' wahr sind. Durch diese allgemeine Erläuterung der Wahrheitsbedingung von Sätzen, die mit ‚und' verbunden sind, ist die Bedeutung des Zeichens ‚und' vollständig festgelegt. Allgemein können wir für synkategorematische Ausdrücke festhalten, daß sie eine Untersuchung der Bedeutung der Satzschemata, in denen sie vorkommen, erfordern.

Das kontextuelle Prinzip der Bedeutung: Die Bedeutung eines synkategorematischen Ausdrucks kann dadurch angegeben werden, daß man die Bedeutung für die Satzschemata, in denen er vorkommt, angibt.

Dabei wird die Bedeutung der Satzschemata so angegeben, daß der synkategorematische Ausdruck keine Verwendung mehr findet, das heißt, er wird in der Bedeutungserklärung der relevanten Satzschemata eliminiert.

2.3.2.2 Die Verbindung von Semantik und Erkenntnistheorie

Der zweite Teil der sprachphilosophischen Grundfrage lautet: Wie wird die Bedeutung eines sprachlichen Zeichens festgelegt? Um diese Frage für kategorematische Ausdrücke zu beantworten, hat Russell seine semantischen und seine erkenntnistheoretischen Prinzipien miteinander verknüpft. Damit eine Bedeutungsfestlegung für komplexe Ausdrücke möglich ist, muß eine Bedeutungsfestlegung von einfachen kategorematischen Ausdrücken vorausgesetzt werden. Die Bedeutung eines kategorematischen Ausdrucks wird gemäß Russell dadurch festgelegt, daß wir in einer Bekanntschaftsrelation mit der Bedeutung dieses Ausdrucks, das heißt mit der bezeichneten Entität, stehen.

> Die Wörter, die wir gebrauchen, müssen *irgendeine* Bedeutung haben, wenn wir sinnvoll reden und nicht bloß Geräusche machen wollen; und die Bedeutung, die wir unseren Wörtern beilegen, muß etwas sein, das uns bekannt ist.[13]

Mit dieser Theorie der Bedeutungsfestlegung trägt Russell seinen erkenntnistheoretischen Prinzipien Rechnung. Da wir als kompetente Sprecher wissen, was die Bedeutung von Sätzen und einfachen Ausdrücken ist, und dieses Wissen letztlich auf Bekanntschaft zurückzuführen ist, muß das Wissen von der Bedeutung der einfachen Ausdrücke in der Bekanntschaft mit den bezeichneten Entitäten bestehen, das heißt gemäß der Erkenntnistheorie, daß eine Bekanntschaftsrelation das Subjekt mit den Bedeutungen der einfachen Ausdrücke verbindet. Es ist ein naheliegender Zug, diese epistemisch grundlegende Relation nicht nur heranzuziehen, um zu erklären, wie ein Sprecher Kenntnis von der Bedeutung sprachlicher Ausdrücke haben kann, sondern zugleich, um zu erklären, wie die Bedeutung sprachlicher Ausdrücke festgelegt wird. Genau das tut Russell, indem er behauptet, daß die Bedeutung eines kategorematischen Ausdrucks durch

---

[13] Russell: *Probleme der Philosophie*, S. 53.

die Bekanntschaft mit der bezeichneten Entität festgelegt wird. Weil die Bedeutung kategorematischer Ausdrücke grundlegend für die Bedeutung der anderen Ausdrücke ist, ist die Bekanntschaftsrelation die primäre Art der Bedeutungsfestlegung, welche für das Verstehen von Sätzen vorausgesetzt werden muß.

> Jeder Satz, den wir verstehen können, muß vollständig aus Bestandteilen zusammengesetzt sein, die uns bekannt sind.[14]

Die Bestandteile eines Satzes sind Ausdrücke. Es geht Russell in seiner mißverständlichen Formulierung jedoch nicht darum, daß wir mit den Ausdrücken bekannt sind, sondern mit den Gegenständen, Eigenschaften oder Relationen, die von den Ausdrücken bezeichnet werden. Wenn Russell von „Bestandteilen" spricht, mit denen wir bekannt sind, dann meint er die Bedeutungen der Bestandteile. Die Bestandteile eines Satzes sind gemäß der – noch zu erläuternden – Theorie der logischen Analyse alle Ausdrücke, die in den einfachsten, sogenannten atomaren Sätzen vorkommen, wobei die atomaren Sätze mit Hilfe der logischen Analyse eines komplexen Satzes festgestellt werden können. Entsprechend verdeutlichen wir *Russells Prinzip von Bedeutung und Bekanntschaft:*

> Wenn wir einen Satz verstehen können, dann müssen die atomaren Aussagen, welche das Ergebnis der logischen Analyse des Satzes sind, aus Ausdrücken bestehen, deren Bedeutungen (das heißt die bezeichneten Entitäten) uns bekannt sind.

2.3.2.3 Die logische Analyse

Die Methode der logischen Analyse dient nicht nur dazu, die in der Normalsprache ausgedrückten Gedanken präziser darzustellen, sondern sie soll ein spezifisches Ergebnis haben: nämlich die einfachsten Sätze, die das Merkmal haben, nicht weiter in Sätze analysierbar zu sein. Diese Sätze nennt Russell atomare Aussagen. Unter der logischen Analyse versteht Russell dasselbe Vorgehen wie Wittgenstein im *Tractatus logico philosophicus,* und er glaubt es auch, prägnant in dem Satz 2.0201 von Wittgensteins *Tractatus* wiederzufinden:

> Jede Aussage über Komplexe läßt sich in eine Aussage über deren Bestandteile und in diejenigen Sätze zerlegen, welche die Komplexe vollständig beschreiben.

---

[14] Russell: *Probleme der Philosophie*, S. 53.

Bei Wittgenstein finden wir als spätere Erläuterung zu dieser Methode das folgende anschauliche Beispiel eines ersten Analyseschrittes: Der Satz „Der Besen steht in der Ecke" kann in die Sätze „Der Stiel steht in der Ecke", „Die Bürste steht in der Ecke" und „Die Bürste ist am Stiel befestigt" analysiert werden.[15] Zu dieser Art von Analyse gehört bei Russell und Wittgenstein die Überzeugung, daß sie an ein Ende kommt, das heißt, daß sie zu atomaren Aussagen führt. Wenn man mit Hilfe der logischen Analyse von normalsprachlichen Sätzen bis zu atomaren Aussagen vorgedrungen ist, dann hat man eine logisch korrekte Symbolik des ursprünglichen Satzes gefunden. Die logische Analyse eines normalsprachlichen Satzes ist eine Transformation in eine logisch korrekte Notation, welche erst dann abgeschlossen ist, wenn sich keine einfacheren Beschreibungen mehr finden lassen, die dieselbe Tatsache darstellen wie der normalsprachliche Satz.

2.3.2.4 Die logischen Eigennamen

Als Bedeutung der kategorematischen Ausdrücke unserer Sprache kommt nur etwas in Betracht, mit dem wir bekannt sind. Bedeutungen von Eigenschafts- und Relationswörtern sind Eigenschaften und Relationen, mit denen wir im Augenblick der Äußerung bekannt sind. Als weitere Klasse von Bekanntem sind noch die Sinnesdaten zu berücksichtigen. Hier ist es schwieriger auszumachen, welches die Ausdrücke sind, die sie bezeichnen. Normalerweise werden Gegenstände von Eigennamen bezeichnet. Doch gewöhnliche Eigennamen wie z. B. „Richard von Weizsäcker" bezeichnen keine Sinnesdaten, sondern einen komplexen Gegenstand, nämlich die Person mit diesem Namen. Deren Existenz erschließen wir aus dem Erfassen einer bestimmten Menge von Sinnesdaten. Die Ausdrücke, mit denen wir die Sinnesdaten bezeichnen können, sind die Demonstrativpronomina „dies", „jenes" etc. Dabei setzt Russell voraus, daß ein Demonstrativpronomen so verwendet werden kann, daß damit ein Objekt, welches dem Sprecher im Augenblick der Äußerung bekannt ist, bezeichnet werden kann.

> Die einzigen Wörter, die wir im logischen Sinne als Namen verwenden, sind Wörter wie „dies" und „das". Man kann das Wort „dies" als Name verwenden, der für ein Individuum steht, mit dem man im Augenblick bekannt ist.[16]

---

[15] Wittgenstein: *Philosophische Untersuchungen*, Paragr. 60.

[16] Russell: *Philosophie des logischen Atomismus*, S. 200.

Wenn das Demonstrativpronomen „dies" in dem Satz „Dies ist weiß" von dem Sprecher verwendet wird, um ein Sinnesdatum, z. B. einen Farbeindruck, zu bezeichnen, dann hat das Konsequenzen, die es Russell sehr schwer machen, unsere funktionierende sprachliche Verständigung zu erklären. Der Hörer kann in einem solchen Falle die Bedeutung nicht erfassen, denn Sinnesdaten sind bezüglich des Erfassens personenbezogen. Ein Sinnesdatum, welches der Sprecher zur Zeit T an der Position P erfaßt, kann niemals von jemand anderem erfaßt werden, weil niemand außer ihm zur Zeit T die Position P einnehmen kann. Der Hörer kann das bezeichnete Sinnesdatum nicht wahrnehmen, sondern bestenfalls ein anderes, ähnliches Sinnesdatum, oder aus der Wahrnehmung mehrerer anderer Sinnesdaten ein Objekt, z. B. ein Stück Kreide, konstruieren, wobei es ungeklärt bleibt, wieso der Hörer dasselbe komplexe Objekt in der Äußerungssituation konstruieren soll wie der Sprecher. Wir haben das folgende Dilemma: Wenn der Ausdruck „dies" verwendet wird, um ein Stück Kreide zu bezeichnen, dann wird er nicht mehr als logischer Eigenname verwendet; denn wir stehen zu einem Stück Kreide nicht in der Bekanntschaftsrelation. Wenn der Ausdruck als logischer Eigenname verwendet wird, z. B. wenn er ein Sinnesdatum bezeichnet, mit dem der Sprecher bekannt ist, dann hat der Hörer prinzipiell keine Möglichkeit zu erfassen, wovon der Sprecher mit der Verwendung des Ausdruck redet, weil der Hörer nicht mit demselben Sinnesdatum bekannt sein kann. Im ersten Fall ist die Relation des Bezeichnens noch nicht auf die Bekanntschaftsrelation zurückgeführt und damit gemäß Russells Prinzip von Bedeutung und Bekanntschaft noch unerklärt. Im zweiten Fall ist die funktionierende Kommunikation ein Rätsel.

2.3.2.5 Die Theorie der Kennzeichnungen

In Russells Erkenntnistheorie werden zwei Arten des Wissens von Gegenständen unterschieden: Wissen mittels Bekanntschaft und Wissen mittels Beschreibung. Je nach der Art des Wissens von einem Gegenstand verwenden wir unterschiedliche Gegenstandsbezeichnungen; Dinge, die uns bekannt sind, bezeichnen wir mit Prädikaten (Eigenschafts- oder Relationsausdrücken) oder mit logischen Eigennamen (z. B. „dies"). Dinge, von denen wir mittels einer Beschreibung ein Wissen haben, bezeichnen wir mit diesen Beschreibungen bzw. Kennzeichnungen, welche die Form ‚der/die/das F' haben (wobei ‚F' ein gewöhnliches Prädikat in passender grammatischer Form ist). Da die Bedeutung der Prädikate und der logischen Eigennamen schon erklärt wurde, bleibt die Frage: Was ist die Bedeutung einer Kennzeichnung? Mit einem Objekt, welches uns durch eine Kennzeichnung gegeben ist, müssen wir nicht bekannt sein, daher ist die naheliegende Annahme nicht vertretbar, daß die Bedeutung einer Kennzeichnung, z. B. ,der Kanzler der Bundesrepublik im Jahre 1994' das von ihr eindeutig herausgefilterte Objekt, nämlich Helmut Kohl, ist. Diese Annahme ist unverträglich mit dem Prinzip, daß die Bekanntschaftsrelation die alleinige bedeutungskonstitutive Relation ist, weil wir von Personen und Alltagsgegenständen nur ein Wissen durch Beschreibung haben. Da Russell an dem Prinzip festhalten möchte, daß die Bedeutung der Ausdrücke allein durch die Bekanntschaftsrelation festgelegt wird, stellt sich die Frage nach der Bedeutung der Kennzeichnungen wie folgt: Gibt es eine logische Analyse der Kennzeichnungen, welche sie auf Ausdrücke zurückzuführen vermag, deren Bedeutungen uns bekannt sind? Zudem kann die Bedeutung einer Kennzeichnung deshalb nicht mit dem von ihr bezeichneten Objekt identifiziert werden, weil eine Kennzeichnung in einem Satz auch dann bedeutungsvoll verwendet werden kann, wenn sie kein Objekt bezeichnet. Russell schlägt eine Analyse vor, die auch dieser Tatsache Rechnung trägt. Kennzeichnungen sind gemäß Russell synkategorematische Ausdrücke. Ihre Bedeutung ist nicht ein bezeichnetes Objekt, sondern ein Aspekt der Bedeutung der Sätze, in denen sie vorkommen:

> Nach der Auffassung, die ich vertrete, ist es für eine Kennzeichnung wesentlich, Teil eines Satzes zu sein, ohne wie die meisten einzelnen Wörter für sich irgendeinen Sinn oder eine Bedeutung zu haben.[17]

Wenn die Kennzeichnung „der G" in dem Satz „*Der G* ist ein F" enthalten ist (F und G seien gewöhnliche Prädikate), so läßt sich dieser Satz wie folgt logisch analysieren: „Eine und nur eine Entität ist ein G, und diese ist ein F". Nehmen wir als Beispiel den Satz (A) „Der gegenwärtige König von Frankreich ist kahlköpfig", so lautet der Satz in analysierter Form (A1) „Eine und nur eine Entität ist gegenwärtig ein König von Frankreich, und diese ist kahlköpfig." Hinter der Redeweise „eine und nur eine Entität" verbirgt sich eine Existenzbehauptung und eine Eindeutigkeitsforderung, die für den vollständig analysierten Satz folgende umständliche Formulierung nötig macht: (A2) „Es gibt ein x, so daß x gegenwärtig ein König von Frankreich ist und daß für alle y, für die gilt, daß y gegenwärtig ein König von Frankreich ist, gilt, daß y identisch ist mit x,

[17] Russell: *Über das Kennzeichnen*, S. 15.

und x ist kahlköpfig." Der erste Teilsatz von A2 enthält die Existenzbehauptung, der zweite Teilsatz die Eindeutigkeitsforderung und der dritte Teilsatz die eigentliche prädikative Aussage. Die Existenz- und Eindeutigkeitsforderung soll durch die umgangssprachliche Wendung „eine und nur eine Entität" eingefangen werden. In der analysierten Form A1 ist zu sehen, daß der Ausdruck „gegenwärtig ein König von Frankreich" nicht mehr als Kennzeichnung auftritt. Das grammatische Subjekt des Satzes ist der Ausdruck „eine und nur eine Entität", und das Prädikat ist der Ausdruck „ist gegenwärtig ein König von Frankreich". Die Wörter, die in der ursprünglichen Kennzeichnung verwendet wurden, treten zwar bis auf den bestimmten Artikel wieder auf, jedoch nur als Teil eines Prädikats. Dasselbe gilt auch für die ausführliche Analyse A2. Die Bedeutung eines Prädikats erweist sich als unproblematisch, denn sie läßt sich gemäß Russell stets auf die Bekanntschaft mit Universalien, das heißt Eigenschaften oder Relationen, zurückführen. Der entscheidende Zug der logischen Analyse eines Satzes, der eine Kennzeichnung enthält, ist somit das Verschwinden der Kennzeichnung zugunsten von Prädikaten und logischen Zeichen, deren Bedeutung bereits erklärt wurde.

> Der Ausdruck [gemeint ist eine Kennzeichnung] für sich hat keinen Sinn, weil er in jeder Aussage, in der er vorkommt, nach ihrer vollständigen Analyse nicht mehr enthalten, sondern aufgelöst ist.[18]

Insbesondere sind gemäß dieser Analyse Kennzeichnungen als Teile von Sätzen auch dann bedeutungsvoll, wenn sie kein Objekt bezeichnen. Obwohl es gegenwärtig keinen König von Frankreich gibt, hat der Satz ‚Der gegenwärtige König von Frankreich ist kahlköpfig' eine Bedeutung. Wir können ihn verstehen, wenn wir mit den Bedeutungen der Prädikate ‚gegenwärtig ein König von Frankreich zu sein' und ‚kahlköpfig zu sein' bekannt sind. Wegen der Tatsache, daß es gegenwärtig keinen König von Frankreich gibt, ist der Satz nicht ohne Bedeutung, sondern lediglich falsch.

Gewöhnliche Eigennamen, wie ‚Sokrates', ‚Cicero' usw. betrachtet Russell als verdeckte Kennzeichnungen, das heißt, in ihrer logischen Struktur werden sie wie Kennzeichnungen behandelt. Nach der Analyse der Kennzeichnung (bzw. des gewöhnlichen Eigennamens) enthält der Satz nur noch logische Zeichen und Prädikate. Da weder logische Zeichen noch Prädikate die These von der alleinigen bedeutungskonstitutiven Rolle der

---

[18] Russell: *Über das Kennzeichnen*, S. 16.

Bekanntschaftsrelation in Frage stellen, ist ein Ergebnis der vorgestellten Analyse, daß diese These auch für Kennzeichnungen und damit aus Russells Perspektive allgemein gilt.

> Wenn uns etwas vorliegt, womit wir keine unmittelbare Bekanntschaft, sondern wovon wir nur eine Definition mit Kennzeichnungen haben, dann enthalten die Aussagen, die dieses Ding mittels einer Kennzeichnung einführen, es nicht wirklich als Bestandteil, sondern statt dessen die Bestandteile, die durch die verschiedenen Wörter der Kennzeichnung ausgedrückt werden. Also sind in jeder Aussage, die wir erfassen können (d. h. nicht nur in denen, über deren Wahrheit oder Falschheit wir entscheiden, sondern in allen, über die wir nachdenken können), alle Bestandteile tatsächlich Entitäten, mit denen wir unmittelbare Bekanntschaft haben.[19]

Berühmt geworden ist Russells Analyse von Kennzeichnungen allerdings nicht wegen der Integration in seine eigenwillige Erkenntnistheorie, sondern wegen ihrer Fruchtbarkeit in der modernen Sprachphilosophie und Ontologie.

2.3.3 Ontologie

2.3.3.1 Ontologische Sparsamkeit

Es ist die Aufgabe der philosophischen Teildisziplin Ontologie, eine begründete Antwort auf die Frage bereitzustellen, was es gibt. Dabei wird nicht eine Aufzählung von allem Existierendem erwartet – eine solche wäre philosophisch uninteressant –, sondern eine Angabe der Arten von Entitäten, z. B. Dinge, Eigenschaften, die als „Bausteine der Welt" vorausgesetzt werden müssen. Zu den Bausteinen der Welt gehören nach klassischem Verständnis nur die Arten von Entitäten, die nötig sind, um aus ihren Elementen die ganze Welt konstruieren zu können, wobei ein Baustein zugleich der Bedingung genügen muß, daß er selbst nicht aus anderen Bausteinen konstruierbar ist. Die letzte Bedingung geht in einer anderen Form auf den mittelalterlichen Philosophen Wilhelm von Ockham zurück und ist als *Ockhams Rasiermesser* bekannt geworden: „Entia non sunt multiplicanda praeter necessitatem" besagt, daß die Entitäten nicht ohne Notwendigkeit vermehrt werden sollen, das heißt, es sollen keine

---

19 Russell: *Über das Kennzeichnen*, S. 21 f.

unnötigen Existenzannahmen gemacht werden. Entbehrliche Entitäten gehören nicht zu den Bausteinen der Welt. Man spricht deshalb bei diesem Prinzip auch von ontologischer Sparsamkeit. Es lassen sich zwei Gründe für die Entbehrlichkeit einer Art von Entitäten als Baustein unterscheiden. Eine Art von Entitäten ist zum einen genau dann *konstruktiv entbehrlich,* wenn sie vollständig mit Hilfe von anderen Arten von Entitäten konstruierbar ist. Wenn die Welt ein Haus wäre, das nur aus tausend Ziegelsteinen, fünfzig Holzbalken und Mörtel bestünde, so wären die Bausteine der Welt Ziegelsteine, Holzbalken und Mörtel. Es wäre überflüssig, einzelne Ziegelsteine zu unterscheiden, da sie alle die gleiche Funktion erfüllen können; genauso überflüssig wäre es, Wände, Decken etc. als Bausteine anzunehmen, denn diese sind vollständig aus Ziegelsteinen, Holzbalken und Mörtel konstruiert. Eine zweite Art von Entbehrlichkeit nennen wir theoretische Entbehrlichkeit. Eine Art von Entitäten ist *theoretisch entbehrlich,* wenn ihre Existenz innerhalb einer Erklärung eines Phänomens vorausgesetzt wird, während es eine fundiertere alternative Erklärung gibt[20], die ohne die Annahme auskommt, daß es die fragliche Entität gibt. Ein Beispiel soll dies veranschaulichen. Vor der Entdeckung des Sauerstoffes im Jahre 1777 wurde das Phänomen der Verbrennung mittels der Phlogistontheorie erklärt. Gemäß dieser Theorie enthält jeder brennbare Körper das Element Phlogiston, welches eine für jeden Verbrennungsvorgang spezifische Substanz ist. Der Verbrennungsprozeß besteht wesentlich darin, daß Phlogiston freigesetzt wird. Ist das Phlogiston in den Objekten, die verbrannt werden, vollständig freigesetzt, so erlischt das Feuer. Für diese eng an die Alltagsüberzeugung angelehnte Theorie ist es eine Voraussetzung, daß es das Element Phlogiston gibt. Mit der Entdeckung des Sauerstoffes konnte jedoch eine alternative Erklärung gefunden werden, nämlich daß Verbrennungen Oxidationsprozesse sind, das heißt chemische Reaktionen mit dem Element Sauerstoff, welches sich nicht in den zu verbrennenden Objekten, sondern in der Luft befindet. Mit der Entdeckung des Sauerstoffes und der damit einhergehenden neuen, bis heute akzeptierten Theorie für Verbrennungsprozesse wurde die Annahme, daß es Phlogiston gibt, theoretisch entbehrlich.

---

[20] Der Begriff ‚fundiertere Erklärung' wird hier nicht definiert. Wir setzen dabei die in der Wissenschaftstheorie üblichen Kriterien voraus, die eine Erklärung als besser als eine andere ausweisen, z. B. Konsistenz, Einfachheit, umfassenderer Gültigkeitsbereich.

Russell hat ebenso wie Frege für die Teildisziplin Ontologie den „linguistic turn" vollzogen. Die klassische Frage, was es gibt, läßt sich nur mit Hilfe von sprachphilosophischen Mitteln beantworten. Dazu wird die Frage, welches das Existierende in der Welt ist, zunächst in eine Frage nach Ausdrücken transformiert; sie lautet: Welches ist das Minimalvokabular für eine vollständige Beschreibung der Welt? Auch zur Beantwortung dieser Frage ist nicht eine Aufzählung von Ausdrücken, sondern die Angabe von logisch verschiedenen Typen von Ausdrücken erwünscht. Zu dem Minimalvokabular gehören diejenigen Klassen von Ausdrücken, die eine Variante unserer Erläuterung von *Ockhams Rasiermesser* erfüllen: Jeder Ausdruck einer solchen Klasse bezeichnet etwas, das sich nicht mit Hilfe anderer Ausdrücke einer Klasse des Minimalvokabulars beschreiben läßt, und es handelt sich bei den Klassen von Ausdrücken des Minimalvokabulars um das Vokabular der fundiertesten Theorie. Erfüllt eine Klasse von Ausdrücken diese Bedingung nicht, so ist sie für das Minimalvokabular entbehrlich. Das Reduzieren des Minimalvokabulars ist durch das Bestreben motiviert, möglichst wenige Fehlerquellen zuzulassen und möglichst allgemeine Charakterisierungen zu gewinnen.

2.3.3.2 Der Zusammenhang von Sprache und Wirklichkeit

Für eine atomare Aussage gilt ein Prinzip, das auch in Wittgensteins Bildtheorie grundlegend ist: Eine atomare Aussage hat dieselbe Struktur wie die Tatsache, die sie beschreibt. Russell formuliert das *Prinzip der Strukturanalogie von Sprache und Welt* wie folgt:

> ... daß in einer logisch korrekten Symbolik eine fundamentale Übereinstimmung zwischen der Struktur einer Tatsache und ihres Symbols herrscht und daß die Komplexität eines Symbols mit der symbolisierten Tatsache sehr genau übereinstimmt.[21]

Durch dieses Prinzip wird es möglich, mittels einer logischen Analyse der Sprache Erkenntnisse über die Struktur der Welt zu gewinnen. Den Arten von Ausdrücken, die in einer logischen Symbolik benötigt werden, entsprechen Arten von Entitäten, die sie bezeichnen: z. B. die Eigennamen „a", „b", ... bezeichnen Dinge, die Eigenschaftsausdrücke „F", „G", ... bezeichnen Eigenschaften, die Relationsausdrücke „R2", „Q2", ... bezeichnen Beziehungen, welche zwischen zwei Dingen bestehen kön-

---

[21] Russell: *Philosophie des logischen Atomismus*, S. 196.

nen. Relationsausdrücke können aber nicht nur Beziehungen bezeichnen, die zwischen zwei Dingen bestehen, sondern auch solche zwischen beliebig vielen Dingen. Wir benötigen eine dreistellige Relation, um das Phänomen der Eifersucht zu beschreiben: A ist eifersüchtig auf B wegen C. Allgemein können wir sagen, daß ein n-stelliger Relationsausdruck „Rn", „Qn", ... eine n-stellige Beziehung bezeichnet. Mit Hilfe dieser Ausdrükke lassen sich die atomaren Aussagen der folgenden Art bilden, wobei es zur Definition von atomaren Aussagen gehört, daß sie keine logischen Zeichen (und, oder, nicht etc.) enthalten. Der Satz „F (a)" beschreibt die Tatsache, daß das Ding a die Eigenschaft F besitzt, der Satz „a R2 b" beschreibt die Tatsache, daß die Dinge a und b in der Relation R2 zueinander stehen usw. Das Prinzip der Strukturanalogie zwischen Sprache und Welt ist das Argument für den „linguistic turn" in der Ontologie des logischen Atomismus. Dieses Prinzip ermöglicht es, die „Bausteine der Welt" anzugeben, indem man durch die logische Analyse der normalsprachlichen Sätze das Minimalvokabular für eine vollständige Weltbeschreibung ermittelt.

2.3.3.3 Der Logische Atomismus als Ontologie der Tatsachen

Russell hatte sich mit seiner Ontologie in einem ersten Schritt von der seit der Antike vorherrschenden Ding-Eigenschaft- bzw. Substanz-Attribut-Metaphysik verabschiedet, indem er deren Grundlage, daß alle Sätze in analysierter Form Subjekt-Prädikat-Sätze sind, als irriges Vorurteil erwies. Beispielhaft hat er gezeigt, daß sich bestimmte Sätze nicht ohne zweistellige Relationen darstellen lassen. Damit wurde die Ding-Eigenschaft-Metaphysik zu einer Ding-Eigenschaft-Relationen-Metaphysik erweitert. Trotz der Ergänzung haben diese „Grundbausteine der Welt" eines gemeinsam: die entsprechenden sprachlichen Ausdrücke sind bislang allesamt selbständige, bezeichnende Ausdrücke, die es erst in einer spezifischen Verbindung erlauben, etwas zu beschreiben. Da Beschreibungen erst mit Sätzen möglich sind, müssen zusätzlich noch die wahren, atomaren Aussagen zu dem Minimalvokabular gerechnet werden, denn erst sie ermöglichen eine vollständige Weltbeschreibung. Demgemäß gehören die von den wahren, atomaren Aussagen beschriebenen atomaren Tatsachen zu den Grundbausteinen der Welt. Durch die Integration von Beschreibungen in das Minimalvokabular wird die Ontologie zu einer Ontologie der Tatsachen. Der Wechsel von einer Ding-Eigenschaft-Ontologie zu einer Ontologie der Tatsachen markiert einen wichtigen Wendepunkt in der Ontologie.

Wie im Rahmen der Darstellung bereits sichtbar wurde, sind Erkenntnistheorie, Sprachphilosophie und Ontologie bei Russell stark miteinander verzahnt. Der daraus resultierenden Theorie hat er den Namen *Philosophie des logischen Atomismus* gegeben: Ihre Grundpfeiler sind die epistemische Theorie der Bekanntschaft, die sprachphilosophische Theorie der logischen Analyse und die These der ontologischen Sparsamkeit. Erkenntnistheorie und Sprachphilosophie sind durch das Prinzip miteinander verbunden, daß die Bedeutung kategorematischer Ausdrücke durch die Bekanntschaftsrelation festgelegt und erfaßt wird. Sprachphilosophie und Ontologie sind durch das Prinzip der strukturellen Analogie zwischen Sprache und Welt verknüpft. Schließlich stehen auch Erkenntnistheorie und Ontologie in engem Zusammenhang, der allerdings unplausible Konsequenzen hat, wie im folgenden dargelegt wird.

2.3.3.4 Die Sinnesdaten als Materie

Russells Prinzip von Bedeutung und Bekanntschaft besagt im wesentlichen, daß wir mit den Bedeutungen von kategorematischen Ausdrücken bekannt sein müssen. Das Prinzip der logischen Analyse legt fest, daß dies insbesondere für die Ausdrücke gilt, aus denen die atomaren Sätze bestehen. Zu diesen Ausdrücken gehören unter anderem die logischen Eigennamen ‚dies', ‚jenes' usw., welche gemäß Russells Erkenntnistheorie Sinnesdaten bezeichnen. Da Ausdrücke für Sinnesdaten zum Minimalvokabular für eine vollständige Beschreibung der Welt gehören, gehören somit die Sinnesdaten zu den Bausteinen der Welt. Wenn Sinnesdaten zu den Bausteinen der Welt gehören, so liegt die Vermutung nahe, daß der Idealismus, den Russell gerade des Hauses verwiesen hat, zur Hintertür wieder hereingeschlichen kommt. Kann es etwas anderes als eine „subjektive Welt" sein, wenn sie aus Sinnesdaten aufgebaut ist?

Da Russell dezidierter Realist ist und gleichzeitig an der These festhalten möchte, daß die Sinnesdaten zu den Bausteinen der Welt gehören, muß er vertreten, daß Sinnesdaten materielle Entitäten sind. Genau diese Konsequenz nimmt er in Kauf und versucht, sie durch eine spekulative Theorie der Sinnesdaten zu verteidigen. Er begründet die Materialität der Sinnesdaten damit, daß diese einen objektiven Charakter haben, wenn man bestimmte Faktoren konstant hält: Wenn der Gegenstand, die Position des Gegenstandes, die Position des Wahrnehmenden mit normal funktionierenden Sinnesorganen, das Medium der Wahrnehmung und ähnliches feststehen, dann ist das Sinnesdatum festgelegt. Wenn sich einer der Faktoren ändert, dann ändert sich auch das Sinnesdatum. Selbst wenn die Annahme stimmt, daß diese oder ähnliche Faktoren den Sinneseindruck eines Wahrnehmenden festlegen, so ist das – contra Russell – kein Argument für die Materialität der Sinnesdaten, sondern nur für einen gewissen Grad von Objektivität. Außerdem, so argumentiert Russell, haben wir zwar oberflächlich den Eindruck, daß Sinnesdaten etwas rein Privates sind; doch das liegt nur daran, daß die Welt kontingenterweise so beschaffen ist, daß zwei Personen nicht gleichzeitig dieselbe Wahrnehmungsposition einnehmen können. Russell liefert auch damit nur ein Argument für einen objektiven Zug der Sinnesdaten, nicht aber für deren Materialität. Daher markiert die These von der Materialität der Sinnesdaten die größte Schwachstelle seiner Philosophie des logischen Atomismus. Sie hat ihre Berechtigung fast ausschließlich als Ad-hoc-Lösung, um den drohenden Verlust einer realistischen Position zu verhindern.

2.4 Die Bewußtseinstheorie des neutralen Monismus

Nach 1918 hat Russell sich verstärkt mit der Philosophie des Geistes befaßt. Seine Überlegungen auf diesem Gebiet bleiben jedoch vergleichsweise unausgeführt, so daß seine Arbeiten wenig Einfluß hatten. Die folgende Skizze der Theorie des neutralen Monismus erfüllt zweierlei Funktionen: zum einen präsentiert sie eine der ersten Theorien, die sich entschieden von dem bis ins neunzehnte Jahrhundert vorherrschenden Dualismus absetzen, der eine radikale Trennung von körperlichen und seelischen Vorgängen postuliert; zum anderen ist sie besonders geeignet, Russells Methodologie zu illustrieren.

Ein wichtiger Aspekt seiner Methodologie ist die Entthronung der Philosophie als „Königin der Wissenschaften" und ihre Einbindung als (bestenfalls) gleichberechtigtes Element in das Geflecht der Wissenschaften. Die Philosophen sollten es sich nicht anmaßen, über gut fundierte Theorien anderer Wissenschaften hinwegzusehen, sondern sie sollten sich daran orientieren, wenn jene ihre Fragestellung betreffen.

> In der Wissenschaft gibt es vieles, worüber man sich einig ist; in der Philosophie nichts. Obgleich deshalb eine jede Aussage in einer Wissenschaft falsch sein kann und es praktisch gewiß ist, daß es einige gibt, die falsch sind, werden wir doch weise handeln, wenn wir unsere Philosophie auf die Wissenschaft bauen, weil das Risiko eines Irrtums in der Philosophie ganz sicher größer ist als in der Wissenschaft.[22]

[22] Russell: „Der logische Atomismus" (1924), in ders.: *Philosophische und politische Aufsätze*, S. 44–45.

Russells Theorie des neutralen Monismus stützt sich gemäß dieser Forderung stark auf die zeitgenössische Psychologie: dazu gehören vor allem die Theorie von William James, welche den Kern der Theorie des neutralen Monismus enthält, sowie die behavioristischen Theorien von John B. Watson und John Dewey. Den beiden Strömungen ist ein Verzicht auf den Begriff des „Bewußtseins" bei der Ausarbeitung psychologischer Gesetze gemeinsam. Russell übernimmt ihre Kritik am Bewußtseinsbegriff und berücksichtigt darüber hinaus bei seiner Theorie die Ergebnisse der Tierpsychologie und der Psychoanalyse, die in den zwanziger Jahren publiziert wurden.

Der Name „neutraler Monismus" faßt die Hauptthese dieser Theorie schlagwortartig zusammen: Der Stoff, aus dem die Welt besteht, ist weder Geist noch Materie, sondern etwas Ursprünglicheres. Er ist *neutral* gegenüber geistigen und physischen Prozessen, das heißt, es ist derselbe Stoff, der geistigen und physischen Phänomenen zugrunde liegt. Außerdem gibt es nur diese eine neutrale Art von Stoff, weshalb die Rede von einem „Monismus" gerechtfertigt ist. Die neutrale Art von Stoff bezeichnet Russell auch als „Empfindung" oder „Erscheinung". Dabei meint er allerdings nicht wie vor 1918 die Bekanntschaft eines Subjekts mit einem Sinnesdatum, sondern einen Vorgang, der an einem bestimmten Ort mit einem gegebenen physikalischen Objekt verknüpft ist. In Anlehnung an Whiteheads Prozeßmetaphysik glaubte Russell, daß die Grundelemente der Welt Vorgänge und nicht Dinge sind, und gemäß dem neutralen Monismus lassen sich aus diesen Grundelementen sowohl die physikalischen als auch die geistigen Phänomene konstruieren.

Den Unterschied zwischen physikalischen und geistigen Phänomenen erläutert Russell durch eine Analogie aus der Sternphotographie. Wenn eine photographische Platte bei klarer Nacht unter freiem Himmel aufgestellt wird, so erfaßt die Platte die Erscheinungen, die Vorgänge eines Ausschnitts des Sternenhimmels. Mit der Annahme, daß physische Vorgänge stetig sind, kommt Russell zu dem Schluß, daß es Vorgänge geben muß, die von den Sternen ausgehen und mit den aufgenommenen Punkten auf der Platte zu Ende gehen. Für jeden Zeitpunkt und für jeden Ort, an dem eine solche Platte plaziert werden könnte, muß es für jeden Gegenstand, der von diesem Ort aus photographiert werden könnte, einen solchen Vorgang geben. Diese Vorgänge lassen sich nach zwei Prinzipien ordnen: Wir können alle Erscheinungen verschiedener Sterne an einem Ort oder alle Erscheinungen desselben Sterns an verschiedenen Orten zusammenfassen. Im ersten Fall entwerfen wir eine „Perspektive" und konstruieren damit ein psychisches Phänomen, im zweiten Fall wird das zusammengefaßt, was zur Konstruktion eines physischen Phänomens, z. B. eines Gegenstandes im gewöhnlichen Sinne, nötig ist. Physische und psychische Phänomene sind gleichermaßen aus den neutralen Vorgängen in der Welt abgeleitete Entitäten. An dieser Stelle möchten wir an einen zweiten methodologischen Grundsatz bei Russell erinnern: „Die oberste Maxime des wissenschaftlichen Philosophierens lautet folgendermaßen: *Wo immer es möglich ist, sind abgeleitete Entitäten durch logische Konstruktionen zu ersetzen.*“[23]

Gemäß dieser Maxime sind sowohl physikalische Objekte als auch das Bewußtsein eines Subjekts logische Konstruktionen und gehören nicht zu den Grundelementen der Welt. Der psychische Zustand, in dem sich ein Subjekt befindet, das einen Stuhl wahrnimmt, wird als komplexe Konstruktion aufgefaßt: „Die tatsächliche Erscheinung, die der Stuhl mir jetzt präsentiert, ist ein Element meiner selbst und ein Element des Stuhles, während das Ich und der Stuhl logische Fiktionen sind.“[24]

2.5 Wirkung

Russell hat mit seiner Arbeitsweise eine Richtung für die Methodologie in der Analytischen Philosophie vorgegeben: „Der wichtigste Teil besteht nach meiner Meinung in der Kritik und Klärung von Begriffen, die leicht als fundamental betrachtet und unkritisch hingenommen werden können.“ Die Methode der logischen Analyse und die Philosophie des Logischen Atomismus wurde insbesondere von Carnap aufgegriffen und weiterentwickelt. Wenn man von den erkenntnistheoretischen Annahmen absieht, so kann beides als Fundament von Analytischer Ontologie und Wissenschaftstheorie bezeichnet werden. Den größten Einfluß hat mit großem Abstand Russells Theorie der Kennzeichnungen. Sie ist bis heute eine der wenigen Standardanalysen von Kennzeichnungen und wird in modifizierter Form auch in der neuesten Literatur der Semantik fruchtbar verwendet (z. B. Steven Neale: Descriptions, 1991). Russell war zeit seines Lebens politisch aktiv, aber in besonderem Maße seit Beginn der fünfziger Jahre. Er engagierte sich als kritischer Intellektueller, dessen Stimme seit der Verleihung des Nobelpreises im Jahre 1950 in der Öffentlichkeit zuneh-

---

23 Russell: „Sinnesdaten und Physik“, in ders.: *Die Philosophie des Logischen Atomismus*, hrsg. von J. Sinnreich, S. 111.

24 Russell: „Philosophie des logischen Atomismus“, in ders: *Die Philosophie des logischen Atomismus*, hrsg. von J. Sinnreich, S. 274.

mend Gewicht bekam, für den Frieden in der Welt. In Rundfunkvorträgen und Schriften wies er auf die Folgen der oberirdischen Atombombenversuche hin, er forderte eine nukleare Abrüstung der Großmächte und brachte unter anderem die Kriegsverbrechen der USA in Vietnam ins Bewußtsein der Öffentlichkeit. Seine praktische politische Arbeit fundierte er in der Gründung einer Bertrand Russell peace organisation. Wenn auch die Wirkung seiner politischen Arbeit schwer abzuschätzen ist, so ist doch klar, daß er sich in den letzten Jahrzehnten seines Lebens als wichtiges Sprachrohr intellektueller Kritik Gehör verschaffte.

3 Ludwig Wittgenstein

Ludwig Wittgenstein (1889–1951) absolvierte zunächst ein ingenieurwissenschaftliches Studium und wechselte dann im Jahre 1911 nach Cambridge, um bei Russell Mathematik zu studieren. Durch Russells Untersuchungen über die logischen Grundlagen der Mathematik wurde auch er angeregt, sich der Logik und der Philosophie zu widmen. Das Ergebnis der ersten Periode seines philosophischen Schaffens ist das berühmt gewordene Bändchen mit dem Titel *Tractatus logico-philosophicus (TLP)*. Wittgenstein hatte Teile davon während des Ersten Weltkrieges in Tagebuchform entworfen, dann 1918 überarbeitet und in die Endfassung gebracht, welche erst drei Jahre später veröffentlicht wurde. Von 1918 bis 1928/29 wandte er sich von der Philosophie ab, weil er der Meinung war, deren Probleme im wesentlichen gelöst zu haben (Vorwort *TLP*). Er arbeitete unter anderem als Dorfschullehrer in Niederösterreich und betätigte sich als Architekt in Wien. Erst nach dieser Zeit begann für ihn die Phase des gewöhnlichen Dozierens an der Universität Cambridge, die er während des Zweiten Weltkrieges für einige Jahre unterbrach und im Jahre 1947 beendete. In der zweiten Periode seines philosophischen Schaffens, die von 1928/29 bis zu seinem Lebensende 1951 andauerte, entwickelte er eine philosophische Position, die sich stark von seinem Frühwerk absetzt. Seine Spätphilosophie hat in dem abgeschlossenen, aber erst posthum veröffentlichten Werk *Philosophische Untersuchungen* ihren Niederschlag gefunden. Früh- und Spätwerk sind so verschieden, daß sie als paradigmatische Schriften für zwei unterschiedliche Ansätze in der sprachanalytischen Philosophie gelten. Der *Tractatus* gehört wie die Sprachphilosophie Freges und Russells zu der Philosophie der idealen Sprache, während die *Philosophischen Untersuchungen* den Anfang der Philosophie der normalen Sprache markieren. Die erste Strömung versucht, mit Hilfe der logischen Analyse der Normalsprache eine Idealsprache zu konstruieren, in der sich alles ausdrücken läßt, was wir mit sinnvollen normalsprachlichen Sätzen sagen möchten, nur klarer und logisch eindeutig. Die zweite Strömung betrachtet unseren Gebrauch von normalsprachlichen Sätzen als Ausgangsbasis für eine Sprachphilosophie. Unsere Normalsprache braucht nicht durch eine Idealsprache korrigiert, modifiziert oder ergänzt zu werden. Während in der ersten Strömung die Konstruktion einer idealen Sprache unverzichtbar ist, wenn man eine Theorie der sprachlichen Bedeutung entwerfen will, stützt sich die zweite Strömung für denselben Zweck hauptsächlich auf Untersuchungen der Verwendungsweisen normalsprachlicher Sätze in unterschiedlichen Äußerungskontexten. Eine weitergehende Charakterisierung der beiden Strömungen ergibt sich durch die Gegenüberstellung der beiden Theorien in dem Früh- und dem Spätwerk.

3.1 Der „Tractatus logico-philosophicus" (TLP)

Der *Tractatus* ist ein Werk, bei dem der Einfluß der Logik schon in der Präsentation sichtbar wird. Alle Sätze sind einer Nummer zugeordnet, und zu einer Nummer gehört oft nur ein Satz und stets nur wenige Sätze. Der *Tractatus* besteht aus sieben durchnumerierten „Hauptsätzen", denen jeweils eine Vielzahl von Erläuterungen folgen. Die Nummern der Erläuterungen drücken die Gewichtung der Sätze sowie die Zuordnung zu den Haupt- und Obersätzen aus; z. B. gehört der Satz TLP 4.211 zu den Erläuterungen des „Hauptsatzes" 4 und ist insbesondere eine Erläuterung zum Satz TLP 4.21. Trotz der äußerlich klaren Gliederung ist der *Tractatus* ein schwer zugängliches Werk. Das liegt daran, daß Wittgenstein viele Thesen vorträgt, ohne sie ausreichend zu erläutern und mit Argumenten zu stützen. Da es schwer ist, ein konsistentes Gesamtbild des *Tractatus* zu entwerfen, ist die Interpretation des Frühwerks bis heute sehr umstritten. Somit ist auch die folgende knappe Darstellung der Grundzüge des *Tractatus* interpretatorisch gefärbt. An einigen wichtigen Stellen werden wir allerdings auf die Interpretationsalternativen hinweisen.

3.1.1 Zur Ontologie des „Tractatus"

In den ersten Sätzen des „Tractatus" wird deutlich, daß Wittgenstein wie Russell (vgl. 2.3.3.3) eine Ding-Eigenschaft-Ontologie ablehnt und statt dessen eine Ontologie der Tatsachen propagiert.

> TLP 1 Die Welt ist alles, was der Fall ist.
> TLP 1.1 Die Welt ist die Gesamtheit der Tatsachen, und nicht der Dinge.

Die Welt ist die Gesamtheit der Tatsachen, wobei komplexe Tatsachen in einfache Tatsachen zerlegt werden können. Einfache Tatsachen nennt Wittgenstein bestehende Sachverhalte (TLP 2). Die Welt ist somit die Gesamtheit der bestehenden Sachverhalte. Ein Sachverhalt ist eine Verbindung von Gegenständen (TLP 2.01). Die Gegenstände sind einfach (TLP 2.02) und unveränderlich (TLP 2.027), das heißt, es sind stets dieselben Gegenstände, aus denen die Welt aufgebaut ist, wie sehr sie sich auch verändern mag. Die Welt W1 und die Welt W2, wie verschieden sie auch sein mögen, haben die Menge der Gegenstände gemeinsam, mit denen sie aufgebaut sind. Deshalb bezeichnet Wittgenstein die Gegenstände als die Substanz der Welt (TLP 2.021), welche unabhängig von dem, was der Fall ist, besteht (TLP 2.024). Diese Besonderheit der Gegenstände können wir auch wie folgt ausdrücken: Für Gegenstände stellt sich die Frage des Bestehens und Nichtbestehens nicht. Anders verhält es sich bei den Verbindungen von Gegenständen, den Sachverhalten. Sie können in der Welt W1 bestehen und in einer Welt W2 nicht bestehen. Wenn ein Sachverhalt besteht, wird er als einfache Tatsache bezeichnet. Mehrere Sachverhalte zusammengenommen bilden eine Sachlage. Für eine Sachlage gibt es wiederum die Möglichkeit des Bestehens und Nichtbestehens. Wenn eine Sachlage besteht, so nennt Wittgenstein sie eine komplexe Tatsache oder auch nur Tatsache.

Die wirkliche Welt können wir in komplexe Tatsachen zerlegen und diese wiederum in einfache Tatsachen bzw. bestehende Sachverhalte. In der Ontologie des „Tractatus" gehören somit zu den „Bausteinen der Welt", das heißt zu den Arten von Entitäten, aus denen die wirkliche Welt aufgebaut ist, nur die bestehenden Sachverhalte und die Gegenstände; denn sie sind die unveränderlichen Elemente der Sachverhalte. Komplexe Tatsachen gehören nicht dazu, weil sie sich aus den einfachen Tatsachen konstruieren lassen und daher im Sinne der ontologischen Sparsamkeit (s. 2.3.3.1) nicht eigens aufgeführt zu werden brauchen. Nichtbestehende Sachlagen und nichtbestehende Sachverhalte gehören nicht zu den grundlegenden Bausteinen; denn die Ontologie soll nur die existierenden Entitäten ausweisen, und die wirkliche Welt kann vollständig aus den Gegenständen und den bestehenden Sachverhalten konstruiert werden.

Die möglichen Welten charakterisieren wir mit Hilfe von Sachlagen und damit letztlich mit Hilfe von Sachverhalten, unabhängig davon, ob sie bestehen oder nicht. Da alle möglichen Welten aus denselben Gegenständen bestehen, sind sie durch die Möglichkeiten, wie die Gegenstände miteinander verbunden sein können, begrenzt. Da eine Verbindung von Gegenständen bereits als Sachverhalt eingeführt wurde und Sachverhalte völlig unabhängig voneinander sein sollen (TLP 2.061 f.), kann eine mögliche Welt dadurch charakterisiert werden, daß man für jeden Sachverhalt angibt, ob er besteht oder nicht. Die auf den Verbindungsmöglichkeiten der Gegenstände beruhende feste Menge von möglichen Sachverhalten ist auch die Basis für die Unterscheidung bzw. Identifizierung von Welten: Zwei Welten W1 und W2 sind genau dann verschieden, wenn für mindestens einen Sachverhalt gilt, daß er in W1 besteht und in W2 nicht besteht oder umgekehrt.

3.1.2 Der parallele Aufbau von Sprache und Welt

Die Sprache wird als die Gesamtheit der Sätze aufgefaßt. Die umgangssprachlichen Sätze sind komplexe Sätze, die durch eine logische Analyse auf einfache Sätze, sogenannte Elementarsätze, zurückgeführt werden können. Elementarsätze sind ihrerseits Verkettungen von Namen (TLP 4.22), wobei Namen als die einfachsten, nicht weiter durch andere Zeichen definierbaren Urzeichen charakterisiert werden (TLP 3.26). Mit der Äußerung eines komplexen Satzes wird eine Sachlage beschrieben und behauptet, daß sie besteht. Mit der Äußerung eines Elementarsatzes wird ein Sachverhalt beschrieben und behauptet, daß er besteht. Namen stehen in einer Vertretungsrelation zu Gegenständen. Wittgenstein verwendet die Begriffe ‚Sinn' und ‚Bedeutung' anders als Frege. Er spricht bei Namen nur von ‚Bedeutung' und bei Sätzen nur von ‚Sinn'. Die Bedeutung eines Namens ist der von ihm vertretene bzw. bezeichnete Gegenstand (TLP 3.203). Der Sinn eines Satzes ist die von dem Satz dargestellte Sachlage bzw. der dargestellte Sachverhalt (TLP 4.031). Den parallelen Aufbau zwischen Sprache und Welt können wir im Überblick so darstellen:

Sprache	Das mit Sätzen Dargestellte	Wirklichkeit
komplexe Sätze	Sachlagen	komplexe Tatsachen
Elementarsätze	Sachverhalte	einfache Tatsachen
Namen		Gegenstände

3.1.3 Die Abbildtheorie

Die Funktion eines Satzes besteht darin, daß wir mit ihm etwas mitteilen können (TLP 4.027). Diese Funktion kann ein Satz nur erfüllen, insofern er ein logisches Bild der Wirklichkeit ist (TLP 4.03). Ein Satz kann also nur deshalb eine Sachlage oder einen Sachverhalt darstellen, weil er ein logisches Bild der Wirklichkeit ist. Damit ist die These der Bildtheorie des *Tractatus* genannt. Sie wird im folgenden ausführlicher betrachtet, weil die Bildtheorie zugleich der Kern der Sprachphilosophie im *Tractatus* ist.

a) Die Prämissen der Grundidee der logischen Abbildung

Der Grundgedanke des *Tractatus* lautet: Der Satz ist das logische Bild der Tatsachen. Diese These ist in den beiden „Hauptsätzen" 3 und 4 enthalten:

TLP 3 Das logische Bild der Tatsachen ist der Gedanke.

TLP 4 Der Gedanke ist der sinnvolle Satz.

Im *Tractatus* wird behauptet, daß ein enger Zusammenhang zwischen Satz und Gedanke besteht. Hier übernimmt Wittgenstein Freges Auffassung, daß der Satz einen Gedanken ausdrückt (TLP 3.1) und daß der Gehalt eines Satzes mit dem Gehalt eines Gedankens identifiziert werden darf. Wenn auch in TLP 3 nur behauptet wird, daß der Gedanke ein logisches Bild der Tatsachen ist, so gilt das auf Grund des engen Zusammenhangs von Satz und Gedanke auch für den Satz.

Mit der Grundidee der logischen Abbildung sind einige Prämissen verbunden, die nachfolgend zusammengestellt werden:

(1) Wenn ein Bild die Wirklichkeit abbildet, dann hat es die Form der Wirklichkeit als Form der Abbildung. (TLP 2.17)

(2) Die Form der Wirklichkeit ist die logische Form. (TLP 2.18)

Aus (1) und (2) folgt:

(3) Wenn ein Bild die Wirklichkeit abbildet, dann hat es die logische Form als Form der Abbildung.

(4) Ist die Form der Abbildung die logische Form, so ist das Bild ein logisches Bild. (TLP 2.181)

Aus (3) und (4) folgt:

(5) Wenn ein Bild die Wirklichkeit abbildet, so ist das Bild ein logisches Bild.

(6) Der Satz ist ein Bild, das die Wirklichkeit abbildet. (TLP 4.01)

Aus (5) und (6) folgt:

(7) Der Satz ist ein logisches Bild der Wirklichkeit. (TLP 4.03)

Da Prämisse (4) nur eine sprachliche Konvention ist, ruht der Gedanke der Schlußfolgerung in (7) auf drei Prämissen. An erster Stelle ist die allgemeine Bildtheorie zu nennen. Sie stellt die Bedingungen auf, die erfüllt sein müssen, damit etwas die Wirklichkeit abbilden kann. Im *Tractatus* wird nicht nur der im Satz 1 festgehaltene Zusammenhang aufgestellt, sondern auch die Implikation in umgekehrter Richtung (TLP 2.171). Somit gilt sogar die folgende Äquivalenz: Etwas ist genau dann ein Bild der Wirklichkeit, wenn es deren Form als Form der Abbildung besitzt. Als zweites liegt dem Konzept die Überzeugung zugrunde, daß die logische Form die Form der Wirklichkeit ist (Satz 2). Als dritte Prämisse kommt hinzu, daß Sätze die Wirklichkeit abzubilden vermögen (Satz 6). Sie müssen eine wirklichkeitsadäquate Form besitzen, nämlich die logische Form. Die logische Form ist Sätzen und Tatsachen gemeinsam. Die Logik ist somit das verknüpfende Band zwischen Sprache und Welt. Die drei Prämissen sind thesenhaft vertretene Voraussetzungen der Bildtheorie, die nicht weiter argumentativ gestützt werden.

b) Erläuterung der „logischen Abbildung“

Die Bildtheorie im *Tractatus* umfaßt nicht nur die Beziehung zwischen Sprache und Welt, sondern zwischen allen Medien der Abbildung und der Welt. Auch räumliche Bilder, farbige Bilder etc. sind Bilder der Welt, das heißt, ihre Form der Abbildung ist die logische Form. Die Bildtheorie verlangt, daß die Gegenstände der Welt durch die Elemente des Bildes vertreten werden (TLP 2.13). Mit einem Bild wird dargestellt, daß sich die Gegenstände der Welt so zueinander verhalten wie die Elemente des Bildes (TLP 2.15). Damit die Struktur der Wirklichkeit auch im Bild wiedergegeben werden kann, muß eine Bedingung erfüllt sein: Bild und Welt müssen dieselbe logische Form haben (TLP 2.17). Die nachfolgende Erläuterung der Bildtheorie orientiert sich an der Interpretation von Erik Stenius. Angenommen, ein Ausschnitt der Welt läßt sich umgangssprachlich wie folgt beschreiben:

> Fritz ist der Vater von Erna und Johannes. Johannes ist der Vater von Ingrid. Außerdem sind Fritz und Ingrid berühmt.

Die so beschriebene komplexe Tatsache kann nur dann abgebildet werden, wenn es zu jedem Element der Wirklichkeit ein entsprechendes Bildelement gibt. So wie die Wirklichkeit aus vier Personen, einer Eigenschaft (berühmt sein) und einer zweistelligen Relation (Vater sein von) besteht, so benötigt jedes Bild der beschriebenen Tatsache als Elemente vier Personenbezeichnungen, eine Eigenschafts- und eine Relationsbezeichnung. Ein Bild der Tatsache könnte somit wie folgt aussehen:

Bild (i)

Personenbezeichnungen:	a, b, c, d
Eigenschaftsbezeichnung:	○
Relationsbezeichnung:	⟶

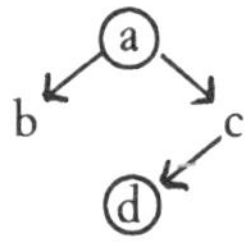

Mit der Erläuterung der im Bild verwendeten Zeichen werden alle Bildelemente genau einmal aufgeführt. Damit erfaßt man die logische Form des Bildes. Wenn man entsprechend die Elemente der Wirklichkeit nur einmal aufführt, dann ergibt sich die logische Form der Wirklichkeit:

Personen:	Fritz, Erna, Johannes, Ingrid
Eigenschaft:	berühmt sein
Relation:	Vater sein von

Die Forderung, daß Bild und Wirklichkeit dieselbe logische Form haben (TLP 2.2), besagt somit, daß die Anzahl und die Arten von Elementen in Bild und Wirklichkeit einander eineindeutig zugeordnet werden können. Bild und Abgebildetes müssen dieselbe logische Mannigfaltigkeit haben (TLP 4.04). Diese Bedingung muß erfüllt sein, damit eine Anordnung von Elementen eine Tatsache abbilden kann. Damit ist noch nicht sichergestellt, daß das Bild ein wahres Bild ist. Das nachfolgende Bild (ii) hat dieselbe logische Form wie Bild (i), aber es ist im Gegensatz zu (i) falsch, weil es sich nicht so verhält, wie es das Bild darstellt.

Bild (ii)

Personenbezeichnungen:	a, b, c, d
Eigenschaftsbezeichnung:	○
Relationsbezeichnung:	⟶

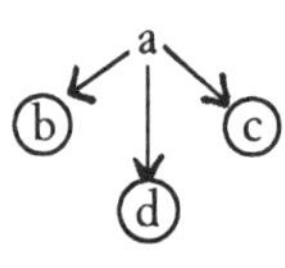

Ein Bild ist wahr, wenn es sich so verhält, wie das Bild es darstellt, andernfalls ist es falsch (TLP 2.222). Die Erläuterung der logischen Abbildung möchten wir mit einem Beispiel abschließen, welches kein Bild der obigen Tatsache ist, weil es eine andere logische Form hat.

Bild (iii)

Personenbezeichnungen:	a, b, c	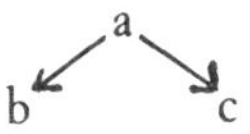
Relationsbezeichnung:	⟶	

Die logische Form dieser Anordnung ist verschieden von der logischen Form der oben beschriebenen Tatsache, weil es nur drei Personenbezeichnungen und keine Eigenschaftsbezeichnung gibt. Diese Zeichenanordnung ist überhaupt kein Bild der beschriebenen Tatsache, nicht einmal ein falsches.

3.1.4 Der Zusammenhang von Satz und Wirklichkeit

Damit ein normalsprachlicher Satz die Wirklichkeit abbilden kann, müssen beide dieselbe logische Form im gerade erläuterten Sinn haben, das heißt, jedes Element eines normalsprachlichen Satzes muß genau ein Element der Wirklichkeit vertreten. Obwohl der normalsprachliche Satz den Gedanken klar ausdrückt, tut er dies so, daß seine logische Form nicht unmittelbar zu erkennen ist. Sie wird erst durch die logische Analyse deutlich sichtbar.

a) Die logische Analyse

Die logische Analyse ist ein Prinzip, mit dem ein Satz in eine logische Verknüpfung von mehreren einfachen Sätzen transformiert wird, wobei der ursprüngliche Satz und der analysierte Satz denselben Gedanken ausdrücken. Der Unterschied zwischen beiden Sätzen besteht nur darin, daß die logische Form des Gedankens in einem vollständig analysierten Satz unmittelbar zu erkennen ist. Wittgenstein charakterisiert die logische Analyse wie folgt:

> TLP 2.0201 Jede Aussage über Komplexe läßt sich in eine Aussage über deren Bestandteile und in diejenigen Sätze zerlegen, welche die Komplexe vollständig beschreiben.

Ein Beispiel für einen Schritt im Prozeß der logischen Analyse finden wir allerdings erst in einem kritischen Rückblick in den *Philosophischen Untersuchungen*" (vgl. PU 60). Dort wird der Ausgangssatz S1 „Der

Besen steht in der Ecke" analysiert in S2 „(S3) Der Stiel steht in der Ecke und (S4) die Bürste steht in der Ecke und (S5) der Stiel ist an der Bürste befestigt." Der Satz S2 besteht aus drei vollständigen Sätzen, die mit dem logischen Zeichen ‚und' verbunden sind. In analoger Weise muß die logische Analyse für die drei Teilsätze S3, S4 und S5 weitergeführt werden. Das Ergebnis der logischen Analyse ist eine vollständige Rückführung des umgangssprachlichen Satzes auf eine Reihe von Elementarsätzen, die durch logische Zeichen (‚und', ‚oder', ‚nicht' etc.) in einer syntaktisch erlaubten Weise miteinander verbunden sind. Von der Definition der Elementarsätze hängt es ab, wann die logische Analyse beendet ist.

b) Elementarsätze und Namen

Elementarsätze sind die einfachsten Sätze. Sie sind dadurch definiert, daß sie syntaktisch einfach sind, keine logischen Zeichen enthalten und wechselseitig unabhängig sind. Wittgenstein bezeichnet die Ausdrücke in einem Elementarsatz als Namen (TLP 4.22). Dazu gehören nicht nur Dingbezeichnungen, sondern auch Eigenschafts- und n-stellige Relationsbezeichnungen. Da logische Zeichen nicht vorkommen dürfen, können die syntaktisch einfachen Formen der Elementarsätze wie folgt aussehen (TLP 4.24): f(a), g(a,b), ... $z(a_1, a_2, \ldots, a_n)$ ..., wobei f eine einstellige, g eine zweistellige und z eine n-stellige Relationsbezeichnung ist und a, b sowie $a_1, a_2, \ldots, a_n$ Dingbezeichnungen sind.[1] Das weitere Merkmal der Elementarsätze ist ihre wechselseitige Unabhängigkeit:

> TLP 4.211 Ein Zeichen des Elementarsatzes ist es, daß kein Elementarsatz mit ihm in Widerspruch stehen kann.

Da mit einem Elementarsatz das Bestehen eines Sachverhalts behauptet wird, gilt das Unabhängigkeitspostulat auch für Sachverhalte (TLP 2.061 f.).

Wenn wir einen Blick zurück auf unser Beispiel werfen, so sehen wir, daß die Teilsätze S3, S4 und S5 zwar die Form eines Elementarsatzes haben, aber nicht die Forderung der wechselseitigen Unabhängigkeit erfüllen. Zu dem Satz S3 „Der Stiel steht in der Ecke (des Zimmers)" läßt sich durch Substitution eines Ausdrucks mit derselben Komplexität ein Satz S6 angeben, der genauso wie S3 ein Elementarsatz sein müßte:

---

[1] Die Interpretation, daß Elementarsätze Relationsbezeichnungen enthalten, ist umstritten. Insbesondere der Satz TLP 3.1432 ist so gedeutet worden, daß Elementarsätze nur aus Dingbezeichnungen bestehen. Vgl. W. Sellars: „Naming and Saying", in ders.: *Science, Perception and Reality*, London 1963, S. 235.

S6 „Der Stiel steht in der Mitte (des Zimmers)." Die Sätze S3 und S6 stehen aber im Widerspruch zueinander: Wenn S3 wahr ist, dann muß S6 falsch sein und umgekehrt. Daraus folgt, daß beide Sätze noch keine Elementarsätze sind und die logische Analyse weitergeführt werden muß, und zwar so lange, bis alle Teilsätze des logisch analysierten Satzes das Unabhängigkeitspostulat erfüllen.

Namen werden im „Tractatus" als die einfachen Zeichen in vollständig analysierten Sätzen, das heißt in Elementarsätzen, eingeführt (TLP 3.2–3.202). Sie sind nichtdefinierbare Urzeichen, wobei eine Definition als die Erläuterung eines Zeichens durch andere Zeichen verstanden wird. Namen haben Bedeutung, aber nicht auf Grund einer Zuordnung von einem Zeichen zu anderen Zeichen, sondern weil sie Gegenstände vertreten. Die Bedeutung eines Namens ist der von ihm bezeichnete Gegenstand. Die Gegenstände sind die einfachen Elemente der Wirklichkeit. Da Namen die einfachsten sprachlichen Zeichen sind, kann ein Satz einen Ausschnitt der Wirklichkeit genau dann abbilden, wenn die Namen, die in der vollständig analysierten Form des Satzes vorkommen, eineindeutig den Gegenständen zugeordnet werden, aus denen der Ausschnitt der Wirklichkeit besteht. Damit ist garantiert, daß der Satz und der Ausschnitt der Wirklichkeit dieselbe logische Form besitzen.

Die Vertretungsrelation zwischen Namen und Gegenständen ist die einzige unmittelbare Verbindung zwischen Sprache und Wirklichkeit. Sie eröffnet die Möglichkeit, mit einem Satz über die Welt zu reden.

> TLP 4.0312 Die Möglichkeit des Satzes beruht auf dem Prinzip der Vertretung von Gegenständen durch Zeichen.

Die Verbindung zwischen Namen und Gegenständen ist das Fundament der logischen Abbildung der Wirklichkeit in der Sprache. Die Zuordnung besteht allerdings nicht unabhängig von der Ebene der Elementarsätze und Sachverhalte. Dies wird durch das Satzzusammenhangprinzip deutlich:

> TLP 3.3 Nur der Satz hat Sinn; nur im Zusammenhang des Satzes hat ein Name Bedeutung.

Es gilt somit eine wechselseitige Abhängigkeit: Ein Satz hat genau dann Sinn, wenn die Namen, aus denen er besteht, Bedeutung haben.

Die Zuordnung von Namen und Gegenständen einerseits und Elementarsätzen und Sachverhalten andererseits wird auch als Projektion bezeichnet. Ein Satzzeichen wird dadurch zu einem sinnvollen Satz, daß eine Projektion auf die Wirklichkeit erfolgt. Die dabei verwendete Projektionsmethode ist das Denken des Satz-Sinnes (TLP 3.11). Das Fassen eines Gedankens in Verbindung mit der Verwendung eines Satzzeichens ist somit verantwortlich dafür, daß ein Satzzeichen benutzt werden kann, um die Wirklichkeit darzustellen. Wie bei Frege bleibt auch im *Tractatus* der Grundbegriff des Fassens eines Gedankens bzw. des Denkens eines Satz-Sinnes ohne weitere Erläuterung.

c) Die Rolle der logischen Zeichen

Wir haben gesehen, daß ein logisch analysierter Satz nur mehr aus Elementarsätzen besteht, die mit logischen Zeichen verbunden sind. Da der Sinn von Elementarsätzen mit Hilfe der Vertretungsrelation zwischen Namen und Gegenständen erläutert wurde, ist nur noch offen, welchen Beitrag die logischen Zeichen zum Sinn des Satzes leisten. Wittgenstein hat es zum Prinzip erhoben, daß die logischen Zeichen, die auch als logische Konstanten bezeichnet werden, ihre Rolle in der Sprache nicht einer Vertretungsrelation verdanken:

> TLP 4.0312 ... Mein Grundgedanke ist, daß die „logischen Konstanten" nicht vertreten. Daß sich die *Logik* der Tatsachen nicht vertreten läßt.

Die Rolle der logischen Zeichen ‚und', ‚oder', ‚nicht' etc. wird im „Tractatus" durch Wahrheitswerttabellen angegeben. Diese Operatoren bilden aus einem oder mehreren Sätzen wieder einen neuen Satz, dessen Wahrheitswert durch die Wahrheitswerte der Ausgangssätze festgelegt ist.

p	¬p
W	F
F	W

p	q	p∧q
W	W	W
W	F	F
F	W	F
F	F	F

p	q	p∨q
W	W	W
W	F	W
F	W	W
F	F	F

Für den satzbildenden Operator ‚nicht' (¬) gilt: Wenn ein Satz p wahr ist, dann ist der Satz ¬p falsch und umgekehrt. Ein Satz, der aus der Verknüpfung zweier Sätze mit dem satzbildenden Operator ‚und' (∧) hervorgeht, ist nur dann wahr, wenn die beiden Teilsätze wahr sind, ansonsten ist er falsch. Ein Satz, der aus der Verknüpfung zweier Sätze mit dem satzbildenden Operator ‚oder' (∨) hervorgeht, ist nur dann falsch, wenn beide Teilsätze falsch sind, ansonsten ist er wahr.

Die satzbildenden Operatoren werden auch als Wahrheitsfunktionen bezeichnet, deren Argumente die Wahrheitswerte der Teilsätze sind und deren Resultate der Wahrheitswert des Gesamtsatzes ist. Da ein normalsprachlicher Satz mittels logischer Analyse auf Elementarsätze zurückgeführt wird, die mit satzbildenden Operatoren verknüpft sind, gibt es einen besonders engen Zusammenhang von normalsprachlichen Sätzen und Elementarsätzen:

TLP 5 Der Satz ist eine Wahrheitsfunktion der Elementarsätze.

Der Wahrheitswert des Gesamtsatzes ist durch die Wahrheitswerte der Teilsätze festgelegt, und zwar in Abhängigkeit von der Rolle der logischen Operatoren, die die Teilsätze verbinden. Die Erkenntnis, daß die verschiedenen Rollen der satzbildenden Operatoren von einem einzigen, verschachtelt anwendbaren Operator übernommen werden können, nutzte Wittgenstein für eine elegante Darstellung des Zusammenhangs von normalsprachlichen Sätzen und Elementarsätzen. Den umfassenden Operator bezeichnet er als N-Operator. Dieser kann auf eine beliebige, aber endliche Liste von Elementarsätzen angewendet werden. Ein Satz, der aus der Anwendung des N-Operators auf eine endliche Liste von Elementarsätzen hervorgeht, ist genau dann wahr, wenn keiner der Teilsätze wahr ist, z. B. „N(p, q, r)" ist dasselbe wie „$\neg p \wedge \neg q \wedge \neg r$". Wegen der umfassenden Darstellungsmöglichkeiten mit dem N-Operator läßt sich mit seiner Hilfe jeder Satz als (einfache oder mehrfache) N-Operation von Elementarsätzen konstruieren. Wittgenstein nennt diese Konstruktionseigenschaft der Sätze die allgemeine Form des Satzes (TLP 6 f.).[2]

3.1.5 Einfache Gegenstände und die Bestimmtheit des Satz-Sinnes

Der Sinn normalsprachlicher Sätze ist gemäß *Tractatus* durch zwei Aspekte festgelegt: erstens durch die wahrheitsfunktionale Verknüpfung der Elementarsätze, die sich durch die logische Analyse des Satzes ergeben, und zweitens durch die Vertretungsrelation zwischen den Namen, die in diesen Elementarsätzen vorkommen, und den Gegenständen. Die von den Namen bezeichneten Gegenstände müssen einfach und beständig sein, das heißt, sie sind für alle möglichen Welten dieselben. Die Begründung der Existenz der Gegenstände erfolgt durch ein modales Argument, welches voraussetzt, daß die Bildtheorie richtig ist:

---

2 Varga von Kibéd: „Variablen im ‚Tractatus'", *Erkenntnis* 39, 1993, S. 79–100.

(1) Wenn die Welt nicht aus Gegenständen gebildet wäre, dann würde der Sinn eines Satzes davon abhängen, ob ein anderer Satz wahr ist. (TLP 2.0211)
(2) Wenn ein Satz nur dann Sinn hat, wenn ein anderer Satz wahr ist, dann können wir uns mit Sätzen keine Bilder von der Welt machen. (TLP 2.0212)
(3) Wir machen uns Bilder der Welt.

---

(4) Die Welt ist aus Gegenständen gebildet.

Die Prämisse 1 zeigt, daß Wittgenstein im *Tractatus* nur zwei Möglichkeiten vor Augen hatte, wie der Sinn eines Satzes festgelegt werden kann; entweder durch eine Vertretungsrelation zwischen Namen und Gegenständen oder dadurch, daß die Wahrheit anderer Sätze vorausgesetzt wird. Die zweite Möglichkeit weist er durch einen indirekten Beweis zurück. In Prämisse 2 geht er von der Annahme aus, daß der Sinn eines Satzes von der Wahrheit eines anderen Satzes abhängt. Wenn diese Annahme richtig wäre, so würde mit dem Verstehen eines Satz-Sinnes stets das Wissen verbunden sein, daß ein bestimmter Satz wahr ist. Ein Satz sagt nur insofern etwas aus, als er ein Bild der Wirklichkeit ist (TLP 4.03). Für ein Bild ist es charakteristisch, daß wir es verstehen, seinen Sinn erfassen können, ohne zu wissen, ob andere Bilder oder auch Teile des Bildes wahre Darstellungen sind. Daher folgt aus der Annahme, der Satz-Sinn würde von der Wahrheit eines anderen Satzes abhängen, daß es unmöglich ist, sich mit Sätzen Bilder von der Welt zu machen. Gemäß Prämisse 3 ist es jedoch unzweifelhaft, daß wir genau das tun. Daher muß es einfache Elemente der Wirklichkeit, das heißt Gegenstände geben, und die Vertretungsrelation zwischen Namen und Gegenständen ist wesentlich dafür verantwortlich, daß ein Satz Sinn hat.

Die Existenz von Gegenständen ist nicht nur eine notwendige Bedingung dafür, daß ein Satz einen Sinn hat, sondern zugleich die Garantie dafür, daß er einen bestimmten Sinn hat. Dieser Zusammenhang bedarf einer ausführlicheren Erläuterung. Zunächst führen wir eine neue Charakterisierung des Satz-Sinnes ein. Der Satz ist im *Tractatus* der Ausdruck seiner Wahrheitsbedingungen (TLP 4.431). Der Sinn eines Satzes, das heißt die von ihm dargestellte Sachlage, kann durch die Menge der möglichen Welten charakterisiert werden, die den Satz wahr machen (TLP 4.2 ff.). Eine mögliche Welt ist genau dann bestimmt, wenn für alle Elementarsätze angegeben ist, ob sie wahr oder falsch sind (TLP 4.26). Wenn ein Satz die analysierte Form „$p \wedge q$“ aufweist, dann ist er genau dann wahr, wenn der Sachverhalt p und der Sachverhalt q bestehen, das heißt, der Satz wird durch alle möglichen Welten wahr gemacht, die eines gemeinsam haben: Sie ordnen den Elementarsätzen ,p' und ,q' den Wahrheitswert ,wahr' zu. Welche Wahrheitswerte sie den anderen Elementarsätzen zuordnen, ist für unser Beispiel irrelevant.

Mit dieser Erläuterung des Satz-Sinnes können wir erklären, warum die Existenz einfacher Gegenstände auch die Bestimmtheit des Sinnes garantiert. Es ist ein Merkmal des logisch analysierten Satzes, daß darin kein Ausdruck vorkommt, der einen Komplex, das heißt eine Konfiguration von Gegenständen bezeichnet. Wäre dies der Fall, so wäre der Ausdruck kein Name, sondern eine verdeckte Kennzeichnung (vgl. S. 64), und der Satz wäre noch nicht vollständig analysiert. Die auf die Name-Gegenstand-Relation zurückführende vollständige Analyse eines Satzes garantiert, daß darin kein Ausdruck mehr vorkommt, der einen Komplex bezeichnet. Damit kann der Fall nicht eintreten, daß ein einfacher Ausdruck eine Konfiguration von Gegenständen bezeichnet, die in der wirklichen Welt besteht, aber nicht notwendig in allen möglichen Welten bestehen muß. In einem solchen Fall würde der einfache Ausdruck nur in der wirklichen und in einigen, aber nicht in allen möglichen Welten etwas bezeichnen, nämlich genau dann, wenn die Konfiguration der Gegenstände als bestehend angenommen wird und sonst nicht. Der einfache Ausdruck hätte also nur in einigen möglichen Welten Bedeutung und der Elementarsatz, in dem er vorkommt, entsprechend nur in einigen Welten einen Sinn. Für die möglichen Welten, in denen der einfache Ausdruck keine Bedeutung hätte, wäre es unbestimmt, ob sie den Satz wahr oder falsch machen würden. Diese Unbestimmtheit der Wahrheitsbedingungen des Satzes ist im *Tractatus* dasselbe wie die Unbestimmtheit des Satz-Sinnes. Die eindeutige und vollständige Analyse eines Satzes, deren Ende durch das Erreichen einfacher Zeichen in Elementarsätzen und damit letztlich durch die Existenz von Gegenständen garantiert wird, ist der Grund für die Bestimmtheit der Wahrheitsbedingungen eines Satzes, das heißt für die Bestimmtheit des Satz-Sinnes.

> TLP 3.23 Die Forderung der Möglichkeit der einfachen Zeichen ist die Forderung der Bestimmtheit des Sinnes.

Die Frage, von welcher Art die einfachen Gegenstände sind, bleibt im *Tractatus* offen und ist in der Literatur bis heute umstritten. Beispielhaft seien einige stark voneinander abweichende Interpretationen genannt. Gemäß einigen realistischen Interpretationen sind die Gegenstände physikalisch einfache Teilchen (z. B. J. Griffin), gemäß einigen phänomenalistischen Interpretationen sind sie Punkte im Gesichtsfeld (z. B. J. und M. Hintikka), und gemäß einigen sprachpragmatischen Interpretationen sind sie Exemplifizierungen von nicht weiter zurückführbaren Eigenschaften (H. Ishiguro) oder Alltagsgegenstände, insofern sie alles das sind, was von den Ausdrücken eines normalsprachlichen Satzes bezeichnet wird (z. B. P. Carruthers). Trotz der Verschiedenheit haben die Interpreten eine gemeinsame Überzeugung: Sie glauben, daß im *Tractatus* ein konsistenter Rahmen für eine nachträglich vorzunehmende Bestimmung der Gegenstände geliefert wurde. Das ist jedoch nicht der Fall. Im *Tractatus* werden widersprüchliche Prinzipien aufgestellt, von denen eines aufgegeben werden muß, damit eine Bestimmung der Gegenstandsebene vorgenommen werden kann. Es handelt sich dabei um die folgenden drei Prinzipien.[3]

(i) Elementarsätze haben die Form ‚f(a)', ‚g(ab)', ... (siehe S. 82). In einem Elementarsatz werden Gegenständen *externe* Eigenschaften zugeschrieben, das heißt, in dem Elementarsatz ‚fa' wird einem Gegenstand a die externe Eigenschaft f zugeschrieben.
(ii) Externe und interne Eigenschaften verhalten sich zueinander wie Dimensionswerte und die dazugehörige Dimension, z. B. wie Längenangaben und die Dimension der Länge oder wie Farbtöne und die Dimension der Farbe.
(iii) Elementarsätze sind logisch unabhängig, das heißt, ihre Wahrheitswerte hängen nicht voneinander ab.

Wenn in dem Elementarsatz ‚f(a)' dem Gegenstand a die externe Eigenschaft f zugeschrieben wird (gemäß i) und diese Eigenschaft ein Wert einer Dimension ist (gemäß ii), dann gibt es einen Elementarsatz ‚g(a)', dessen Wahrheitswert von dem des Satzes ‚f(a)' abhängt. Dabei bezeichnet ‚g' einen anderen Wert derselben Dimension, zu der ‚f' gehört, wobei die Dimensionswerte nicht zugleich auf ein Objekt zutreffen können; z. B. wenn der Satz ‚Dieser Punkt a ist rot' wahr ist, dann kann der Satz ‚Dieser Punkt a ist blau' nicht wahr sein. Aus den Prinzipien (i) und (ii) folgt, daß Elementarsätze nicht logisch unabhängig voneinander sind. Wittgenstein selbst bemerkte 1929, als er seine Philosophie weiterzuentwickeln begann, dieses Problem und verzichtete in dem Aufsatz ‚*Some Remarks on Logical Form*' auf das Unabhängigkeitspostulat für Elementarsätze und Sachverhalte.

---

[3] Eine ausführliche Begründung dafür, daß diese Thesen im *Tractatus* vertreten werden, findet man in Newen: *Interpretation und Rekonstruktion der Ontologie in Wittgensteins ‚Tractatus'*.

3.1.6 Die Unterscheidung von ‚Sagen' und ‚Zeigen'

Die Funktion der Sprache bleibt im *Tractatus* auf die Beschreibung von kontingenten Sachverhalten beschränkt. Alle normalsprachlichen Sätze, die nicht diese Funktion haben, werden daher als sinnlos oder unsinnig ausgegrenzt. Ein normalsprachlicher Satz, der einen kontingenten Sachverhalt beschreibt, ist genau dann sinnvoll, wenn alle Namen, die in der analysierten Form des Satzes vorkommen, Gegenstände bezeichnen. Wittgenstein unterscheidet demgegenüber zwei Klassen von nichtsinnvollen Sätzen. Eine erste Klasse von Sätzen bilden die Sätze der Logik, z. B. $p \vee \neg p$. Die Sätze der Logik sind Tautologien, das heißt, sie werden von allen möglichen Welten wahr gemacht. Sie sagen somit nichts aus, sie beschreiben nichts. Denselben Status haben ihre Verneinungen, die Kontradiktionen, z. B. $\neg(p \vee \neg p)$, denn diese sind für alle möglichen Welten falsch. Solche Sätze sind jedoch nicht völlig nutzlos, denn man kann an ihnen sehr gut ihre logische Struktur erkennen. Daß der Satz „$p \vee \neg p$" eine Tautologie ist, wird nicht mit dem Satz behauptet, sondern es *zeigt* sich. Genauso *zeigt* sich in der logisch analysierten Form eines beliebigen Satzes, ob er eine Tautologie, eine Kontradiktion oder ein sinnvoller Satz ist. Der Satz *zeigt* die logische Form (TLP 4.121). Tautologien und Kontradiktionen nennt Wittgenstein *sinnlose* Sätze. Eine zweite Klasse von Sätzen bezeichnet er als *unsinnige* Sätze. Sie sind weder sinnvoll noch sinnlos. Sie zeichnen sich dadurch aus, daß sie einerseits gemäß ihrer logischen Struktur weder Tautologien noch Kontradiktionen sind und sie andererseits in der logisch analysierten Form mindestens einen Ausdruck enthalten, der nichts bezeichnet. Wittgenstein unterscheidet zwei Arten von nichtbezeichnenden Ausdrücken, nämlich formale Begriffe und Wertbegriffe. Wenn ein Satz einen formalen Begriff, z. B. ‚Gegenstand', ‚Funktion', ‚Zahl' etc. enthält, so wird das, was ein solcher Satz sagen möchte, bei einer korrekten Zeichenverwendung *gezeigt*. Wenn man sagen möchte, daß zwei Elementarsätze demselben Gegenstand unterschiedliche Eigenschaften zuschreiben, so entstehen unsinnige Scheinsätze, weil darin die formalen Begriffe ‚Gegenstand' und ‚Eigenschaft' vorkommen müssen. In einer idealen Sprache *zeigt* sich dies durch die korrekte Verwendung von einfachen Zeichen, z. B. durch die Satzzeichen ‚f(a)' und ‚g(a)'. Daß von demselben Gegenstand die Rede ist, *zeigt* sich durch die Verwendung derselben Gegenstandsbezeichnung, und daß von verschiedenen Eigenschaften die Rede ist, *zeigt* sich durch die Verwendung unterschiedlicher Eigenschaftsbezeichnungen.

Neben den formalen Begriffen sind es Wertbegriffe, auf Grund deren ein Satz unsinnig ist. Wertbegriffe sind solche Ausdrücke, die in ethischen, ästhetischen und religiösen Aussagen vorkommen und die dafür verantwortlich sind, daß der Satz keine Beschreibung ist, sondern eine Bewertung vornehmen möchte. Da Werte gemäß Wittgenstein nicht kontingent sind und sinnvolle Sätze nur kontingente Sachverhalte zu beschreiben vermögen, können wir Bewertungen nicht in sinnvollen Sätzen zum Ausdruck bringen (TLP 6.41). Mit unsinnigen Sätzen rennen wir gegen die Grenzen der Sprache an. In ihnen *zeigt* sich die Grenze der Sprache; es *zeigt* sich, daß es ein von vornherein zum Scheitern verurteilter Versuch ist, ethische, ästhetische oder religiöse Aussagen machen zu wollen. Da alles, was sich in den verschiedenen nichtsinnvollen Sätzen (Kontradiktionen, Tautologien, Sätze mit formalen Begriffen oder Wertbegriffen) *zeigt,* gemäß dem *Tractatus* nicht gesagt werden kann (TLP 4.1212) und die Wissenschaft sich nur mit sinnvollen Äußerungen beschäftigt, kann die Wissenschaft prinzipiell zu den Anliegen, die in der Normalsprache mit solchen Sätzen vorgetragen werden, nichts sagen. Dies kommt in dem Schlußsatz der Abhandlung zum Ausdruck.

TLP 7 Wovon man nicht sprechen kann, darüber muß man schweigen.

Wittgenstein war der Meinung, daß er alles, was eine Philosophie prinzipiell sagen kann, die ihre Grenzen kennt und anerkennt, im *Tractatus* gesagt hat. Deshalb zog er sich mit dem Abschluß dieses Werkes aus der Beschäftigung mit der Philosophie zurück und versuchte sich als Dorfschullehrer in Niederösterreich.

3.1.7 Die Wirkung des *Tractatus*

Den größten Einfluß hatte der *Tractatus* auf den *Wiener Kreis*, zu dem unter anderen Moritz Schlick, Friedrich Waismann, Rudolf Carnap, Otto Neurath und Hans Reichenbach gehörten. Diese Gruppe von Wissenschaftlern trat 1929 mit der Programmschrift *Wissenschaftliche Weltanschauung* an die Öffentlichkeit. Damit initiierten sie in den dreißiger Jahren die Philosophie des logischen Empirismus. Von Wittgensteins *Tractatus* übernahmen sie die Überzeugung, daß alle sinnvollen Sätze naturwissenschaftliche Sätze sind. Einerseits wurde damit „Metaphysik“ (bei Aristoteles die Bezeichnung für den wichtigsten Zweig der Philosophie) zu einem Schimpfwort für schlechte Philosophie, andererseits entwickelte sich ein besonderes Interesse an einer ökonomischen Darstellung der naturwissenschaftlichen Theorien; denn sie bilden den Rahmen für alle naturwissenschaftlichen Sätze. Aus dem Bestreben einer ökonomischen Darstellung der naturwissenschaftlichen Theorien sowie ihrer Veränderungen entwickelte sich die Wissenschaftstheorie.

Weiterhin kann die Sprachphilosophie im *Tractatus* als ein wichtiger Beitrag zur Entwicklung der Wahrheitsbedingungen-Semantik und der Theorie der möglichen Welten eingeordnet werden. Ein Satz wird im *Tractatus* als Ausdruck seiner Wahrheitsbedingungen aufgefaßt (TLP 4.431), das heißt, der Sinn eines Satzes kann durch dessen Wahrheitsbedingungen vollständig angegeben werden. Außerdem kann der Satz-Sinn durch die Menge der möglichen Welten charakterisiert werden, die den Satz wahr machen. Eine mögliche Welt wird dabei als eine Menge von Sachverhalten aufgefaßt, die in dieser Welt bestehen. Mit dieser Konzeption ist die Sprachphilosophie im *Tractatus* ein klarer Fall einer Wahrheitsbedingungen-Semantik und ein Vorläufer der Mögliche-Welten-Semantik, die insbesondere in den sechziger Jahren weiterentwickelt wurde, um die Bedeutung von Modalaussagen der Form ‚Es ist möglich, daß p' und ‚Es ist notwendig, daß p' angeben zu können.

3.2 Die *Philosophischen Untersuchungen*

3.2.1 Anstöße

Als Wittgenstein 1929 nach Cambridge zurückkehrte und erstmals aus dem Philosophieren eine Berufstätigkeit machte, gab er in *Some Remarks on Logical Form* das Postulat der gegenseitigen Unabhängigkeit von Elementarsätzen auf, weil es sich mit der Einfachheit von Elementarsätzen und der Rolle von externen und internen Eigenschaften in Elementarsätzen nicht vereinbaren läßt (vgl. 3.1.5). Gewisse Kombinationen von Wahrheitswerten von Elementarsätzen (die zur selben „Dimension" gehören) können nicht vorkommen. Zum Beispiel ist der Gegenstand A, wenn er rot ist, nicht grün; selbst wenn „A ist rot" kein Elementarsatz ist, dann muß doch damit gerechnet werden, daß die letzten Endes gefundenen Elementarsätze in solchen Ausschlußbeziehungen stehen. Diese Beziehungen wie „Was rot ist, ist nicht grün" (denen Carnap den Namen „Bedeutungspostulate" geben sollte, vgl. S. 123 f.) schränken den Spielraum von Elementarsätzen ein und beeinflussen damit ihren Sinn unabhängig vom Vertretungsgedanken der Bildtheorie. Zur Stellvertretung tritt als Bedeutungsquelle der Zusammenhang im Sprachsystem hinzu.

Das ist der erste nachweisbare Anstoß für eine Entwicklung, an deren Ende Wittgenstein auf die Frage: „Warum ist ein Satz bedeutungsvoll?" nicht mehr die Antwort gab: „Weil seine Elemente Gegenstände vertreten", sondern: „Weil er eine Rolle in einem Sprachspiel spielt". Wie Wittgensteins Gedanken sich im einzelnen entwickelt haben, ist noch Gegenstand der Forschung am Nachlaß, dessen Publikation gegenwärtig vor allem zwischen den als *Philosophische Bemerkungen* und als *Philosophische Grammatik* gedruckten Bänden ein Lücke von über drei Jahren aufweist.

Einen zweiten Anstoß scheint der griffige Vergleich von Wörtern mit Schachfiguren gegeben zu haben. Eine Schachfigur ist ein Springer, weil sie in gewisser Weise ziehen darf. Ihre Bedeutung kommt von dieser Regel, nicht von einer Vertretungsrelation; genauso können Verwendungsregeln die Bedeutung von Wörtern bestimmen (und müssen sie mitbestimmen, wie die Notwendigkeit von Bedeutungspostulaten gezeigt hat). Was der Springer damit tut, daß er einen Zug macht, daß er etwa acht neue Felder „beherrscht", hängt nun seinerseits von den übrigen Regeln des Schachspiels ab. Damit hat eine Schachfigur ihre Rolle dank der Gesamtheit der Schachregeln; Wittgenstein zog die durch den Vergleich nahegelegte Folgerung, daß auch jedes Wort seine Bedeutung dem gesamten Sprachsystem verdanke.

Insbesondere gab er den Gedanken an eine ursprüngliche Bedeutungsrelation zwischen Namen und Gegenständen auf, indem er auch das Ergebnis von „hinweisenden Definitionen" wie „‚rot' ist alles, was die Farbe *dieses* Musters hat" von dem Sprachsystem abhängig machte, zu dem die Definition gehört: daß es um die Farbe geht, muß ja ausgedrückt werden. Selbst die elementarste Hinweisdefinition, die Äußerung „Rot", von einer Zeigegeste begleitet, ist systemabhängig; denn worauf die Geste zeigt, ist zwar besonders leicht zu lernen, liegt aber nicht von Natur aus fest. Mit der Abhängigkeit der Bedeutung der Zeigegeste vom System ergibt sich, daß es auch keine wichtige Grenze zwischen Zeichen und Handlung geben kann. Ein Schriftzug oder ein Laut wird erst durch zusammen mit einer Verwendungsregel zu einem Zeichen.

Die Sprache wird also nicht durch eine Vertretungsbeziehung zur Wirklichkeit bedeutungsvoll, sondern sie bildet ein autonomes System; das heißt, sie hat nicht einen primären oder gar einzigen Zweck – z. B. den, die Weltbeschreibung zu ermöglichen –, sondern zu ihr gehören eine Vielzahl von verschiedenen und gleichberechtigten Zeichenverwendungsregeln. Allerdings sah Wittgenstein sehr früh, daß ein Problem wie für die Zeigegeste sich auch für die Regeln des Systems stellt: Woher bekommen *sie* ihren Inhalt? Wenn eine Regel sagt, daß ein bestimmtes Farbwort auf einen Gegenstand angewendet werden kann, dann verhält sie sich zur konkreten Anwendung des Wortes ähnlich wie ein Befehl zu seiner Ausführung. Ein Befehl muß aber, um befolgt werden zu können, verstanden werden. Wenn alles Sprachverstehen ein Anwenden von Sprachregeln ist, dann braucht man also, um Sprachregeln anzuwenden, weitere Sprachregeln, die einem sagen, wie die ersteren anzuwenden sind. Für diese zusätzlichen Regeln entsteht natürlich das gleiche Problem: Ein unendlicher Regreß droht.

Ein weiteres Grundproblem für das System von Sprachregeln bildet der Autoritätsregreß. Regeln kann man (a) festsetzen oder (b) vereinbaren. (a) Wer eine Regel festsetzt, an die andere sich halten sollen, muß dafür Autorität übertragen bekommen haben; es muß also eine Festsetzung oder Vereinbarung geben, nach der er solche Regeln verpflichtend festsetzen darf. (b) Wenn Regeln vereinbart werden, dann muß es eine Festsetzung oder Vereinbarung geben, die besagt, daß man sich an solche Vereinbarungen zu halten hat. Auch hier entsteht ein Regreß; denn eine „höchste Autorität" kann es nicht geben – woher soll sie Autorität beziehen?

3.2.2 Sprachspiel und Bedeutung

Probleme wie diese waren es, die Wittgenstein löste, indem er die Vorstellung vom autonomen Sprachsystem durch den Begriff des Sprachspiels ersetzte. Er ist einer der Schlüsselbegriffe des Hauptwerks der Nach-Traktat-Philosophie, der *Philosophischen Untersuchungen* (Teil I).[4] Sie waren 1946 im wesentlichen fertig, sind aber erst 1953, zwei Jahre nach Wittgensteins Tod, veröffentlicht worden. Der reife Begriff des Sprachspiels stellt sich dort in seinen Grundzügen so dar:

a) Sprechen und Handeln

Die Sprache ist in erster Linie kein Symbolismus mit Bedeutungsregeln (keine „Notation", wie Wittgenstein sich oft ausdrückt), sondern Sprache ist in erster Linie Sprachgebrauch. Menschen reden, während sie Dinge tun, und was sie tun, gehört zur Sprache:

---

4 Nach den durchnumerierten Abschnitten, in die der Text gegliedert ist, zitiert als „PU 1" etc.

> Ich werde auch das Ganze: der Sprache und der Tätigkeiten, mit denen sie verwoben ist, das „Sprachspiel" nennen. (PU 7)

Die Tätigkeiten, in welche das Sprechen eingebettet ist, sind nämlich wichtig für die Bedeutung der Sätze, die in sie eingebettet gebraucht werden.

> Denke, du kämst als Forscher in ein unbekanntes Land mit einer dir gänzlich fremden Sprache. Unter welchen Umständen würdest du sagen, daß die Leute dort Befehle geben, Befehle verstehen, befolgen, sich gegen Befehle auflehnen usw.? (PU 206)

Damit Äußerungen dieser Leute die Bedeutung von Befehlen haben können, muß es Tätigkeiten geben, die als Befolgen, als Auflehnen (mit dem typischen Durchsetzungsversuch des Befehlsgebers) usw. erkennbar sind; es muß erkennbare Autoritätsverhältnisse geben usw. Wittgenstein gebraucht das Wort „Sprachspiel" häufig so, daß man direkt vom „Sprachspiel des Befehlens" reden könnte; etwa:

> Führe dir die Mannigfaltigkeit der Sprachspiele an diesen Beispielen, und anderen, vor Augen:
>
> Befehlen, und nach Befehlen handeln –
> Beschreiben eines Gegenstands nach dem Ansehen, oder nach Messungen –
> Herstellen eines Gegenstandes nach einer Beschreibung (Zeichnung) –
> Berichten eines Hergangs –
> Über den Hergang Vermutungen anstellen –
> Eine Hypothese aufstellen und prüfen –
> Darstellen der Ergebnisse eines Experiments durch Tabellen und Diagramme –
> Eine Geschichte erfinden; und lesen –
> Theater spielen –
> Reigen singen –
> Rätsel raten –
> Einen Witz machen; erzählen –
> Ein angewandtes Rechenexempel lösen –
> Aus einer Sprache in die andere übersetzen –
> Bitten, Danken, Fluchen, Grüßen, Beten. (PU 23)

Dann ist unmittelbar klar, daß Sprachspiele miteinander wesentlich zusammenhängen; zum Beispiel gehört zum Befehlen, daß das Auflehnen charakteristische Konsequenzen hat; Auflehnen kann es in Form der sprachlichen Weigerung geben. Das Sprachspiel des Befehlens bezieht also die Rolle seiner Bestandteile teilweise aus dem Sprachspiel des Weigerns und umgekehrt. Insofern kann man eine natürliche Sprache als eine Gesamtheit von einander gegenseitig mitbestimmenden Sprachspielen auffassen.

Es ist aber äußerst wichtig für Wittgensteins Vorstellung vom Sprachspiel, daß das für die Bedeutung der Äußerungen wesentliche Verhalten sich nicht im Sprechen erschöpft; viel wesentlicher ist Verhalten, das selbst kein Sprechen ist. Man kann sich das klarmachen, indem man – etwas schematischer und vereinfachter, als Wittgenstein selbst das lieb gewesen wäre – fragt, woran man denn vor allem erkennt, daß Leute in einem unbekannten Land mit bestimmten Äußerungen Befehle geben. Passabel scheint die folgende, Befehle kennzeichnende Faustregel:

> Wenn Person x gegenüber Person y Autorität bezüglich der Handlung z hat und x nun y befiehlt, z zu tun, dann ist y verpflichtet, z zu tun, und x trägt für die Folgen von z die Verantwortung.

Nehmen wir an, wir hätten durch meisterhafte Forschungen herausbekommen, daß Person A (die wir für den Häuptling halten) gegenüber Person B (die wir für einen unverheirateten Krieger halten) die Autorität in Jagdangelegenheiten hat; und nun stellen wir fest: Wenn B sich morgens zu A verfügt und A zu ihm „Abrakadabra“ sagt, dann ist B verpflichtet, auf die Jagd zu gehen, und wenn B während des Jagens zu Hause beim Ackern fehlt, gehen seine Leute zu A, und der muß jemanden zum Ackern schicken. Das ist ein sehr gutes Indiz dafür, daß „Abrakadabra“, unter diesen Umständen von A gegenüber B geäußert, die Bedeutung hat: A befiehlt B, auf die Jagd zu gehen.

b) Gepflogenheiten und Regeln

Für diese Tatsache müssen in unserem Beispiel Sachverhalte vorliegen wie die folgenden: A hat gegenüber B Autorität; B ist zu etwas verpflichtet; A hat für etwas die Verantwortung. Solche Sachverhalte bestehen darin, daß die Leute sich gegenseitig in bestimmter Weise behandeln. Sie würden zum Beispiel nicht hinnehmen, wenn B statt zu jagen ackern geht, sondern würden ihn in die Jägergruppe ziehen. Und die Familie von B geht zu A und gibt keine Ruhe, bis A jemanden schickt, der für B ackert. Bei anderen Beispielen kann der Fall noch viel einfacher liegen:

> Was hat der Ausdruck der Regel – sagen wir, der Wegweiser – mit meinen Handlungen zu tun?

> [...] ich habe auch noch angedeutet, daß sich Einer nur insofern nach einem Wegweiser richtet, als es einen ständigen Gebrauch, eine Gepflogenheit, gibt. (PU 198)

In Frage steht hier, wieso die Handlungen im Zusammenhang mit Wegweisern zur Bedeutung von Wegweisern beitragen; die Antwort ist: Ein Wegweiser zeigt in die uns vertraute Richtung nach dem Ort, dessen Name auf ihm geschrieben steht, weil es eine allgemeine Gepflogenheit von Leuten auf dem Wege nach dem betreffenden Ort ist, vom Wegweiser aus in der betreffenden Richtung weiterzugehen. Wäre die Gepflogenheit die, in die Gegenrichtung zu gehen, dann hätte der Wegweiser die Bedeutung, in die Gegenrichtung zu zeigen. (Natürlich würde er dann auch andersherum aufgestellt.) Genauso verdankt auch jede sprachliche Äußerung ihre Bedeutung der Gepflogenheit der Leute, mit ihr so und so umzugehen.

Durch den Einbau der „Gepflogenheit" in seine Vorstellung vom Sprachspiel löst Wittgenstein die beiden Probleme, die fürs autonome System der Sprache der Regelbegriff mit sich zu bringen schien. Er war bestimmt vom Vorbild von Regeln, die in Regelverzeichnissen niedergelegt sind, in denen man bei Bedarf nachschauen kann, um über das Vorgehen nach der Regel im Einzelfall zu entscheiden. Im Regelfolgen sind hier die Regeln primär, und ob das Verhalten ihnen folgt, wird sekundär entschieden. Bei Gepflogenheiten steht die Sache umgekehrt; das regelfolgende Verhalten ist primär, und wie die Regel aussieht, der es folgt, wird sekundär entschieden. Aus der Gepflogenheit der Leute, in der bekannten Weise mit dem Wegweiser umzugehen, ergibt sich, daß sie der Regel folgen: „Auf dem Wege nach A hat man an einem mit ‚A' beschrifteten Wegweiser in Richtung der Spitze weiterzugehen." Um sich so zu verhalten, brauchen die Leute nur in der üblichen Weise auf den Wegweiser zu reagieren; das haben sie gelernt. Sie brauchen nicht etwa die Regel, nach der sie sich verhalten, zu konsultieren, um sie dann anzuwenden; deshalb gibt es auch keine Zweifel in der Anwendung und keinen Bedarf an weiteren Regeln zum Beheben dieser Zweifel.

Im Gegenteil: Wenn die Leute allzu häufig zweifelten, was angesichts eines Wegweisers zu tun sei, dann gäbe es gar keine Gepflogenheit (und der Wegweiser hätte keine Bedeutung). Für Wittgenstein ist regelfolgendes Verhalten nämlich dadurch gekennzeichnet, daß es erlernbar (PU 237) und, wenn erlernt, selbstverständlich ist (PU 238): Man rät nicht, was man zu tun hat (PU 210), entscheidet sich nicht zwischen Alternativen (PU 213, 219), zaudert nicht (PU 212, 213), handelt ohne Rücksicht auf Begründungen und auf Erkenntnisse oder Informationen darüber, was zu tun sei (PU 211–213, PU 219, PU 222–223); man glaubt gar nicht anders handeln zu können (PU 219, PU 231) und würde gegenüber Abweichungen anderer zu Tätlichkeiten neigen (PU 240). Aus diesem Grunde ist bei Gepflogenheiten auch die Autoritätsfrage gegenstandslos. Gepflogenheiten sind nicht deshalb gültig, weil sie festgesetzt oder vereinbart wären, sondern weil alle sich fast immer entsprechend verhalten; sie binden den einzelnen insofern, als er sich den Erwartungen der anderen fügt. Fügen sich zu viele zu oft nicht, dann gibt es keine Gepflogenheit. (Wie Gepflogenheiten entstehen und über längere Zeit stabil bleiben, ist nicht Wittgensteins Thema; für ihn genügt, daß es sie zweifellos gibt und wie sich aus ihnen die Bedeutung sprachlicher Äußerungen ergibt.)

c) Bedeutung und Gebrauch

Statt von Sprachspielen *des* Bittens, des Dankens, des Befehlens, des Mitteilens usw. spricht Wittgenstein auch von Sprachspielen *mit* einzelnen Wörtern und Sätzen, etwa vom „Sprachspiel mit den Worten ‚er hat Schmerzen'" oder vom „Sprachspiel mit dem Worte ‚Schmerz'" (PU 300). Damit meint er ungefähr alle möglichen Durchführungen von Sprachspielen im ersten Sinne, in denen die betreffenden Sätze oder Wörter vorkommen. Diese Sprachspiele mit einem Wort oder Satz bilden zusammengenommen das, was Wittgenstein den „Gebrauch" eines Wortes oder Satzes nennt; den so verstandenen Gebrauch identifiziert er mit der Bedeutung des Wortes (zum Beispiel PU 30, aber nie ganz ausdrücklich) bzw. mit dem Sinn des Satzes (z. B. PU 20).

Manchmal gibt Wittgenstein die Dramaturgie eines Sprachspiels auch selbst ausführlich und vollständig an, besonders häufig in den ersten vierundsechzig Abschnitten der PU. Das sind konstruierte Beispiele, mit denen klargemacht wird, wie die Bedeutungen der Wörter von den einbettenden Tätigkeiten und von der Komplexität des Sprachspiels abhängen.

Der Übergang von Regeln (aus Regelverzeichnissen) zu Gepflogenheiten kann verständlich machen, warum Wittgenstein sich in PU 65 bis PU 80 so vehement gegen die Vorurteile wendet, Begriffe müßten eigentlich nach sauberen Kriterien verwendet werden, müßten für neue Einzelfälle schon jetzt festliegen und für zukünftige Fälle schon jetzt definiert sein. Diese Vorurteile sind mit dem Bild von der Verwendung von Wörtern nach vorweg verfügbaren Regeln verknüpft; denn verfügbare Regeln regeln nur insoweit, als sie nicht darauf angewiesen sind, im Einzelfall durch zusätzliche Überlegungen ergänzt zu werden. Die Vorstellungen sind aber für die tatsächlich gesprochene Sprache falsch und daher wirklich Vorurteile; also belegt unsere zweifelsfrei bedeutungsvolle Umgangssprache, daß das Bild von den vorweg verfügbaren Regeln nicht richtig ist. Wittgensteins Alternative – der selbstverständliche gemeinsame Umgang mit Ausdrücken – macht auch seine bekannte Vorstellung verständlich, daß die mehr oder weniger gleichartigen Sachverhalte, die wir unter ein und demselben Begriff zusammenfassen, Netze von „Familienähnlichkeiten" bilden (PU 66, 67): Wenn A, B, C und D Spiele sind, dann brauchen sie keine für „das Spiel als solches" definierenden Merkmale gemeinsam zu haben, sondern es genügt, wenn A B hinreichend ähnelt, D C und C D (vielleicht B auch noch D, aber das ist nicht nötig). Definierende Gemeinsamkeiten (und deshalb ein „Wesen des Spiels") braucht es nicht zu geben, und zwar deshalb, weil der Bereich des Wortes sich in unvorhersehbarer und doch jeweils regelfolgender Weise erweitert haben kann: A sei ein Reigentanz, bei dem ein Ring umgeht, und wer ihn am Ende hat, „muß" eine Person abküssen. Als B aufkommt, das Würfeln, nennen alle es mit Selbstverständlichkeit auch ein Spiel – vielleicht wegen der Ähnlichkeiten, daß der Becher im Kreise geht und Glück eine Rolle spielt; aber woher die Selbstverständlichkeit kommt, was also die entscheidende Ähnlichkeit ist, braucht keiner zu wissen. Wenn jetzt D erfunden würde, Patience, dann würden vielleicht alle mit Selbstverständlichkeit sagen, das sei kein Spiel (sondern zum Beispiel eine Konzentrationsübung); tritt aber zufälligerweise vorher C, das Skatspiel, auf, dann kann es die fehlende „Ähnlichkeitsbrücke" zu D liefern. Welche Erweiterungen tatsächlich passieren, ist also unvorhersehbar, weil unvorhersehbar ist, welche Ähnlichkeitsbrücken auftauchen werden. Jede Erweiterung geschieht aber regelgeleitet, nämlich mit allgemein übereinstimmender Selbstverständlichkeit.

d) Der soziale Charakter des Meinens

Indem Wittgenstein die Gepflogenheit an die Stelle der vor der Anwendung verfügbaren Regel setzte, hat er den entscheidenden Schritt von einer individualistischen zu einer sozialen Bedeutungstheorie getan. Über Regeln aus Verzeichnissen kann eine Person allein verfügen; sie braucht nur den Ausdruck der Regel vor sich zu haben, sei es auf einem Blatt Papier oder als innere Vorstellung. Tatsächlich ist die Meinung, welche Bedeutung ein Sprecher mit einem Wort verbinde, richte sich nach der Vorstellung, die er bei dem Wort habe, in der Philosophie und auch im Alltag weit verbreitet. Alltäglich heißt das, daß es jedermanns eigene Sache sei, was er mit einem Satz oder Wort meine; versteht man ihn nicht, dann fragt man ja auch: „Was meinst du?" Philosophisch ist eher der Begriff der „Intention" gebräuchlich; die Bedeutung ist das, was der Sprecher mit seinem sprachlichen Ausdruck „intendiert". Weil der Sprecher dafür seine Anwendungsregeln für die Wörter, dazu die Bedeutungen der Anwendungsregeln, also Anwendungsregeln für die Anwendungsregeln etc., schon mitbringen müßte, besteht das ganze Bild in einer Rückverlagerung des Problems; wer wissen möchte, was es heißt, daß ein Sprecher mit einem Ausdruck etwas meint, bekommt die Antwort, daß der Sprecher schon über eine innere Sprache verfügt (für die sich das Ausgangsproblem multipliziert). Mit einer kritischen Exposition dieses Bildes beginnt Wittgenstein die PU (PU 1, 32); am sozialen Charakter des Sprachspiels muß ihm viel gelegen haben.

Das wird bestätigt durch die lange Argumentation, mit der er die Möglichkeit einer „privaten Sprache" zu widerlegen versucht (PU 243–315). Darunter versteht er eine Sprache, die per definitionem keiner außer ihrem einzigen Sprecher verstehen kann. Die Argumentation wird durchgeführt für eine private Sprache, die den Anspruch erhebt, über nicht mitteilbare Empfindungen des Sprechers zu gehen; ob das nur ein griffiges Beispiel ist oder zur Definition der privaten Sprache gehört, ist in der Forschung umstritten, kann aber offenbleiben, weil die Argumentation auf jeden Fall über die Empfindungssprache hinaus verallgemeinerbar ist. Die wesentlichen Punkte finden sich in PU 258: Wenn jemand ein privates – also für alle anderen per definitionem unverständliches, auch unerklärbares und nicht erlernbares – Wort „E" mit Bedeutung versehen will, indem er zum Beispiel eine eigene Empfindung so „tauft", dann ist er in bezug auf seinen zukünftigen Gebrauch von „E" in keiner Weise festgelegt. Eine übliche Taufe (bei der sofort klar ist, was für Folgen sie hat, nämlich Folgen für andere) ist das ja nicht. Er könnte sich also, wenn die Empfindung wieder auftaucht, nicht an seine Erinnerung halten, daß er diese Empfindung „E" „getauft" habe, und sie auf Grund dieser Erinnerung jetzt wieder „E" nennen; der Sachverhalt, an den er sich zu erinnern glaubt, ist ungeklärt. Es gibt daher keine richtige (und auch keine falsche) Erinnerung an ihn, die als künftige Verwendungsregel funktionieren könnte. „E" ist bedeutungslos geblieben; auf sich selbst gestellt, kann kein Sprecher mit einem Zeichen etwas meinen.

In Wittgensteins Sprachspiel-Vorstellung sind dagegen weder Meinen noch Verstehen ein Problem. Mit „2 x" meint jemand die Verdoppelung, sofern er sich an den üblichen Gebrauch von „2 x" hält, und mit „x^2" meint jemand die zweite Potenz, sofern er sich an die übliche Gepflogenheit hält, mit diesem Ausdruck umzugehen. Mit „x!2" meint jemand die Verdoppelung, wenn er sich mit seinem Gebrauch von „x!2" an den üblichen Gebrauch von „2 x" hält, und die zweite Potenz, wenn er sich mit „x!2" an den üblichen Gebrauch von „x^2" hält (PU 190). Unter „x^2" versteht jemand die zweite Potenz, wenn er sich an den üblichen Gebrauch von „x^2" hält; dieses „dispositionale" Verstehen unterscheidet sich vom Meinen nicht. Wer im dispositionalen Sinne die Reihe 2, 4, 6, 8 versteht, kann sie, wenn man sie ihm vorlegt, in der üblichen Weise fortsetzen (PU 145). Es gibt auch noch das „episodische" Verstehen, das sich datieren läßt: „Bei der vierten Zahl von 2, 4, 6, 8 hat er das Bildungsgesetz verstanden"; dieses episodische Verstehen stellt einfach den Anfang des dispositionalen Verstehens dar (PU 151, 179).

3.2.3 Geist und Verhalten

Daß Wittgenstein sich so stark für die Empfindungssprache interessiert hat, führte zu einer massiven Verallgemeinerung seines sozialen Bedeutungsansatzes, und zwar auf drei Wegen: über seine Gedanken (a) zum Mustercharakter seelischer Sachverhalte, (b) zur Rolle von Ausdrucksäußerungen und (c) zur sozialen Interpretation des nichtsprachlichen Ausdrucksverhaltens.

a) Seelische Sachverhalte als Muster

Seelische Sachverhalte – ein Kunstausdruck, den wir hier für menschliche Empfindungen, Erlebnisse, Einstellungen, Haltungen, Gefühle, Vorlieben, Wünsche, Meinungen, Erinnerungen, Motive, Absichten, Entscheidungen, Gedanken, Wahrnehmungen, Vorstellungen, Einbildungen, Träume etc. etc. benutzen – haben mit menschlichem Verhalten zu tun; es ist üblich zu sagen, daß sie sich im Verhalten äußern – sei es im nichtsprachlichen Ausdruck wie einem Zurückzucken beim Erschrecken, sei es in einer sprachlichen Äußerung wie „Du bist ein kompletter Idiot" als Ausdruck der Verachtung. In einem nach den „Philosophischen Untersuchungen" geschriebenen Text (in ihrem sogenannten Teil II, Abschnitt i) benutzt Wittgenstein für das erkennbare Mit- und Nacheinander der Verhaltensweisen, in denen seelische Sachverhalte sich ausdrücken, das Wort „Muster". Wir wollen es für die PU selbst benutzen und vereinfachend so tun, als habe Wittgenstein das Bild gehabt: Seelische Sachverhalte verhalten sich zu ihren Äußerungen so, wie Muster sich zu ihren Einzelteilen verhalten. Schmerz verhält sich also zu Verletzungen, Handauflegen, Weinen usw. wie das Muster eines Kreuzes zu den einzelnen Elementen und ihrer Anordnung. Dieses Bild vom Verhältnis seelischer Sachverhalte zu ihren Äußerungen im Verhalten wird am ausführlichsten und sehr konsequent in PU 143–PU 155 sowie PU 179–PU 184 fürs Verstehen und seine Äußerungen sowie, darin eingebettet (PU 156–PU 178), fürs Lesen dargestellt. (Im Lesen steckt das Problem deshalb, weil „lesen" eine psychologische Charakterisierung eines akustischen Verhaltens darstellt.) Weitere Einzelheiten steuern die „Philosophischen Untersuchungen" an vielen Stellen bei, etwa am Beispiel der Zeigeabsicht in PU 33–PU 35, des Regelfolgens in PU 198–PU 242, der Schmerzen in PU 286, PU 287, des Denkens in PU 327–PU 333, der Vorstellung in PU 363–PU 374, der Erwartung und verschiedener anderer Sachverhalte in PU 437–PU 465 und der Handlungsabsicht in PU 611–PU 632.

Ein Kreuz mag zum Beispiel aus einem senkrechten und einem waagerechten Tintenstrich bestehen, die sich schneiden. Die erste und wichtigste Analogie besteht dann darin, daß man ohne so etwas wie diese Anordnung der Striche kein Kreuz und ohne so etwas wie die oben genannten Verhaltensweisen keinen Schmerz erkennen würde. Die Analogie ist aber viel enger. Ein und dasselbe Kreuzmuster kann in einer Gesamtheit von ganz verschiedenen Teilen (Balken, Windmühlenflügeln, Zwischenräumen zwischen Häuserblöcken) bestehen; Schmerz äußert sich statt wie oben zum Beispiel, indem man zurückzuckt, die Hand ins Wasser hält, das Gesicht verzieht usw. Dieselben Einzelteile können in anderer Kombination für verschiedene Muster verwendet werden; dieselben Verhaltensweisen können in anderer Verbindung Äußerungen des einen oder des anderen seelischen Sachverhalts sein (Weinen beim langersehnten Wiedersehen äußert Freude statt Schmerz, Zurückzucken vor einem schnell bewegten Gegenstand Schrecken statt Schmerz). Zwischen Mustern gibt es fließende Übergänge wie zwischen Überraschung, Enttäuschung und Empörung. Muster vertragen Lücken und andere Störungen, wie Gefühle nur angedeutet geäußert werden müssen. Fehlen zu viele Einzelteile eines Musters, dann verschwindet es; aber was an einer Ecke fehlt, kann an der anderen gutgemacht werden – Schmerz äußert sich nicht unbedingt im Stöhnen; statt dessen werden vielleicht die Zähne zusammengebissen. Muster können einander überlagern, wie ein Mensch gleichzeitig mehrere Gefühle an den Tag legen kann; und ein Muster kann, wie im Vexierbild, das andere verstecken, wie das Verheimlichen ein Gefühl verstecken kann.

Sind die Einzelteile in ihrer Anordnung vorhanden, dann ist auch das Muster da; das ist natürlich keine kausale Beziehung. Wenn man die Einzelteile in ihrer Anordnung sieht, dann sieht man deshalb das Muster.

Genauso sichtbar sind für Wittgenstein die seelischen Sachverhalte, sobald vom Verhalten genug sichtbar ist. Man schließt nicht vom Verhalten auf die Empfindung; man sieht sie am Verhalten. (Natürlich kann es sein, daß man – etwa von einem zeitlich strukturierten Muster – zu wenig sieht oder daß das Muster durch ein anderes versteckt wird.) Die Seele des Menschen liegt prinzipiell genauso offen zutage wie andere Sachverhalte auch. Manchmal bemerkt man sogar jemandes Verhaltensweisen, die seinen Kummer äußern, erst nachdem man den Kummer bemerkt hat, ganz wie man den Horizont auf einer Landschaftszeichnung erst bemerken mag, nachdem man Landschaft und Himmel erkannt hat.

b) Ausdrucksäußerungen

Sprachliche Äußerungen sind häufige und wichtige Einzelteile von Mustern seelischer Sachverhalte. „Oh!" kann Überraschung ausdrücken, „Du Schwein!" Ärger und „Es regnet" die Überzeugung, daß es regnet. Manchmal haben solche sprachlichen Äußerungen die Form ganzer Sätze, die ein „ich" als Subjekt enthalten: so kann „Ich verstehe" episodisches Verstehen ausdrücken, „Ich habe Schmerzen" Schmerzen. Um verständlich zu machen, wieso der Sprecher mit solchen Bemerkungen keine Behauptungen über sich selbst aufstellt (und um eine Fehlinterpretation der Sicherheit solcher Äußerungen abzubiegen – darüber gleich mehr), hat Wittgenstein eine reizvolle funktionale Hypothese entwickelt:

> Es werden Worte mit dem ursprünglichen, natürlichen Ausdruck der Empfindung verbunden und an dessen Stelle gesetzt. Ein Kind hat sich verletzt, es schreit; und nun sprechen ihm die Erwachsenen zu und bringen ihm Ausrufe und später Sätze bei. Sie lehren das Kind ein neues Schmerzbenehmen. (PU 244)

In dieser Überlegung muß „verbunden und an dessen Stelle gesetzt" ernstgenommen werden; wie Wittgenstein im selben Abschnitt sagt: „der Wortausdruck des Schmerzes ersetzt das Schreien und beschreibt es nicht". Eine Beschreibung liegt deshalb nicht vor, weil der Sprecher seine ehrliche Empfindungsäußerung nicht auf Grund einer Beobachtung seiner Empfindung tut (PU 290). Es liegt daher auch keine *zutreffende* Beschreibung vor, und die Äußerung ist nicht deshalb gerechtfertigt, weil sie zuträfe. Zuzutreffen ist nicht die einzige Rechtfertigung für eine sprachliche Äußerung:

> Ein Wort ohne Rechtfertigung gebrauchen, heißt nicht, es zu Unrecht gebrauchen. (PU 289)

Vielmehr wird eine Ausdrucksäußerung dann berechtigt sein, wenn sie im Muster der ausgedrückten Empfindung, des ausgedrückten Erlebnisses am richtigen Platze ist, also in Verbindung mit den richtigen Umständen und Äußerungen vorkommt (PU 155, 179), welche zusammen ein Muster bilden, wie es in der Ausdrucksäußerung selbst signalisiert wird. „Ich habe Schmerzen" muß also an passender Stelle (etwa anstelle des Weinens) in einer als Schmerzmuster erkennbaren Verhaltensgesamtheit vorkommen, um berechtigt zu sein.

Da Menschen lernen, solche Äußerungen nur in derart passender Weise zu gebrauchen, stören Ausdrucksäußerungen im allgemeinen das Muster nicht; sie sind zuverlässig. Deshalb können sie von Dritten – wie das Weinen – als zuverlässige Hinweise benutzt werden; im allgemeinen gilt: wer sagt „Ich verstehe", der versteht auch. Das ist eine Quelle der Unangreifbarkeit von Ausdrucksäußerungen. Eine zweite ist eine Garantie, die viele Ausdrucksäußerungen deshalb genießen, weil sie Funktionen übernehmen, in denen sie sozial geschützt sind. „Ich habe Schmerzen" ist oft eine Klage, „Ich liebe dich" oft eine Liebeserklärung, „Ich hoffe auf ein gutes Ergebnis" oft Ausdruck einer Hoffnung; solche Äußerungen mit Zweifeln oder Gegenargumenten anzugreifen ist in aller Regel nicht gesellschaftsfähig. Sie sind also sicher vor Angriffen.

Diese Zuverlässigkeit, verbunden mit sozialer Sicherheit, ist der Kern für Wittgensteins Diagnose für die verfehlte Vorstellung, Ausdrucksäußerungen seien sicher als unfehlbare Berichte der Person über ihr Inneres. *Wenn* eine Person mit der Äußerung „Ich habe Schmerzen" über ihr Inneres *berichtete, wenn* es dabei wegen der Zugänglichkeit des Bewußtseins für sein Subjekt *keine Irrtumsquellen gäbe:* dann wäre die Sicherheit der Äußerung als garantierte Irrtumsfreiheit erklärbar. Wollte man die Sicherheit so interpretieren, dann müßte man also – wie praktisch die gesamte Philosophie der Neuzeit seit Descartes – die Zugänglichkeit des Bewußtseins für sein Subjekt postulieren. Wittgenstein kommt ohne diese außerordentlich dubiose Konstruktion aus, aber mit denselben erklärungsbedürftigen Sachverhalten zu Rande.

Freilich verbindet sich mit der Erklärung für die Sicherheit von Ausdrucksäußerungen eine Folgelast: Wittgenstein muß akzeptieren, daß die Ausdrucksäußerungen den ausgedrückten seelischen Sachverhalt teilweise definieren. Das folgt einfach daraus, daß sie Einzelteile seines Musters sind und der Charakter des Musters von seinen Einzelteilen abhängt. Sprachliche Einzelteile eines Musters haben aber für das Muster ein besonderes Gewicht; sie tragen, technisch gesprochen, ganz besonders viel Information. Ein Schachbrett ist nur deshalb ein Schachbrett, weil seine zweiunddreißig schwarzen und zweiunddreißig weißen Felder in der bekannten Weise angeordnet sind. Wäre e4 rot, dann hätte man kein Schachbrett mehr; es ist also nur deshalb ein Schachbrett, weil e4 weiß ist. Aber diesen „Einfluß" teilt e4 mit allen anderen Feldern; es gibt kein Feld, das in ausgezeichneter Weise viel zum Schachbrettmuster beitrüge.

Für Ausdrucksäußerungen gilt das Gegenteil. Zwar gibt es ungemein viele Verhaltensweisen, die ausdrücken, ob eine Person zum Beispiel etwas glaubt. Daß sie morgens glaubt, es werde im Laufe des Tages vielleicht regnen, wird z. B. dadurch ausgedrückt, daß sie morgens einen Anorak anzieht, den Regenschirm mitnimmt und mit der Straßenbahn in die Stadt fährt, statt in der Jacke und ohne Schirm mit dem Rad zu fahren. Aber keine nichtsprachliche Verhaltensweise kann (morgens) ausdrücken, daß eine Person (morgens) glaubt, es werde nachmittags gegen drei ziemlich nieselig sein. Warum nicht? Wittgenstein gibt den Grund nicht ausdrücklich an, aber er scheint klar: Nichtsprachliche Verhaltensweisen sind, bezogen auf die menschliche Wahrnehmungsfähigkeit, nicht so artikuliert wie sprachliche Äußerungen. Ein deutscher Satz von sechs Wörtern repräsentiert eine Auswahl aus einer irrsinnig großen Menge von deutschen Sätzen mit sechs Wörtern; das Ergreifen eines Schirms repräsentiert eine Auswahl aus vielleicht zwei Dutzend in der gleichen Situation in Frage kommenden Verhaltensweisen. Die Äußerung eines deutschen Satzes trägt (natürlich wegen des Reichtums der deutschen Sprache, also wegen der unglaublichen Menge von Alternativen) daher viel mehr Information als eine nichtsprachliche Verhaltensweise. Das muß etwas damit zu tun haben, daß unsere Fähigkeit zum Erzeugen und Erkennen von Lautfolgen besonders gut ausgeprägt ist; Wittgenstein sagt über diese mögliche Ursache nichts. Er nimmt das Ergebnis als offenkundige Selbstverständlichkeit hin. Von einem gewissen Genauigkeitsgrad an können nur noch die Unterschiede zwischen (sprachlichen) Ausdrucksäußerungen eine Rolle dafür spielen, welcher von zwei seelischen Sachverhalten ausgedrückt wird:

> Wir sagen, der Hund fürchtet, sein Herr werde ihn schlagen; aber nicht: er fürchte, sein Herr werde ihn morgen schlagen. Warum nicht? (PU 650)

Wie der Kontext zeigt (PU 649), ist Wittgensteins Antwort: Der Hund verfügt nicht über das notwendige Sprachverhalten. Und das ist hier nur eine Frage des Ausdrucksreichtums, nicht des akustischen Charakters des Ausdrucksverhaltens!

c) Die soziale Interpretation des Ausdrucksverhaltens

Was eine Ausdrucksäußerung zum Muster des ausgedrückten seelischen Sachverhaltes beiträgt, hängt natürlich von ihrer sprachlichen Bedeutung ab, und diese liegt für Wittgenstein, wie aus seiner Auffassung der Bedeutung als Rolle im Sprachspiel folgt, sozial fest. Soweit die Ausdrucksäußerung den ausgedrückten seelischen Sachverhalt mitbestimmt, wird also durch die soziale Interpretation des Ausdrucksverhaltens, soweit es sprachlich ist, sozial mitbestimmt, wie der das Subjekt betreffende seelische Sachverhalt aussieht – etwa ob die Person erwartet, fürchtet oder hofft, ein Besucher werde kommen. Das ist schon eigentümlich genug, aber in der zweiten Hälfte der *Philosophischen Untersuchungen* – etwa nach PU 315 – häuft Wittgenstein Beobachtungen aufeinander, die das Ergebnis zu verallgemeinern nahelegen. Zum Beispiel drückt der Wunsch nach dem Salzfaß sich nicht nur in sprachlichen Äußerungen aus, sondern etwa auch in einer Bewegung des Hinlangens, und diese Bewegung des Hinlangens wird (in der passenden Umgebung, etwa wenn mehrere bei Tisch sitzen) von allen, einschließlich der Person selbst, dann als „erledigt" behandelt, wenn die Person das Salzfaß z. B. zugereicht bekommen hat. Das Salzfaß zu bekommen ist damit als Inhalt des Wunsches der Person durch die gemeinsame Interpretation ihres Ausdrucksverhaltens festgelegt.

In einigen Fällen kommen Wittgensteins Beispielsreihen generellen theoretischen Feststellungen verdächtig nahe. Für den seelischen Sachverhalt, daß jemand etwas mit „x!2" meint, haben wir das oben gesehen; er muß sich dazu mit diesem Ausdruck an eine existierende Gepflogenheit, mit einem anderen Ausdruck umzugehen, halten. Weitere Beispiele sind die Vorstellung und das Beabsichtigen. Die absichtliche Handlung ist für Wittgenstein nicht ein Verhalten, das durch eine Absicht in irgendeinem plastischen Sinne „gesteuert" wäre, sondern eines, das sich (unter Annahme eines möglicherweise vollkommen selbstverständlichen Ziels) als beherrscht darstellt (PU 628–630); das Gegenteil ist die versehentliche Handlung. Und im Rahmen von Wittgensteins Gepflogenheitsbegriff versteht es sich von selbst, daß die Frage, inwieweit man etwas beherrscht, von den allgemein akzeptierten Ansprüchen an die Qualität der Ausführung abhängt. Ein anderer allgemeiner Gedanke liegt der sozialen Determination der Vorstellungsinhalte einer Person zugrunde: Wittgenstein vergleicht „A stellt sich vor, daß ..." mit „A tut so, als ob ..." und rückt das in die Nähe des Theaterspielens:

> Ich kann mir vielleicht auch vorstellen [...], jeder der Leute, die ich auf der Straße sehe, habe furchtbare Schmerzen [...]. Ich spiele gleich-

> sam eine Rolle, *tue so,* als hätten die Andern Schmerzen. Wenn ich das tue, sagt man etwa, ich stelle mir vor, ... (PU 391)

Wer einmal die Aufzeichnung eines chinesischen Theaterstücks gesehen hat, dessen Bedeutung für das chinesische Publikum vollkommen klar ist, für einen Westeuropäer aber ein Buch mit sieben Siegeln darstellt, der weiß: Ob man mit einem Verhalten so tut, als ob x, oder so tut, als ob y, ist Sache der einschlägigen Konventionen. Soweit also „A stellt sich vor, daß ..." aufgefaßt werden kann als „A tut so, als ob ...", ist der Inhalt der Vorstellung sozial mitbestimmt. Dasselbe gilt, wenn man das Vorstellen mit dem Anschauen oder Beschreiben von Bildern vergleicht, wenn man also von „bildhaften Vorstellungen" redet, weil sich nach der Beschreibung des Vorgestellten ein Bild malen ließe:

> Das Vorstellungsbild ist das Bild, das beschrieben wird, wenn Einer seine Vorstellung beschreibt. (PU 367)

Auch wovon etwas ein Bild ist, hängt von den üblichen Darstellungsgebräuchen ab.

Erinnert man sich an zwei Eigentümlichkeiten von Mustern, dann ist die soziale Determination seelischer Sachverhalte nicht einmal überraschend. Erstens sind Muster umgebungsabhängig; die pauperisierte Flüssigkristall-Fünf ist am Anfang des Wortes „Sorte" keine Ziffer, sondern ein Buchstabe. Und zur Umgebung von Verhaltensmustern gehören eben vor allem auch soziale Tatsachen:

> Ich sehe ein Bild, das einen lächelnden Kopf darstellt. Was tue ich, wenn ich das Lächeln einmal als freundliches, einmal als ein böses auffasse? [...] So könnte ich mir zu dem Bild vorstellen, daß der Lächelnde auf ein spielendes Kind herunterlächelt, oder aber auf das Leiden eines Feindes. (PU 539)

Zum anderen aber gibt es viele Muster überhaupt nur für Leute, die sie erkennen können. Die Einzelteile eines Kreuzes in ihrer Anordnung mögen einfach so dasein; ein Kreuz bilden sie nur für Leute, die diese Anordnung als mit zahllosen anderen Anordnungen anderer Einzelteile gleichgemustert zu sehen gelernt haben. Bei Mustern, die sich im Verhalten von Menschen ausprägen, besteht „als gleichgemustert sehen" darin, gleich zu reagieren. Das Verhalten einer Person drückt Schmerzen nur in Beziehung zu Personen aus, die darauf mit Trösten und Helfen reagieren.

3.2.4 Wirkung

Unter den analytischen Philosophen hat Wittgenstein wahrscheinlich die besten Aussichten auf die zweifelhafte Ehre, in der gebildeten Welt auf Dauer als philosophischer Klassiker kanonisiert zu werden. Dazu hat die Fülle von Büchmann-tauglichen Sätzen im *Tractatus* und in den „Philosophischen Untersuchungen" sicherlich ebenso beigetragen wie seine zeitlebens durchgehaltene Weigerung, sich auf sowohl verständliche als auch allgemeine Aussagen festzulegen. Sein unglückliches Leben, seine gequälte Persönlichkeit taten ein übriges, um sogar Prosa- und Dramentexte über ihn anzuregen. Philosophische Interpretationsbemühungen können stets neu ansetzen, und auch wenn sie von vornherein abwegig sind, gibt es immer jemanden, der sie ernst nimmt.

Inhaltlich hat die sprachphilosophische Gebrauchstheorie der Bedeutung den größten Einfluß ausgeübt (ohne daß viele Leute dasselbe unter „Gebrauch" und „Bedeutung" verstünden). In der philosophischen Psychologie war der Einfluß indirekter, reichte aber vielleicht weiter: Die heutige „Philosophy of Mind" wäre undenkbar ohne Gilbert Ryles „The Concept of Mind" von 1949, der durch das von Wittgenstein in Cambridge angeregte Klima des Philosophierens im Respekt vor der Alltagssprache wesentlich mitbestimmt wurde. Nur von kurzer Wirkung war Wittgensteins vielleicht wichtigste Erfahrung, die er mündlich und schriftlich weiterzugeben versuchte: daß gegenüber der philosophischen Sprache ein besonderes Mißtrauen angezeigt ist, weil ihr unkontrollierter Gebrauch oft erst die Probleme erzeugt, die sich dann als unlösbar erweisen. Daß dies eine sinnvolle Haltung für Philosophen sein kann, ist in den sechziger Jahren leider Gottes in Vergessenheit geraten.

II Einige systematische Disziplinen im Überblick

4 Metaethik

Mit den *Principia Ethica* (1903) wurde Moore für die Analytische Philosophie der erste in einer Diskussion um die sprach- und erkenntnistheoretische Stellung der Ethik, die sogenannte Metaethik. Dabei war das Buch gar nicht vor allem ein Werk darüber, was die Stellung der Moral sei – keine primär metaethische Untersuchung also; vielmehr entwickelte Moore darin vor allem auch ein moralisches System von utilitaristischem Charakter (s. Abschnitt 5). Er versuchte zu sagen, was das Gute sei und wie man leben müsse. Merkwürdigerweise hat sich die Analytische Philosophie zunächst aber ausschließlich metaethischen Fragen zugewandt.

Moores wichtigster Beitrag zu dieser an ihn anschließenden Diskussion bestand in zwei Thesen: erstens, daß man niemals eine rein empirische Behauptung mache, wenn man sage, etwas sei gut; denn der Begriff des Guten sei einfach, also nicht weiter analysierbar, also insbesondere nicht aus empirischen Komponenten zusammengesetzt. Zweitens sei die Eigenschaft Gut, da sie keine natürliche Eigenschaft sei, eine nichtnatürliche Eigenschaft, und da sie nicht analysierbar sei, schließe man nicht vom Vorliegen irgendwelcher anderer Sachverhalte (z. B. von der Tatsache, daß wir alle etwas wünschen) auf die Eigenschaft Gut, sondern stelle das Vorliegen dieser Eigenschaft direkt fest, und da das nicht durch Beobachtung möglich sei, geschehe die Feststellung von Gut durch eine besondere Fähigkeit, die (moralische) Anschauung oder Intuition. Wir schauen die Gutheit, wie wir die Farben sehen, nur eben nicht mit den Augen, sondern mit der moralischen Intuition.

Dies gilt jedoch nur für jene Dinge, welche ohne weitere Begründung als gut erkannt werden können, Dinge, die an sich gut sind, letzte Ziele, nicht Mittel zu guten Zwecken. Alle anderen Dinge sind gut letztlich nur auf Grund ihrer kausalen Beziehung zu den letzten Gütern. Zum Beispiel definierte Moore als *die richtige Handlungsweise* jene, durch die in einer Situation letztlich mehr Gutes als durch jede Alternativhandlung hervorgebracht wird. Was richtig ist, läßt sich also weiter analysieren; Gut ist die einzige einfache und daher nicht analysierbare moralische Eigenschaft. Sie kommt als Komponente in allen anderen moralischen Eigenschaften vor.

Der springende Punkt in Moores erster These, daß die Eigenschaft Gut nicht weiter analysierbar sei, ist die daraus folgende Behauptung, daß sie insbesondere nicht empirisch definierbar sei. Werteeigenschaften empirisch zu definieren, nannte Moore den „naturalistischen Fehlschluß". In einem solchen Definitionsversuch werden für ihn zwei Welten durcheinandergebracht: die natürliche Welt und die nicht-natürliche Welt der Werte. Moore stützte seine Begründung dafür, daß empirische Definitionen für Gut fehlerhaft seien, auf andere Tatsachen; etwa darauf, daß wir sagen können: „Was wir alle wünschen, ist gut", ohne damit etwas ähnlich Triviales zu sagen wie: „Was wir alle wünschen, wünschen wir alle". Damit ist gezeigt, daß „gut" nicht dasselbe bedeutet wie „was wir alle wünschen". Kurz, Moore stellte zur Untermauerung der ontologischen These, daß die Eigenschaft Gut nicht mit dem empirischen Komplex was-wir-alle-wünschen identisch ist, fest, daß die sprachlichen Ausdrücke „gut" und „was wir alle wünschen" bedeutungsverschieden sind. Es ist das Verdienst von W. K. Frankena, gezeigt zu haben, daß der „naturalistische Fehlschluß" kein spezieller Fehler einer Verwechslung von Sein und Sollen ist, sondern der Fehler, eine inhaltliche Feststellung in einer Sprache mit einer Feststellung über Bedeutungsgleichheit von Ausdrücken dieser Sprache zu verwechseln. Wer die moralische Behauptung „Was wir alle wünschen, ist gut" mit der Synonymitätsbehauptung „‚gut' bedeutet dasselbe wie ‚was wir alle wünschen'" verwechselt, begeht denselben Fehler, wie derjenige, der die inhaltliche Behauptung „Junggesellen sind fröhliche junge Männer" mit der Synonymitätsbehauptung „‚Junggeselle' bedeutet ‚fröhlicher junger Mann'" verwechselt.

Zu Moores zweiter These kann man erstens untersuchen, ob sie stimmt, das heißt, ob „gut" eine nicht-empirische Eigenschaft bezeichnet und ob sie durch Intuition festgestellt wird, und zweitens, ob Moores Begründung für diese Behauptung ausreicht. Folgt aus der Tatsache, daß das Eigenschaftswort „gut" keine empirische Eigenschaft bezeichnet, daß es eine nicht-empirische Eigenschaft bezeichnet? Und wenn ja, folgt dann auch, daß ihr Vorliegen durch eine moralische Intuition festgestellt wird? Die Fragen zur zweiten These sind nicht so entschieden sprachliche Fragen wie die Fragen zur ersten; trotzdem wurden beide Fragengruppen zu Zentralthemen der an Moore anschließenden metaethischen Diskussion im normalsprachlichen Flügel der Analytischen Philosophie, beide also vor allem mit Argumenten angegangen, die Feststellungen über die Bedeutungen von Ausdrücken aussprechen.

Die metaethische Diskussion bietet in der Analytischen Philosophie ein eindrucksvolles Beispiel von philosophischem Fortschritt. In ihrem Verlauf wurden nacheinander immer neue stillschweigende Voraussetzungen aufgedeckt, die in früheren Arbeiten unbewußt oder als Selbstverständlichkeiten hingenommen wurden, die sich aber bei näherer Betrachtung als falsch, ungerechtfertigt, wenig plausibel oder jedenfalls der weiteren Diskussion bedürftig zeigten. Über die Relevanz der Argumente und im allgemeinen auch über ihr Gewicht bestand weitgehende Einigkeit.

Der entscheidende erste Schritt ist die Leistung von Stevensons *Ethics and Language.* Die etwas geheimnisvolle moralische Intuition mußte jedem verdächtig sein, der sich nicht mit Ausreden über die fundamentalen Unterschiede in den moralischen Haltungen der Menschen hinwegtrösten wollte: Wenn die Intuitionen der Leute sich so widersprachen – wie konnte die Intuition dann ein Erkenntnismittel sein? Stevenson fand in Moores Begründung eine Lücke, und das half ihm, den Schluß auf die Intuition zu vermeiden: Moore hat zwar damit recht, daß Wertäußerungen keine empirischen Behauptungen sind; aber daraus folgt nicht, daß sie nichtempirische Behauptungen und „gut" der Name einer nichtempirischen Eigenschaft wäre. Vielmehr sind die Wertäußerungen für Stevenson überhaupt keine Behauptungen, die wahr oder falsch wären, und „gut" und die übrigen Wertadjektive sind gar keine Namen von Eigenschaften.

Wenn das richtig ist, dann ist die moralische Intuition kein Mittel zur objektiven Erkenntnis der Werte, weil es keine Werte zu erkennen und zu behaupten gibt. Moralische Intuition ist dann nichts weiter als ein Sammelname für jene Art von positiven und negativen Gefühlen, die wir dank unserer Erziehung gegenüber Menschen, Dingen, Handlungen usw. spüren. Daß wirklich Wertäußerungen keine Behauptungen sind, versucht Stevenson durch eine Untersuchung ihrer Funktion zu zeigen. Wertäußerungen fungieren ganz anders als übliche empirische Behauptungen; sie werden nicht zum Berichten, Mitteilen, Beschreiben benutzt, sie drükken keine Überzeugungen und Meinungen aus und rufen sie nicht hervor; sie dienen vielmehr dazu, im Hörer positive oder negative Haltungen hervorzurufen und diese Haltungen auf der Seite des Sprechers auszudrücken. Stevensons Theorie hat daher den Namen „Emotivismus" bekommen. Das wird ihm insofern nicht ganz gerecht, als er auch sehr ausführliche Untersuchungen zu der Frage anstellt, wie es um das rationale Diskutieren über Wertfragen stehe. Das gibt es nämlich für Stevenson insoweit, als die Streitenden sich über empirische Eigenschaften der zu bewertenden Sache uneinig sind. In solchen Fragen können sie empirische Informationen sammeln, etwa darüber, daß jemand Heinrich Böll nicht kennt und nicht Klavier spielt. Wenn sie sich aber soweit einig sind, dann ist die Wertäußerung „er ist nicht gebildet" nicht mehr rational zu begründen oder anzugreifen; und wer Prinzipien ins Feld führt, wie „wahre Bildung besteht in Herzensklugheit", bringt kein Argument, sondern versucht, den andern durch eine „Überredungsdefinition" von „gebildet" dazu zu bringen, von seiner negativen Haltung gegenüber unmusikalischen Nicht-Böll-Kennern abzurücken. Das ist ebenso irrational wie Waschmittelpropaganda.

Stevenson sah rationales Argumentieren offensichtlich eingeschränkt auf Argumentationen darüber, ob bestimmte Dinge bestimmte Eigenschaften haben. Toulmin zeigte in seinem die Rationalität der Moral verteidigenden Buch *An Examination of the Place of Reason in Ethics*, daß Stevenson damit unbewußt ebenso wie die Naturalisten und die Intuitionisten von der Voraussetzung ausgeht, jeder rational zu behandelnde Widerspruch zwischen zwei Äußerungen gehe darum, ob eine bestimmte Eigenschaft vorliege oder nicht. Naturalisten wie Intuitionisten glauben, daß Widersprüche zwischen moralischen Äußerungen rational zu behandeln seien; sie müssen wegen ihrer stillschweigenden Voraussetzung also eine Eigenschaft finden, die behauptet oder verneint wird. Die Naturalisten glauben, das sei eine empirisch zu definierende Eigenschaft Gut; Moore und nach ihm die Intuitionisten sehen, daß es nicht um eine empirische Eigenschaft geht, nehmen also Gut als nicht-empirische Eigenschaft an. Stevenson sieht (Toulmin stimmt ihm zu), daß es weder um das Vorliegen einer empirischen noch um das einer nicht-empirischen Eigenschaft geht; wegen der stillschweigenden Voraussetzung zieht er den Schluß, daß der Widerspruch nicht mit rationaler Argumentation zu behandeln sei. Toulmin stellt demgegenüber fest, jeder Widerspruch sei rational zu behandeln, bei dem es darum gehe, welche Seite die besseren Gründe für sich habe, und bei dem die Argumente nach Schlußregeln verwendet werden. Und gerade das sei in moralischen Disputen der Fall. Man führe Vernunftgründe für und gegen die Tapferkeit ins Feld, und es gebe Regeln, nach denen sie zur Entscheidung verwertet werden. Toulmin gibt auch zwei Regeln an, eine innerhalb eines Kodex anwendbare Regel, die Pflichterfüllung fordert, und eine außerhalb eines Kodex anwendbare Regel, die altruistisches Handeln fordert.

Hare hat sich in *The Language of Morals*, einem der einflußreichsten metaethischen Bücher, dagegen gewandt, solche inhaltlich-moralischen Regeln Schlußregeln zu nennen; er möchte diesen Ausdruck für die logischen Schlußregeln reserviert sehen, da sie als einzige rational unangreifbar seien. Rational sind die Dispute, in denen logisch argumentiert wird. Wenn Toulmin das nicht gesehen hat, dann offenbar wiederum auf Grund einer unbewußten Voraussetzung, daß die Logik nämlich nur auf Behauptungen beschränkt sei. Hare entwickelt demgegenüber zunächst einmal Vorstufen zu einer Logik der Imperative. (Der imperative Charakter der Wertäußerungen hatte Stevenson ausdrücklich als Grund für die Unanwendbarkeit der Logik gegolten; seine Betonung hat Hares Theorie den Namen „Präskriptivismus" eingetragen.) Wieso eine solche Logik möglich ist, glaubt Hare dadurch erklären zu können, daß ein Imperativ wie „schließ die Tür!" in eine deskriptive Komponente „daß du die Tür schließt" und eine präskriptive Komponente „bitte!" zerfällt; die beiden Komponenten heißen „Phrastik" und „Neustik". Über die deskriptive Komponente greife die Logik ein. Die Behauptung „du schließt die Tür" hat dieselbe Phrastik „daß du die Tür schließt", als Neustik aber „ja". Was bei Imperativen Phrastik und Neustik sind, sind bei den ihnen verwandten Werturteilen die deskriptive und die wertende Bedeutungskomponente. „Dieses Auto ist gut" hat z. B. die deskriptive Komponente „das Auto ist schnell, sicher und sparsam"; die wertende Bedeutung liegt in der Empfehlung, als die die Äußerung aufzufassen ist. Der Schluß von „das Auto ist schnell, sicher und sparsam" auf „das Auto ist gut" beruft sich auf einen Standard wie „schnelle, sichere und sparsame Autos sind gut". Der Schluß ist dann rein logisch.

Während also Hare von Stevenson die grundlegende Feststellung übernimmt, daß Wertäußerungen nicht das Vorliegen von Eigenschaften behaupten und daher keine Behauptungen seien, nicht wahr oder falsch, hält er doch die Logik für auf sie anwendbar. Baier schließlich gibt in *The Moral Point of View* auch noch die Voraussetzung preis, nach der eine Äußerung nur dann eine wahre oder falsche Behauptung ist, wenn sie das Vorliegen von Eigenschaften ausdrückt; wahr oder falsch ist eine Äußerung vielmehr dann, wenn es für sie allgemein anerkannte und akzeptierte Methoden gibt, ihre Wahrheit oder Falschheit festzustellen. Und diese Methoden gibt es für Baier; er kennzeichnet sie ähnlich wie Hare. Ein Werturteil wird begründet zunächst durch Berufung auf Prinzipien; und wird nach einer Begründung der Prinzipien gefragt, dann geschieht das durch Aufweis der Vorteile, welche ihre Befolgung hat oder haben würde. Ein wesentlicher Unterschied liegt darin, daß nach dem vollständigen Aufweis der Folgen entweder das Akzeptieren eines Prinzips oder seine Verwerfung für alle rationalen Menschen nach Baier selbstverständlich ist; moralische Uneinigkeit liegt also letztlich an unserer Unfähigkeit, die Konsequenzen moralischer Prinzipien vollständig aufzuweisen. Hare dagegen betont, nach der Beschreibung einer Lebensweise, die von einer Moral gefordert werde, bleibe immer noch die Entscheidung übrig, ob man sich zu dieser Lebensweise bekennen wolle. Die Frage, was für ein Mensch man sein wolle, nehme einem die Vernunft nicht ab.

5 Moralphilosophie: Die Weiterentwicklung des Utilitarismus

Eine paradigmatische Leistung der Analytischen Philosophie bildet die Weiterführung, Differenzierung und Ausarbeitung einer klassischen, auf Bentham zurückgehenden moralischen Theorie, nämlich des sogenannten Utilitarismus. Es hat sich bei dieser Arbeit um ein kooperativ fortschreitendes Unternehmen gehandelt, das durch den analytischen Sprach- und Argumentationsstil ermöglicht wurde und gekennzeichnet ist. Der Fortschritt bestand nicht darin, daß jeweils über neuen faszinierenden Gesamtentwürfen die bisherige Arbeit vergessen wurde; vielmehr wurden Schwächen von Lösungsansätzen erkannt und durch Verbesserungsvorschläge behoben; wo ein neuer Gesamtentwurf vorgelegt wurde, hatte er das Argumentationspotential der Vorläufertheorien verarbeitet.

Wie jede moralphilosophische Theorie bemüht sich auch der Utilitarismus um eine im Gesamtentwurf begründete Antwort auf die Frage, wann eine menschliche Handlung moralisch gerechtfertigt ist. Die Forderung nach der Begründung im Gesamtentwurf besagt, daß für alle Einzelentscheidungen des täglichen Lebens, um die es letztlich geht, Begründungen gefunden werden müssen, die miteinander konsistent sind, und zwar nicht nur im bloß formallogischen Sinne, sondern im Sinne der Einbettung von Begründungen in eine theoretisch fruchtbare, das heißt auf unabsehbar viele neue, bisher nicht aufgetretene Fälle anwendbare Theorie.

Der Grundansatz des Utilitarismus besagt, daß die moralische Rechtfertigung von Handlungen danach zu beurteilen ist, wie ihre Folgen aussehen. Eine Handlung ist, grob gesprochen, um so besser, je nützlicher ihre Wirkungen sind. Wenn z. B. der einzige in Frage kommende Gesichtspunkt für die Entscheidung zwischen dem Kauf zweier Autos darin liegt, daß das eine Auto einen Katalysator hat, das andere aber nicht, und wenn wahrscheinlich ist, daß das Auto mit Katalysator weniger Schadstoffe produziert als das Auto ohne Katalysator, dann ist der Kauf des Autos mit Katalysator moralisch gerechtfertigt, der des Autos ohne Katalysator nicht. Denn die erste Handlung bringt mehr „Nutzen", die zweite stiftet mehr Schaden; der Name der Theorie stammt vom lateinischen Wort für Nutzen. Entgegen einem verbreiteten Mißbrauch des Wortes „Utilitarismus" setzt die Theorie nicht etwa die Nützlichkeit über die Moral, sondern versucht, einen plausiblen Ansatz zu erforschen: Wenn man einer Person etwas als moralisch geboten auftragen oder es ihr als moralisch verwerflich verbieten will, dann hat sie das Recht zu fragen, was ihre Handlung denn ausmache; und das, was die Handlung ausmacht, ist gerade der Nutzen oder der Schaden, den sie stiftet. Der Utilitarismus richtet sich mit diesem Grundansatz gegen eine Reihe von Theorien, z. B. gegen naturrechtliche Theorien, nach denen gewisse Handlungen naturwidrig und deshalb schlecht sind, sowie gegen religiöse Theorien, nach denen eine Handlung dann moralisch gerechtfertigt bzw. verboten ist, wenn sie den Geboten einer bestimmten Religion folgt oder widerspricht. Insbesondere religiöse Moralbegründungen stellen häufig sogenannte „deontologische" Theorien dar; solche Theorien besagen, daß gewisse Typen von Handlungen *als solche* ohne Rücksicht auf ihre Folgen geboten oder verboten sind, geboten etwa Nächstenliebe, verboten etwa das Lügen. Obwohl diese Theorien inhaltlich charakterisiert sind, sind sie dem analytischen Philosophieren methodisch fremd; denn entweder versagen sie sich dem Begründungsanspruch, oder sie verweisen für ihre Rechtfertigung auf begründende Instanzen (nämlich heilige Schriften), an welche man glauben kann oder auch nicht. Demgegenüber hofft der Utilitarismus, durch eine einvernehmliche Bewertung von Handlungsfolgen eine verbindliche moralische Bewertung von Handlungen zu erreichen; da die Frage, welche Folgen eine Handlung hat, im Prinzip durch die empirischen Wissenschaften, also verbindlich beantwortet werden kann, ruht die Hoffnung im wesentlichen auf dem Vertrauen darauf, daß sich ein vernünftiger Konsens über die Bewertung von Handlungsfolgen werde herstellen lassen.

Da der Utilitarismus sich als eine Theorie der Handlungsbewertung auf Grund der Bewertung von Folgen versteht, kann die Bewertung der Folgen selbst nicht im Rahmen der utilitaristischen Theorie vorgenommen werden. Bevor man deshalb die mögliche Leistungsfähigkeit der Theorie unterschätzt, muß man sich allerdings vor Augen halten, daß viele Folgen von Handlungen ihrerseits danach beurteilt werden können, welche Folgen sie haben. Die Erhöhung der Schadstoffemission als Folge des Kaufs eines Autos ohne Katalysator kann man z. B. danach beurteilen, ob sie zum Waldsterben, zum Treibhauseffekt oder zur Zerstörung der Ozonschicht beiträgt; den Wert dieser Folgen wiederum kann man danach einschätzen, wofür der Mensch den Wald, eine im säkularen Durchschnitt möglichst konstante Temperatur oder einen Schutz vor ultravioletter Strahlung braucht usw. Der Utilitarismus verlangt also keine moralisch weiter nicht begründete Wertung von unabsehbar vielen Zuständen, die durch Handlungen hervorgerufen werden können; vielmehr lebt das Forschungsprogramm von der Hoffnung, mit einer sehr kleinen Anzahl von Werten auszukommen, über die eine vernünftige Diskussion praktisch nicht mehr nötig ist – etwa ein Zustand, in welchem auf der Erde Menschen in einer Weise überleben können, welche sie allesamt als menschenwürdig empfinden. Man mag natürlich fragen, ob das denn moralisch wünschenswert sei; aber offenkundig findet dann eine Umkehr der Beweislast statt. Wer sich weigert, Maßnahmen gegen eine Überbevölkerung der Erde moralisch zu rechtfertigen, auch wenn dadurch ein elendes Dahinvegetieren eines großen Teils der heute noch nicht geborenen Menschen verhindert werden kann, setzt sich einem offenkundigen Begründungszwang aus; solange er zur Begründung weiter nichts liefern kann als die nicht ausweisbare Hoffnung auf ein besseres Jenseits, das man sich womöglich gerade durch dieses Dahinvegetieren verdiene, gibt er den Begründungsanspruch auf – nicht weil die Begründung nicht schlüssig wäre, sondern weil sie beliebig ist. Demgegenüber hat die analytische Ausarbeitung des Utilitarismus noch eine Argumentationsstrategie zur Verfügung, die gar nicht an den Grundwerten ansetzt, sondern an der spontanen Beurteilung der aus theoretischen Erwägungen ableitbaren Entscheidungen im Einzelfall; darüber ist unten mehr zu sagen.

Der Utilitarismus hat zwei methodische Grundprobleme. Das erste entsteht daraus, daß bei der Entscheidung zwischen zwei Handlungen ihre jeweiligen Folgen fast nie mit Sicherheit, sondern nur mit gewisser Wahrscheinlichkeit vorauszusehen sind – je weiter entfernt die Folgen sind, die man berücksichtigen muß, desto deutlicher wird dieses Problem. Das zweite ist begrifflich noch viel schwieriger: Wenn durch eine Handlung der eine Mensch unglücklich, der andere glücklich gemacht wird, wie soll man das gegeneinander abwägen? G. E. Moore hatte für die Lösung dieses Problems die Formel „das größte Glück der größten Zahl" (von Menschen) benutzt; aber sie deckt das Problem nur zu. Die Philosophie muß in diesem Fall Methoden der mathematischen Wohlfahrtsökonomik heranziehen, in der (unter anderen) die Probleme studiert werden, ob eine für zwei Personen je eine Nutzeneinheit werte Maßnahme genausoviel Nutzen stiftet wie eine Maßnahme, die für eine Person Nutzen im Wert von zwei Einheiten liefert, oder wieviel geringer der Nutzen einer eine Einheit werten Maßnahme für eine Person, die bereits über hundert Einheiten verfügt, im Vergleich zu einer Person ist, die erst über eine Einheit verfügt.

Das Problem der Bewertung des Nutzens von Folgen, deren Eintreten nur mit Wahrscheinlichkeit bekannt ist, ist demgegenüber wesentlich einfacher zu lösen: in der Theorie der rationalen Entscheidungen wird nicht der Nutzen der tatsächlichen Folgen zweier Maßnahmen verglichen, sondern das jeweilige Produkt aus dem Nutzen der Folge, wenn sie eintritt, und ihrer Eintrittswahrscheinlichkeit vor dem Hintergrund des zum Zeitpunkt der Entscheidung verfügbaren Wissens (sogenannter „erwarteter Nutzen"). Dieses Prinzip wird von der utilitaristischen Ethik zugrunde gelegt. Natürlich versteckt sich dahinter – wie immer bei der Übernahme bestimmter mathematischer Theorien zur Lösung inhaltlicher Probleme – eine inhaltliche Entscheidung: als gerechtfertigt wird nicht dasjenige Handeln angesehen, das tatsächlich die besten Folgen hat, sondern dasjenige, von welchem man vernünftigerweise die besten Folgen erwarten kann. Der Grund für diese moralische Entscheidung ist aus einer bestimmten Sicht der Aufgabe der Moral zu sehen; sie soll Grundsätze zur Verfügung stellen, nach denen man sich beim Handeln tatsächlich richten kann, und da die Informationen über die Folgen von Handlungen in der Zukunft nie vollständig vorliegen können, darf die Moral nicht verlangen, auf sie zu warten. Der Unterschied zwischen einer richtigen und einer irrtümlichen moralischen Entscheidung bleibt trotzdem erhalten, weil man verfügbare Informationen vernachlässigen oder falsch verwerten kann; und es bleibt auch erhalten der Unterschied zwischen moralisch nicht gerechtfertigtem und unentschuldbarem Verhalten auf der einen Seite und moralisch zwar nicht gerechtfertigtem, aber entschuldbarem Verhalten auf der anderen Seite. Dieser letztere Fall liegt vor, wenn ein Fehler bei der Beschaffung oder Verwertung von Informationen entschuldbar ist oder wenn der Handelnde zwar wußte, was er zu tun hatte, aber aus verzeihlichen Gründen versagt hat.

Von zwei Formen des Utilitarismus hat sich der „*Regel*utilitarismus" in der analytischen Diskussion als dem „*Handlungs*utilitarismus" überlegen erwiesen. Der Unterschied zwischen diesen beiden Richtungen kann kurz so gekennzeichnet werden, daß nach dem Handlungsutilitarismus die Folgen einer individuellen, konkret betrachteten Handlung zu beurteilen sind, während man im Regelutilitarismus zu fragen hat, ob die konkrete, individuelle Handlung zu einem Typ von Handlungen gehört, die gewöhnlich überwiegend gute oder überwiegend schlechte Folgen haben. Wer, um einen Menschen in einer Diktatur vor Haft und Folter zu retten, der Polizei gegenüber wahrheitswidrig seinen Aufenthalt verschweigen müßte, muß sich nach den Prinzipien des Handlungsutilitarismus z. B. fragen, was passieren würde, wenn er in diesem konkreten Fall die Wahrheit sagte oder löge, während er sich nach den Prinzipien des Regelutilitarismus z. B. fragen kann, ob das Belügen der Polizei in Unrechtsstaaten generell gute oder aber schlechte Folgen hat. (Diese letztere Frage „kann" er sich deshalb stellen, weil die konkret betrachtete Handlung zu mehreren Handlungstypen gleichzeitig gehört; sie ist z. B. auch eine Lüge ganz allgemein, sie ist eine Maßnahme zur Verhinderung von Folter, sie ist solidarisches Verhalten gegenüber Schutzlosen usw.; diese mehrfache Interpretierbarkeit unter moralisch relevanten Gesichtspunkten stellt gerade den Motor für den Fortschritt einer regelutilitaristischen Moral dar, wie noch zu zeigen ist.) Die Entscheidung nach handlungsutilitaristischen Grundsätzen kann von der nach regelutilitaristischen Grundsätzen abweichen, weil es unter Handlungen eines Typs, die im allgemeinen gute Folgen haben, immer einzelne geben kann, die auf Grund der besonderen Umstände schlechte Folgen haben und umgekehrt, und dies kann voraussehbar sein.

Da der Handlungsutilitarismus den Grundgedanken des Utilitarismus in besonders reiner Form zum Ausdruck bringt, kann man sich fragen, warum man überhaupt von ihm abweichen sollte. An dieser Stelle wird ein weiteres Merkmal analytischen Philosophierens deutlich: es ist die Offenheit, mit der Schwierigkeiten von scheinbar evidenten allgemeinen Prinzipien nicht einfach wegen der Überzeugungskraft der Prinzipien beiseite geschoben, sondern gegen die Prinzipien ins Feld geführt werden; allgemeiner: die Offenheit für neue Argumente, auch wenn eine Diskussion abgeschlossen aussieht. Aus diesem Grunde wird in der Analytischen Philosophie so stark mit Einzelbeispielen gearbeitet. Schwierigkeiten für den Handlungsutilitarismus entstanden an Beispielen wie dem Schwarzfahren in öffentlichen Verkehrsmitteln; wer an einem bestimmten Abend vor der Entscheidung steht, entweder überhaupt nicht zu fahren oder schwarzzufahren, kann die folgende Überlegung anstellen: Der gewählte U-Bahn-Zug wird fahren, gleichgültig ob er mitfährt oder nicht; durch sein Mitfahren entstehen für den Betreiber keine zusätzlichen Kosten. Da niemand anders weiß, daß er schwarzfährt, wird auch niemand sich durch sein Beispiel angeregt fühlen, schwarzzufahren, obwohl er sonst bezahlt hätte; durch sein Schwarzfahren entsteht den Betreibern auch kein indirekter Verlust. Er hat auch nicht vor, dieses erste Mal als „Einstieg" ins Schwarzfahren zu benutzen (so daß er fürchten müßte, auf die krumme Tour des Dauerschwarzfahrers zu geraten, also in Zukunft auch in Situationen schwarzzufahren, in denen seine Alternative nicht wäre, nicht zu fahren, sondern eine Fahrkarte zu lösen). Vielmehr ist es so, daß er heute ausnahmsweise nur so viel Geld dabeihat, daß es gerade für die Fahrkarte reichen würde, er aber noch ein Bier trinken möchte. Ein Bier ist etwas Angenehmes; Schwarzfahren hat also in diesem Fall einerseits angenehme Folgen, andererseits für niemand anderen schädliche Folgen; nach dem Handlungsutilitarismus müßte es erlaubt sein.

Dagegen sträubt sich die moralische Bewertung der meisten Menschen, die mit der Finanzierung von öffentlichen Verkehrsmitteln vertraut und überhaupt bereit sind, in diesem Fall die Frage der Bewertung ernst zu nehmen. Der spontane Widerspruch kann sich im Hinweis auf die Gefahr zweier ganz unterschiedlicher Verallgemeinerungen der Entscheidung äußern. Die eine Warnung lautet: „Da könnte ja jeder kommen." Gemeint ist, es könnte jeder, im Glauben, er sei der einzige, die oben skizzierte Überlegung anstellen. Diese Warnung braucht aber nicht beachtet zu werden, solange bekannt ist, daß sie grundlos ist; und es ist bekannt, daß die meisten Leute sich nicht so verhalten. (Würden sich tatsächlich die meisten Leute so verhalten, das heißt, würden die meisten Leute schwarzfahren, dann ließe sich das Schwarzfahren des einzelnen sowieso leichter rechtfertigen.) Die andere Warnung ist: „Das sollte man eigentlich nicht tun." Gemeint ist: Es wäre ein Glücksfall, wenn in diesem Fall kein Schaden entstünde, wenn also die ganzen komplizierten Überlegungen zuträfen; überwältigende Wahrscheinlichkeit spricht dafür, daß auch in diesem Fall ein Schaden entsteht. (Die Warnung ist *nicht:* „Das könnte ja Schule machen". Wir haben das in unserem Beispiel ausgeschlossen, weil, falls andere sich den Betreffenden zum Vorbild nehmen könnten, schon aus handlungsutilitaristischen Gründen – erhöhte Schadenswahrscheinlichkeit – das Schwarzfahren moralisch nicht gerechtfertigt wäre.) Diese Warnung ist überzeugender; sie beruht im wesentlichen darauf, daß die Menschen einer Gesellschaft über sozial akkumulierte und sozial tradierte Lebenserfahrung verfügen, die einen hohen Grad der Plausibilität für sich hat und sich in moralischen Faustregeln niederschlägt. Wer sich das handlungsutilitaristische Entscheiden zur Lebensregel macht, hat für das Durchdenken aller seiner Begründungen nicht genug Zeit (und auch nicht genug Informationen), um während seiner Lebensdauer zu einer Entscheidungsmenge zu kommen, die insgesamt – das heißt, seine Irrtümer eingerechnet – Folgen zeitigt, die mit Wahrscheinlichkeit insgesamt besser wären als jene, die er getroffen hätte, wenn er sich statt dessen auf die sozial akkumulierten Erfahrungen und die von ihnen motivierten moralischen Faustregeln verlassen hätte.

Nun ist natürlich nicht zu übersehen, daß solche tradierten Regeln auch traditionelle Wertvorstellungen dubiosen Ursprungs konservieren können. Deshalb haben wir den Ausdruck „moralische Faustregeln" gewählt, um deutlich zu machen, daß die vom Regelutilitarismus bevorzugten *allgemeinen* Entscheidungsregeln keine sakrosankten Normen darstellen, sondern stets hypothetisch sind. Tatsächlich behandelt der Regelutilitarismus moralische Entscheidungsregeln ganz genau so, wie die empirischen Wissenschaften ihre Hypothesen sehen. Einerseits bedürfen sie dieser Hypothesen, um Einzelfälle zu erklären, etwa den Ausbruch einer Krankheit durch die Infektion mit einem bestimmten Bazillus, wozu allgemeine Hypothesen über den Bazillus und über die Reaktion des Körpers auf ihn bekannt sein müssen. In den Erklärungen müssen die allgemeinen Hypothesen vorläufig als korrekt vorausgesetzt werden. Trotzdem sind gerade sie Gegenstand der ständigen Überprüfung und Weiterentwicklung, und dieser Überprüfungsprozeß fängt gerade damit an, daß ein Einzelfall sich als unerklärbar erweist. Die Parallele zum Umgang des Regelutilitarismus mit moralischen Faustregeln liegt darin, daß letztere einerseits in der Begründung der moralischen Beurteilung von einzelnen Handlungen benutzt und dazu vorläufig als korrekt vorausgesetzt werden müssen. Gleichwohl kann es vorkommen, daß in einem Einzelfall die von einer moralischen Faustregel verlangte Bewertung unerträglich wird; in diesem Fall muß die Regel modifiziert oder durch eine ganz andere, die Bewertung der einzelnen Handlungen überzeugender begründende Faustregel ersetzt werden. Es ist an dieser Stelle, wo es für den Fortschritt der Moral wesentlich wird, daß eine einzelne Handlung, wie oben angedeutet, immer zu mehreren unterschiedlichen Typen gehört und daher nach mehreren unterschiedlichen Prinzipien beurteilt werden kann; der Fortschritt besteht gerade in der Auswahl zwischen diesen möglichen Prinzipien je nach ihrer Leistungsfähigkeit insgesamt.

Sollen die auf diese Weise gefundenen Regeln, wie oben verlangt, ein kohärentes System bilden, dann müssen sie im Idealfall die Regeln des Zusammenlebens in einer gerechten Gesellschaft insgesamt angeben. Man kann diese Feststellung ausnutzen, um das Problem der Gesamtbewertung der Folgen einer Handlung für *verschiedene* Leute durch den folgenden Gedankengang zu entschärfen: Man ordnet Gesellschaftsformen auf einer Skala der Wünschbarkeit an und beurteilt Handlungen danach, ob sie dazu beitragen, die wünschenswerteste von den gegenwärtig überhaupt erreichbaren Gesellschaftsformen herbeizuführen. Zum Beispiel wird der folgende Maßstab häufig als plausibel angesehen: eine Gesellschaftsform A ist dann besser als eine Gesellschaftsform B, wenn in A Angehörige derjenigen gesellschaftlichen Gruppe, die am schlechtesten gestellt sind, besser gestellt sind als die am schlechtesten gestellten Mitglieder in der Gesellschaftsform B (sogenanntes Maximin-Prinzip). Die entscheidende Frage läßt sich in grelles Licht rücken, indem man z. B. fragt, ob wir es begrüßen sollen, daß die alten Hochkulturen ihre auf uns überkommenen künstlerischen Leistungen hervorgebracht haben, etwa Pyramiden, Tempel und Skulpturen. Wir können dabei davon ausgehen, daß künstlerische Leistung unstrittig ein Wert ist, der in die moralische Bewertung der Folgen einer Handlung einzubeziehen ist. Dann bleibt die moralische Frage zu beantworten, ob es zu der Hervorbringung jener Kunstwerke gerechtfertigt war, diejenigen Maßnahmen zu ergreifen, die für ihre Hervorbringung notwendig waren. Von spontanen Reaktionen abgesehen, ist es fast ausgeschlossen, einen Maßstab zu finden, der es erlauben würde, die Schönheit des Hermes des Praxiteles abzuwägen gegen die Qual der attischen Sklaven in den Silberbergwerken von Laureion oder die Majestät der Pyramiden abzuwägen gegen das Elend der fronenden ägyptischen Fellachen. Das Maximin-Prinzip, welches eine Entscheidung zwischen Gesellschaftsformen ist, erlaubt hier eine klare Antwort: Gesellschaften ohne Hermes und ohne die Pyramiden, aber auch ohne Sklaven in Silberbergwerken und ohne Sklaven, die unter der Peitsche der Aufseher auf Schlitten riesige Quader durch den Sand schleppen, sind den antiken Hochkulturen deshalb vorzuziehen, weil in ihnen die am schlechtesten gestellte Gruppe besser gestellt ist als in den antiken Hochkulturen. Die analytische Diskussion hat in dieser Frage geholfen, die moralische Frage an einen Punkt zu bringen, wo die Entscheidung ohne Wenn und Aber möglich und gefordert ist.

6 Philosophie der Sinneswahrnehmung: Konstruktion und Kritik

Obwohl der formalsprachlich orientierte Zweig der Analytischen Philosophie häufig dem Logischen Positivismus zugerechnet wird, sollte wenigstens an einem Beispiel demonstriert werden, daß und warum auf ein und demselben Gebiet der Philosophie die formalsprachliche und die normalsprachliche Orientierung zu unterschiedlichen Problementwicklungen führen. In der Wahrnehmungsphilosophie läßt sich insbesondere verdeutlichen, daß die formalsprachliche Richtung eher zu konstruktiven Theorieansätzen neigt, die normalsprachliche Richtung dagegen mehr zur Kritik klassischer philosophischer Problemstellungen. Das wird daraus verständlich, daß eine formal aufgebaute Sprache gewissermaßen nach Anwendung lechzt, während die Beobachtung des tatsächlichen Sprachgebrauchs über begrenzte Ergebnisse für einzelne Ausdrucksweisen selten hinauskommt.

Die beiden bedeutendsten Konstruktionen haben Rudolf Carnap mit *Der logische Aufbau der Welt* und Nelson Goodman mit *The Structure of Appearance* vorgelegt. Beide sind Versuche, auf der Basis eines sehr sparsamen Grundwortschatzes für Bewußtseinsphänomene ein wesentlich umfangreicheres empirisches Vokabular unter Verwendung der formalen Logik zu definieren; die Wahl der Basis ist motiviert durch die Überzeugung, bei den Bewußtseinsphänomenen (Erscheinungen, Eindrücken, Gefühlen usw.) an der *sicheren Basis* der empirischen Erkenntnis zu stehen.

Den Grundbaustein von Carnaps System bilden die „Elementarerlebnisse". Ein Elementarerlebnis ist der Gesamtinhalt dessen, was dem Bewußtsein in einem Augenblick der erlebten Zeit gegeben ist: die gesamten Eindrücke sämtlicher Sinne, die Erinnerungen, die Gefühle usw. Zwischen Elementarerlebnissen bestehen „Ähnlichkeitserinnerungen"; die Relation der Ähnlichkeitserinnerung bildet den einzigen nicht-logischen Grundbegriff des Systems. (Die Elementarerlebnisse werden durch einen logischen Kunstgriff als dasjenige definiert, wozwischen Ähnlichkeitserinnerungen bestehen. Alle in der aufzubauenden Sprache ausdrückbaren

Aussagen sind daher letzten Endes nichts als unglaublich komplizierte Aussagen über Ähnlichkeitserinnerungen. Die Zergliederung, Anordnung und Strukturierung der so gewonnenen Elementarerlebnisse werden durch nachträgliche Interpretationen erreicht. Wer noch nicht im Vergleich vieler Elementarerlebnisse gelernt hat, daß es praktisch ist, Farben zu unterscheiden, unterscheidet in ein und demselben Elementarerlebnis keine Farben; wer das tut, muß sich an Hand seiner Elementarerlebnisse den Begriff der Farbe schon zurechtgemacht haben. Da die Elementarerlebnisse Grundbausteine sein sollen, müssen sie beim Aufbau des Systems allerdings als unzerlegbar angenommen werden. Eine Farbe darf also z. B. nicht definiert werden als das, was eine Reihe von Seheindrücken gemeinsam haben; denn um zu sehen, was sie gemeinsam haben, müßte man sie in ihre Bestandteile zerlegen, und solche haben sie für den, der sie als Grundbausteine ansieht, nicht. In der Konstruktion darf also nicht davon ausgegangen werden, daß Elementarerlebnisse Eigenschaften haben (daß in ihnen z. B. Farbeindrücke vorkommen), sondern nur davon, daß sie in bestimmten Gleichheits- oder Ähnlichkeitsbeziehungen zu anderen Elementarerlebnissen stehen.

Mit Hilfe der aus der Ähnlichkeitserinnerung in mehreren Schritten zu definierenden Relation der Farbgleichheit kann man z. B. eine Farbe definieren als eine größte Menge von Objekten, die miteinander farbgleich sind. Auf diese Weise erhält man verschiedene Mengen von farbgleichen Objekten, die man als die Farben interpretieren kann. Man macht also nicht eine Analyse eines Objekts und stellt als Bestandteil an ihm die Farbe fest, sondern eine „Quasi-Analyse" (so Carnaps Begriff) eines Objekts durch Analyse seiner Ähnlichkeiten zu anderen Objekten. In dieser Weise versucht Carnap, das in der Tradition immer wieder angegangene Problem der Abstraktion zu lösen; sein Versuch hat gegenüber den traditionellen Lösungen den Vorzug, in allen Einzelschritten überprüfbar zu sein.

Obwohl alle Aussagen damit letzten Endes nichts als Aussagen über Ähnlichkeitserinnerungen werden, soll doch sehr viel in dieser Sprache ausdrückbar sein. Carnap wollte zeigen, daß das ganze Vokabular empirischer Aussagen auf diese Weise erzeugt werden könne, und zwar in der folgenden Reihenfolge: Aussagen über das eigene Bewußtsein, Aussagen über die Körperwelt, Aussagen über das Bewußtsein anderer Personen und schließlich Aussagen über geistig-kulturelle Gegenstände. Natürlich konnte er nicht die ganze „Konstitution" formal durchführen; erstaunlich ist, wie weit ihm das gelang: von der Teilähnlichkeit über Qualitätsklassen bis zur Konstitution des subjektiven Vorher und Nachher, also einer phänomenalen Zeitordnung. Von da an wird die Durchführung mehr und mehr informell, und es wird nur noch der Plan beschrieben, nach dem der Rest zu konstituieren wäre.

Dank der Präzision, mit der Carnap vorgegangen ist, konnte er als erster sehen, daß sein Programm nicht durchführbar ist; er entdeckte nämlich, daß Dispositionswörter wie „wasserlöslich“ sich nicht, wie es im Sinne des Konstitutionssystems gelegen hätte, aus der Art und Weise, wie die bezeichnete Disposition zutage tritt, definieren lassen. Daran wäre das Programm im Bereich der zweiten Stufe, der Dingsprache, gescheitert. Goodman hat gezeigt, daß es tatsächlich schon im phänomenalen Bereich scheitert, indem er Gegenbeispiele brachte, die bei einer bestimmten Strukturierung des Vorrats von Elementarerlebnissen dazu führen würden, daß mit Hilfe der Quasi-Analyse die Qualitäten nicht zu definieren wären. Damit hat er motiviert, warum er für sein System den umgekehrten Weg gegangen ist und mit den Eigenschaften angefangen hat, um aus ihnen deren Träger, die konkreten Dinge, zu konstruieren. Er hält das Problem der Konkretion für leichter lösbar als das der Abstraktion. Dabei ist sein Ziel bescheidener; er will nicht die gesamte empirische Sprache konstruieren, sondern mit Hilfe eines einfachen Grundwortschatzes nur diejenige des phänomenalen Bereichs. (Goodman hat auch eine andere Logik gewählt, das heißt eine andere formale Sprache; darauf sei hier nur hingewiesen.)

Goodmans Grundelemente heißen „Qualia“; das sind z. B. Farbschattierungen, Momente der erlebten Zeit, Stellen des Gesichtsfeldes. Ein Quale wird als Individuum aufgefaßt, welches (wie eine Kultur) zu verschiedenen Zeitpunkten an verschiedenen Stellen auftauchen kann. Ein erstes Konstruktionsproblem besteht darin, das zu konstruieren, was als momentane farbige Punkte des Gesichtsfeldes gekennzeichnet werden kann. Ein solcher Punkt wird hinreichend genau beschrieben durch eine Farbschattierung, einen Moment der erlebten Zeit und eine Gesichtsfeldstelle. Dazu führt Goodman als Grundbegriff die Relation des *Zusammenseins* für Qualia ein, die zwar nicht inhaltlich, aber systematisch Carnaps Ähnlichkeitserinnerung entspricht; z. B. bedeutet das „Zusammensein“ einer Gesichtsfeldstelle mit einem Zeitmoment, daß in diesem Zeitmoment die Gesichtsfeldstelle vorhanden ist. Goodman versucht dann, die verschiedenen Qualia in Sinneskategorien einzuordnen, also zu Farben, Tönen, Gerüchen usw. zusammenzufassen. Dazu führt er als weiteres Grundprädikat für Qualia die Relation „x ist ununterscheidbar von y“ ein. Auf diese Weise lassen die Farben sich in Ähnlichkeits-Schrittfolgen anordnen. In die Sinneskategorie „Gesichtssinn“ fällt dann alles, was man von einem Farbquale aus durch eine solche Schrittfolge erreichen kann, und nichts sonst.

Goodman fordert von seinen Definitionen nicht, daß die Aussagen in seiner Sprache genau dann wahr sind, wenn diejenigen außersystematischen Aussagen wahr sind, welche durch sie im System präzise formuliert werden sollen, sondern nur, daß sein System ein Modell für den außersystematischen Sachverhalt bildet. Fragen über den letzteren werden in Fragen über das Modell übersetzt, und mit den Antworten geht es umgekehrt; sie sollen dann wieder brauchbare außersystematische Antworten sein. Das ist der Grundgedanke von Goodmans „extensionalem Isomorphismus", der für sich allein schon eine interessante Erscheinung unter den formalen Konstruktionsmitteln darstellt. Überhaupt gilt für Carnaps wie für Goodmans System, daß sie als Untersuchungen zur Theorie formaler Konstruktionsmittel ebenso großes Interesse beanspruchen dürfen wie als Klärungen zur Wahrnehmungssprache.

Bleibt man für den Vergleich bei der „phänomenalen Basis" der Erkenntnis, dann kann man sagen, daß die normalsprachlichen Untersuchungen innerhalb der Analytischen Philosophie sich auf den Nachweis dafür konzentriert haben, daß diese ganze phänomenale Basis nichts sei als eine philosophische Einbildung. Dabei spielt diese Basis seit Platon und Aristoteles ihre dominierende Rolle in der Erkenntnistheorie, deren Hauptfrage bisweilen gerade war, wie man an den „Sinnesdaten" Aussagen über die Welt überprüfen oder wie man sich aus Sinnesdaten ein Außenweltbild zurechtmachen könne. Was dem Bewußtsein direkt gegeben ist, gilt als „Sinnesdatum"; z. B. nicht die gesamte Münze, die man sieht, sondern nur die flächige Projektion der Münze auf der Netzhaut. Bei den kritischen Untersuchungen handelt es sich um eine Gemeinschaftsarbeit mit mehr oder weniger gut unterscheidbaren Einzelbeiträgen; zu nennen sind z. B. J. L. Austin, O. K. Bouwsma, R. J. Hirst, G. A. Paul, A. Quinton, G. Ryle, F. E. Sparshott, F. N. Sibley und L. Wittgenstein. Die kritischen Überlegungen konzentrieren sich auf jene Begründungen, die in der Philosophie für die Existenz von Sinnesdaten gegeben worden sind; das entspricht der Beweislast, weil kein Mensch seine eigenen, nur in seinem eigenen Bewußtsein vorhandenen Sinnesdaten anderen zeigen kann. Man muß also für ihre Existenz argumentieren.

Nach der ersten Begründung dafür kommt es für das Bild, das wir uns von der Außenwelt machen, nicht auf deren Eigenschaften an, sondern darauf, wie unsere Sinne beeinflußt werden. Da z. B. die Lichtgeschwindigkeit endlich ist, sehen wir von einem Ding nie den Zustand, den es zur Zeit des Sehens hat, sondern bestenfalls einen früheren; ja wir können den falschen Eindruck haben, einen Lichtjahre entfernten Stern zu sehen, der längst erloschen ist, so daß wir also nicht den Stern sehen, den wir zu sehen glauben. – Die Kritik lautet hier: Die Begründung verwechselt Sinnesreize (also Potentialdifferenzen in Nervenzellen) mit Sinnesdaten. Potentialdifferenzen sind keine Bewußtseinsgegebenheiten. Soweit man das, was man zu sehen glaubt, nicht sieht – das kommt natürlich vor –, ist das Postulat, man sehe statt dessen etwas anderes, nämlich ein Sinnesdatum, ganz unbegründet. Aber es ist nicht klar, daß man nicht sagen könnte, man sehe einen Stern, mag er auch zehnmal erloschen sein. (Man sieht ja auch tote Personen auf Fotos.) Daß man nicht den Zustand sieht, in dem er jetzt ist, ist richtig; daraus folgt aber nicht, daß man den Stern nicht sieht. In einem solchen Schluß wird „ein Ding sehen" verwechselt mit „einen Sachverhalt sehen".

Eine zweite Begründung für die Existenz von Sinnesdaten besteht in einem kurzen Schluß. Es ist eine Erfahrung: ob einer sehen kann, hängt davon ab, ob seine Augen in Ordnung sind. Was er sieht, hängt z. B. davon ab, ob er weitsichtig ist, und ob er doppelt sieht, hängt davon ab, ob er schielt. Von objektiven Gegenständen wird dagegen geradezu definitionsgemäß verlangt, daß sie ihre Eigenschaften und ihre Existenz unabhängig von den Sinnesorganen von Beobachtern haben. Es gilt also: (1) Was einer sieht, hängt von seinen Sinnesorganen ab; (2) objektive Gegenstände hängen von niemandes Sinnesorganen ab. Daraus scheint unausweichlich zu folgen: (3) Niemand sieht objektive Gegenstände. Was wir tatsächlich sehen, was unseren Sinnen gegeben ist, sind also die Sinnesdaten. – Die Kritik konzentriert sich auf die Mehrdeutigkeit von (1). Damit der Schluß zwingend ist, muß er folgendermaßen gelesen werden: (1 a) Alles, was einer sieht, hängt von seinen Sinnesorganen ab. Dann folgt tatsächlich Satz (3). Satz (1 a) wurde aber nicht begründet, sondern Satz (1 b): Ob einer dies oder jenes sieht und wie er es sieht, hängt von seinen Sinnesorganen ab. Dieser Satz wurde tatsächlich begründet, aber aus ihm folgt zusammen mit Satz (2) nicht mehr die entscheidende Konklusion (3). Die beiden Lesarten von (1) entsprechen der Lesart als Relativsatz und indirekter Fragesatz; auf diese Verwechslung zielt also die Kritik. Das ist kein kleiner Punkt, weil es sich hier um eine der häufigsten syntaktischen Äquivokationen in philosophischen Argumentationen auch in ganz anderen Bereichen handelt.

Eine dritte Begründung hat ihre Basis in den Wahrnehmungsirrtümern. Wenn man z. B. einen geraden Stab im Wasser geknickt sieht oder eine runde Münze von der Seite elliptisch, dann lassen die anderen Wahrnehmungen oftmals keinen anderen Schluß als den zu, daß das geknickte, stabartige Ding und das elliptische Münzending, das gesehen wird, nicht mit einem Ding der Körperwelt identisch sein können; es gibt sie nicht als materielle Dinge, sondern nur in unserem Bewußtsein – als Sinnesdaten. Das deutet darauf hin, daß unser Sehen eigentlich ein Interpretieren oder Deuten der Sachverhalte ist, denen wir uns gegenübersehen. Wir deuten das, was wir sehen, in bestimmter Weise, machen uns aus unseren Eindrücken ein Bild zurecht. – Die Kritik geht davon aus, daß in dieser Argumentation „sehen" mit „etwas als etwas sehen" verwechselt wird. Wer den Stab nicht gerade und die Münze nicht rund sieht, sieht nach diesem Fehlschluß den geraden Stab nicht und die runde Münze nicht; und wer den Stab geknickt und die Münze elliptisch sieht, so geht der Fehlschluß weiter, sieht etwas Geknicktes und etwas Elliptisches. Beides ist falsch; er sieht den geraden Stab, sieht ihn allerdings nicht gerade, und obwohl er die Münze elliptisch sieht, sieht er nichts Elliptisches, denn er sieht die Münze, und die ist nicht elliptisch.

Eine vierte Begründung geht davon aus, daß es untrügliche kognitive Fähigkeiten des Geistes gebe, stellt dann allerdings fest, daß sie ihre Grenze an der Grenze des Bewußtseins haben. Der Grundgedanke ist dieser: Was man sieht, das existiert, da man es sonst nicht sehen könnte. Und wenn man sieht, daß ein Sachverhalt so und so ist, dann ist er so, weil man sonst nicht sehen könnte, daß er so ist. Nun ist bekannt, daß unser übliches äußeres Sehen nicht in dieser Weise untrüglich ist; man täuscht sich ja oft genug. Es muß also eine innere Wahrnehmung geben, die der äußeren zugrunde liegt; sie ist die direkte, untrügliche Wahrnehmung, und daß sie es ist, erklärt sich daraus, daß sie sich auf die Tatsachen des Bewußtseins richtet. – Mit einer von Ryle begründeten Unterscheidung antwortet die Kritik, daß die geschilderte Überlegung Eigenheiten sogenannter „Leistungswörter" verkennt. Sie drücken aus, daß ein Unternehmen glücklich zum Abschluß gekommen ist, und deshalb gibt es jeweils dazu „Unternehmenswörter". Solche Paare sind z. B. „suchen"–„finden", „um die Wette laufen"–„gewinnen". Finden heißt mit Erfolg suchen, gewinnen heißt mit Erfolg um die Wette laufen. Leistungswörter darf man also nur dann anwenden, wenn der Erfolg des Unternehmens sich eingestellt hat. Erfolglos heilen kann der Arzt nicht – nicht weil seine Behandlungskunst unfehlbar wäre, sondern weil es widersprüchlich wäre zu sagen, er habe den Patienten erfolglos geheilt. Nun sind „sehen", „hören" und viele andere Wörter, mit denen man sagen kann, daß einer eine Feststellung mit Hilfe seiner Sinne getroffen habe, Leistungswörter. Man kann nichts Falsches sehen und auch nichts, was nicht da ist; Sachverhalte, die man sieht, sind so, und was man sieht, ist da. Das liegt aber nicht daran, daß es ein unfehlbares Unternehmen namens „sehen" gäbe, sondern daß man das Wort „sehen" falsch gebraucht, wenn das Unternehmen „hinschauen" nicht von Erfolg gekrönt war. Es besteht gar kein Grund, ein garantiert erfolgreiches Wahrnehmungs-Unternehmen zu postulieren und sich in den Sinnesdaten eine Erklärung für diese angebliche Möglichkeit zurechtzumachen.

Die fünfte und letzte Begründung, die hier skizziert werden soll, ist auf der Suche nach einer sicheren Basis des empirischen Wissens – einer Instanz, vor der man prüft, ob andere Sätze wahr oder falsch sind. Das Wissen über Sinnesdaten bietet sich als bester Kandidat an. Ob ein Gegenstand, der rot aussieht, wirklich rot ist, ist unsicher, aber daß er mir rot zu sein scheint, kann keiner bezweifeln. Mir erscheint er gewiß als rot. Wenn ich also bezüglich des Gegenstandes Zweifel habe, gibt es doch keinen Zweifel bezüglich der Erscheinung, die der Gegenstand mir darbietet. Wenn es also auch kein sicheres Wissen über Gegenstände gibt, so gibt es doch ein sicheres Wissen über Erscheinungen; deshalb sind diese Tatsachen der inneren Wahrnehmung, die Sinnesdaten, erkenntnistheoretisch so wichtig. – Die Kritik weist zunächst auf die sich hier häufenden Substantivierungen hin. Sie sind für die Sinnesdatentheorie vorteilhaft. Wenn der Gegenstand *rot aussieht,* dann sind Sinnesdaten nicht in Sicht; habe ich dagegen vom Gegenstand *eine rote Erscheinung,* dann kann das schon eher ein Sinnesdatum sein. Des weiteren wird darauf hingewiesen, für welche Äußerungen Sicherheit beansprucht wird. Gegen die Äußerung „die Münze scheint mir elliptisch zu sein" kann man den Irrtumsangriff vor allem in einer Situation nicht führen: wenn sie benutzt wird, um eine Meinung *unverbindlich* zu äußern, ohne daß eine Behauptung gemacht würde. Daß kein Zweifel möglich ist, liegt dann daran, daß keine Behauptung aufgestellt wird. Die Äußerung ist zwar gegen Angriffe immun; aber diese Sicherheit ist nicht die Gewißheit einer unzweifelhaft wahren Behauptung. Nun wird in einem weiteren Schritt „die Münze scheint mir elliptisch zu sein" verwechselt mit „die Münze erscheint mir elliptisch". Das kann in seltenen Fällen eine Behauptung sein, die jemand nach einigen Tests zu seiner größten Überraschung über sich selbst trifft; so genommen, ist sie aber nicht irrtumssicher. Weil man „die Münze erscheint mir elliptisch" aber mit der dem Irrtumsangriff nicht ausgesetzten, keine Behauptung aufstellenden Äußerung „die Münze scheint mir elliptisch zu sein" verwechselt, hält man auch die erste für sicher vor dem Irrtumsangriff – und da sie eine Behauptung aufstellt, scheint sie unzweifelhaft wahr zu sein. Wird schließlich die Äußerung „die Münze erscheint mir elliptisch" verwechselt mit „ich habe eine elliptische Münzenerscheinung", dann ist man mit all diesen Fehlern bei der unfehlbaren Aussage über das Sinnesdatum.

Das Ergebnis dieser normalsprachlichen Kritik war, daß die Sinnesdaten eine leere Konstruktion philosophischer Spekulation darstellen, für die es in der Suche nach einer sicheren Basis der Erkenntnis ein starkes Motiv gibt, aus welchem mit Hilfe einer Kette von sprachlichen Ungenauigkeiten scheinbar überzeugende Begründungen entwickelt werden. Ein weitergehendes, konstruktives Ergebnis zur Wahrnehmungstheorie ist demgegenüber nicht in Sicht; zwar gibt es eine ganze Reihe von neueren Ansätzen, aber keinem von ihnen möchte man schon heute zubilligen, daß er aussichtsreich sei. Der Grund wurde oben genannt: das Reden im Zusammenhang mit Wahrnehmungen ist so komplex und mannigfaltig, daß alle Untersuchungen sich bisher auf zu wenige, als paradigmatisch angesehene Ausschnitte beschränkt haben.

7 Anthropologie

Zur Frage nach dem Wesen des Menschen sind in der Analytischen Philosophie zwei aufeinander aufbauende Grundgedanken entwickelt worden, die an klassische philosophische Fragestellungen anknüpfen und deren Ausarbeitung sich als äußerst fruchtbar erweisen könnte. Die klassischen Fragestellungen lauten: Inwiefern hat der Mensch eine Seele? und: Inwiefern ist der Mensch ein soziales Lebewesen? Exemplarisch für den analytischen Umgang mit der ersten Frage ist Ryles *The Concept of Mind*, während die Anstöße für die zweite Frage vor allem in Wittgensteins *Philosophischen Untersuchungen* zu finden sind.

Ryle sah sich einer herrschenden Lehre gegenüber, deren Grundgedanken die neuzeitliche Philosophie vom menschlichen Geist bestimmt haben, nämlich dem Bild vom zweigeteilten Menschen. (Es ist in der Neuzeit herrschend geworden durch Descartes, geht aber über Augustinus auf Platon zurück.) Danach hat jeder Mensch Körper und Geist. Der Körper ist äußerlich, der Geist innerlich. Der Geist verursacht die menschlichen Handlungen; der Körper führt seine Befehle aus. Der Körper ist physischen Gesetzen unterworfen und unfrei, der Geist dagegen frei. Erkennen, Fühlen, Denken, Wollen, Sicherinnern usw. sind Tätigkeiten des Geistes, die er am besten in innerer Wahrnehmung erkennen kann; dagegen muß er die Außenwelt aus seinen Wahrnehmungen erst rekonstruieren. Daher hat er von anderen Geistern nur indirekt Kenntnis, nämlich durch Analogieschlüsse, die er aus dem für ihn (indirekt) sichtbaren Verhalten anderer Körper darauf zieht, daß auch sie von einem Geist regiert werden.

Es war nicht frei von Leichtsinn, daß Ryle dieser Lehre nicht nur den treffenden polemischen Namen „Das Dogma vom Gespenst in der Maschine“ gegeben, sondern ihr auch das Etikett „Descartes' Mythos“ angehängt hat. Denn viele Elemente der herrschenden Lehre sind bei Descartes höchstens angedeutet, stammen zum Teil auch aus der vorkartesischen Entwicklung. Zusammen mit den Kerngedanken sind sie in der Folgezeit Gemeingut eines großen Teils der akademischen Philosophie und des Publikums der akademischen Philosophie geworden; und die akademische Philosophie ist meistens differenzierter, als Repetitorien und

Feuilletons das wahrhaben wollen. Gemeingut wird von einer Philosophie das, was in Repetitorien und Feuilletons steht; dort wird Philosophie praktisch wirksam. Unter diesen Gesichtspunkten sollte Ryles Etikett „Descartes' Mythos" für das „Dogma vom Gespenst in der Maschine" beurteilt werden. Mag die Berechtigung der Kritik historischer Forschung an der Etikettierung offenbleiben, so darf darüber die systematische Bedeutung von Ryles Analysen nicht in den Hintergrund treten. Sie beruht darauf, daß Ryle für die Theorie der menschlichen Seele das sprachanalytische Argumentationsreservoir erschlossen hat; er hat nachgewiesen, welche Relevanz Untersuchungen derjenigen Sprache, in der man über bestimmte Sachverhalte redet, für Feststellungen über diese Sachverhalte gewinnen können. *The Concept of Mind* ist aus dem Wunsch heraus entstanden, die Tragweite der Methode auf einem begrenzten philosophischen Problemfeld zu erproben; freilich hat der Erfolg dieses Versuchs das Interesse dann weg von der Methode zu den Ergebnissen hingelenkt.

Man kann durchaus sagen, daß Ryle sich um eine Antwort auf die Frage nach dem Wesen des Menschen bemüht; allerdings erweist sich dieses Wesen als sehr mannigfaltig. Daß der Mensch ein geistbegabtes Wesen ist, bedeutet, daß er eine große Zahl miteinander zusammenhängender Fähigkeiten und Eigenschaften hat. Er kann Dinge richtig machen; er hat Einfälle; er lernt dazu; er hat Absichten, Empfindungen und Neigungen; er nimmt wahr und erinnert sich; er stellt sich Dinge vor; er spricht zu anderen und versteht sie usw. Wir können von diesem unübersichtlichen Menschen nicht nur in allen Einzelheiten sagen, was er tut, sondern auch, warum und wieso er es tut; denn wir haben Begriffe zur Verfügung, die uns erlauben, das Verhalten zu strukturieren: als planvoll, als erlernt, als phantasievoll, als impulsiv, als verständnisvoll, als bedacht usw. Daß der Geist am Werk ist, können wir sagen, wenn wir diese Begriffe anwenden können; eine Klärung ihrer Zusammenhänge untereinander und mit Beschreibungen des Verhaltens, dessen Strukturierung sie dienen, klärt uns über die Struktur des menschlichen Geistes auf.

Ryle hat in dieser Begriffswelt eine ganze Reihe von logischen Verhältnissen analysiert; sein wichtigster Schlüssel war das Verhältnis von Dispositionswörtern zu jenen Wörtern, mit denen die die Disposition manifestierenden Verhaltensweisen beschrieben werden. Das Verhältnis legt Fehldeutungen nahe, die besonders wirksam dazu verführen, *richtige Fragen* nach dem Verhältnis von Körper und Geist *falsch zu stellen* und sich über die damit verbundenen „Kategorienfehler" in Schwierigkeiten und vermeintliche Lösungen zu verstricken, die zusammengenommen auf das „Dogma vom Gespenst in der Maschine" hinauslaufen. So wenig der Geist mit dem Verhalten identisch ist, sind es die Dispositionen des Rechnenkönnens und das Lösen von Rechenaufgaben. So wenig man aber Disposition und Manifestation als zwei verschiedene Sachen bezeichnen kann, sind es Geist und Körper. Die Disposition, etwas zu wollen, erklärt die Handlung; so wenig aber die Disposition Ursache ihrer Manifestation ist, ist der Wille Ursache der Handlung. So wenig die Disposition sich in einer begrenzten Liste von Manifestationen erschöpft, so wenig beschränkt sich der Geist auf das tatsächlich beobachtete Verhalten; so wenig aber die Liebe etwas über den Bereich ihrer möglichen Ausformungen hinaus ist, ist der Geist von dem durch ihn strukturierten Verhalten zu trennen.

Die verbreitete Tendenz, geistes- und sozialwissenschaftliche Entwicklungen auf einem Gebiet mit ungefähr gleichzeitigen auf anderen Gebieten durch gemeinsame Ismen unter einen Hut zu bringen, hat dieser Theorie den Namen „Behaviorismus" eingetragen, also den Namen einer ganz bestimmten, von B. F. Skinner entwickelten Lerntheorie. Das ist schon deshalb *irreführend,* weil Ryle eine begriffliche Theorie aufstellt, keine empirische; es ist aber auch *falsch,* vor allen Dingen wegen einer Assoziation, die mit dem Wort „Behaviorismus" nahezu unausweichlich verknüpft ist, daß nämlich der Behaviorist sage, es gebe nur das Verhalten, wobei durch *„nur"* dann je nach Forschungsgebiet etwas anderes ausgeschlossen wird. In der philosophischen Anthropologie würde durch diese Assoziation die Existenz der menschlichen Seele ausgeschlossen. Nichts liegt Ryle ferner als das; er möchte die Seele nicht leugnen, sondern sagen, was es bedeutet, daß der Mensch eine hat. Deshalb ist es auch nicht besonders hilfreich, von „logischem Behaviorismus" zu sprechen; denn die unvermeidliche Assoziation wird dadurch lediglich dahingehend konkretisiert, die *logische* Analyse habe herausgebracht, daß es nur das Verhalten gebe. Das Verhalten und die darin zum Ausdruck kommenden seelischen Sachverhalte als zwei einander ausschließende Alternativen zu kennzeichnen ist genauso verfehlt, als wollte man sagen, eine Tischdecke bestünde entweder nur aus roten und weißen Fäden, oder aber sie hätte ein Karomuster. Natürlich hätte sie das Karomuster ohne die roten und weißen Fäden nicht; insofern kann ein Muster immer nur das Muster einer gemusterten Sache sein. Es wäre aber offenkundig töricht, daraus den Schluß zu ziehen, es gebe das Muster eigentlich nicht, da es eigentlich nur die roten und weißen Fäden an ihren jeweiligen Stellen gebe. Genauso töricht wäre es zu behaupten, es gebe eigentlich nur das Muster, weil die roten und die weißen Fäden nicht an ihren Stellen sein könnten, wenn die Tischdecke nicht kariert wäre.

Die Diagnosen von logischen Verhältnissen stellte Ryle auf Grund von Analysen der Regeln, nach denen die betroffenen Wörter in der Umgangssprache gebraucht werden; diese Diagnosen bilden ohne Zweifel einen Teil seines Argumentationsreservoirs, wo es um die Begründung seiner theoretischen Feststellungen über den menschlichen Geist geht. Das Verfahren, Feststellungen über die Sprache, in der über eine Sache gesprochen wird, zur Begründung inhaltlicher Charakterisierungen eben dieser Sache zu benutzen, läßt sich rechtfertigen in den Grenzen derjenigen Variante der „Standardbeispielargumentation", in der es um eine Kennzeichnung des Untersuchungsgegenstandes durch als wahr unterstellte Sachaussagen geht: Wer in verständlicher Weise über Probleme, die in einer Sprache formuliert sind, reden will, muß sich auf ihre Regeln und auf das von ihr zur Verfügung gestellte Begriffssystem einlassen. Das ist auch gar keine Beschränkung, weil die philosophischen Probleme charakteristischerweise in der Umgangssprache formuliert sind – jedenfalls da, wo sie praktisch werden.

In der Spannbreite klassischer philosophischer Positionen gesehen, kehrt Ryle mit seinem Denkansatz von der platonischen Vorstellung des Verhältnisses von Leib und Seele zur aristotelischen zurück. Bei Platon ist – wie bei Descartes, der ja in seiner Tradition steht – das Verhältnis von Leib und Seele das Verhältnis zweier Sachen, und es ist kaum übertrieben, wenn man sagt, daß in Platons Augen der Körper für die Seele im Grunde nur ein vorübergehender Aufenthalt ist, der unter moralischen Gesichtspunkten sogar als Gefängnisstrafe verstanden werden kann. Die Seele braucht den Körper eigentlich nicht. Ganz anders bei Aristoteles; für ihn ist die Seele der Inbegriff derjenigen Fähigkeiten, die – je nach der Entwicklungsstufe des jeweiligen Organismus verschieden reich ausgeprägt – nötig sind, damit ein Körper ein lebendiger Organismus der jeweiligen Art sein kann. Aristotelisch gesprochen, ist die Seele Form des lebenden Organismus, der Körper (in dieser Gegenüberstellung) sein Stoff. Man kann zwar die Form für sich genommen betrachten und untersuchen; aber sie existiert immer nur als Form des Stoffes; es gibt die Seele nur als Seele eines lebendigen Wesens – sie braucht den Körper. Wittgenstein geht, wie wir sehen werden, im Sinne dieses Vergleichs noch einen Schritt weiter; Jede einzelne Seele braucht viele andere lebendige Menschen in einer Gesellschaft.

Während Ryle seine Theorie *systematisch* entwickelt hat, muß Wittgensteins anthropologische Konzeption aus den Denkanstößen der *Philosophischen Untersuchungen herausgearbeitet* werden. Sein methodischer Ansatzpunkt gleicht freilich dem Ryleschen. Er untersucht exemplarisch unsere Begriffe von einzelnen seelischen Sachverhalten (z. B. etwas meinen, an etwas denken, sich etwas vorstellen, etwas erwarten), indem er die Regeln untersucht, nach denen wir in der Umgangssprache die dafür üblichen Ausdrücke verwenden. Unsere in diesen üblichen Verwendungsregeln manifestierten üblichen Begriffe sind eben der Gegenstand der Untersuchung; nichts schließt aus, andere Begriffe vom Seelischen zu untersuchen – nur zeigt sich, daß die alltäglichen Begriffe gerade den Ausgangspunkt für die philosophischen Fragestellungen bilden.

Der von Wittgenstein am ausführlichsten untersuchte seelische Sachverhalt ist der, daß eine Person P einen Ausdruck A in der Bedeutung B *meint*. Es geht bei dieser Untersuchung nicht um die Frage, was es heißt, daß der Ausdruck die betreffende Bedeutung in irgendeiner Sprache tatsächlich hat; man kann Ausdrücke ja anders meinen, als es ihrer Bedeutung entspräche, oder man kann mit Ausdrücken, die gar keine Bedeutung haben, etwas meinen. Daß man mit einem Ausdruck etwas meint, muß Konsequenzen dafür haben, wie man den Ausdruck anwendet; schematisch läßt sich das so wiedergeben: P wendet A in Einzelfällen so an, wie in diesen Einzelfällen ein Ausdruck mit B richtig angewandt wäre. Das heißt nun nichts anderes als: P meint A in der Bedeutung B genau dann, wenn P A so verwendet, wie ein Ausdruck mit B *anzuwenden ist*. Die Folgen davon, daß man einen Ausdruck in einer bestimmten Bedeutung meint, bestehen darin, daß nunmehr für den Meinenden eine richtige oder falsche Verwendung des Ausdrucks definiert ist. An einem Wittgensteinschen Beispiel veranschaulicht: P meint mit „x!2" das Produkt aus 2 und x, wenn P „x!2" so verwendet, wie „2 x" zu verwenden ist. Das heißt, wenn für x nacheinander 1, 2, 3, 4 ... eingesetzt werden, akzeptiert P die Ergebnisreihe 2, 4, 6, 8 ... als richtig und korrigiert Abweichungen davon als falsch. Wenn P dagegen mit „x!2" das Quadrat von x meint, dann verwendet P „x!2" so, wie der Ausdruck „x^2" anzuwenden ist; das heißt, wenn für x nacheinander 1, 2, 3, 4 ... eingesetzt werden, akzeptiert P die Ergebnisreihe 1, 4, 9, 16 ... als richtig und korrigiert Abweichungen davon als falsch.

Der entscheidende Schritt besteht nun darin, daß nach Wittgenstein Als-richtig-akzeptieren und Als-falsch-korrigieren Handlungsweisen *einzelner* Personen sind, die ohne *sozialen* Bezugsrahmen nicht definiert sind. Den Sinn dieser These kann man sich am Beispiel des Tritthaltens einer einzelnen Person in einer im Gleichschritt marschierenden Gruppe klarmachen. Das Tritthalten ist ein regelfolgendes Verhalten. Es ist dadurch gekennzeichnet, daß die Bewegungen aller in der Gruppe marschierenden Personen überfrachtet sind mit einer Unmenge von teils merklichen, teils unmerklichen Korrektursignalen, die die Funktion haben, den Rhythmus zu stabilisieren. Zu diesen Signalen gehören z. B. das Anpassen des Taktes an Vorder- und Hintermann und des Abstandes zu beiden, Stoßen nach vorne und Aufhalten nach hinten (oder Vorformen dazu). In diesem Vergleich bildet das Verhalten der *übrigen* Gruppenmitglieder den sozialen Bezugsrahmen für das des einzelnen, und es ist wesentlich, daß es sich nicht einfach durch Addition des Verhaltens der einzelnen ergibt; würde das Verhalten einer einzelnen tritthaltenden Person zu jedem Zeitpunkt in allen Einzelheiten ganz exakt auch von allen übrigen marschierenden Personen aufgewiesen, das heißt, würde man die einzelne Person vervielfachen, dann könnte man von keiner der Personen sagen, daß sie Tritt hielte. Denn die im Normalfall auftretenden, der Anpassung und Stabilisierung dienenden Verhaltensweisen würden ihre Funktion als Korrekturverhalten einbüßen – sie wären kein Korrekturverhalten mehr. Genau dasselbe sagt Wittgenstein zum Korrekturverhalten im Zusammenhang mit der Verwendung von Ausdrücken; nur dank der Tatsache, daß es auf einen gemeinsamen Umgang mit Zahlenreihen bezogen ist, kann das Durchstreichen einer Zahl, die jemand anders geschrieben hat, als Korrektur und kann das Weitermachen ohne Störung durch andere als Bestätigung aufgefaßt werden.

Daraus ergibt sich, daß die Person P einen Ausdruck A in der Bedeutung B nur dann meinen kann, wenn P sich mit dem Gebrauch von A einer regelfolgenden Praxis zur Verwendung von Ausdrücken mit der Bedeutung B einfügt. „P meint B mit A“ ist also eine unvollständige Ausdrucksweise; die Nennung des sozialen Bezugsrahmens, innerhalb dessen der Umgang der Person mit dem Ausdruck gerade diesen seelischen Sachverhalt an den Tag legt, ist unterdrückt. Das ist normalerweise genausogut möglich wie in anderen Fällen, wo die Verwendung von Charakterisierungen die Benutzung von Bezugsrahmen voraussetzt, die, wenn sie selbstverständlich sind, nicht eigens genannt werden. Wenn von Elefanten die Rede ist, bedeutet „groß“ etwas anderes, als wenn es um Mäuse geht; und ein konservativer russischer Politiker wird gewöhnlich ganz andere politische Anschauungen haben als eine konservative britische Politikerin. Dieses Beispiel zeigt übrigens, daß Wittgensteins Vorstellungen so neu gar nicht sind; denn daß jemand konservativ ist, sagt zweifellos etwas über seine Seele aus.

Systematisch hat diesen Ansatz unter dem Namen einer nichtindividualistischen philosophischen Psychologie unabhängig von Wittgenstein Burge entwickelt; er hat dabei in besonderer Weise davon Gebrauch gemacht, daß die Bedeutung sprachlicher Ausdrücke unstrittig sozial bestimmt ist, und die Voraussetzung hinzugefügt, daß die sprachlichen Äußerungen einer Person für die begrifflichen Festlegungen ihres seelischen Zustandes eine ganz besondere Rolle spielen. Wittgenstein ist weiter gegangen, indem er nichtsprachliches Ausdrucksverhalten in die Betrachtung einbezogen hat. Zum Beispiel *gelten* bestimmte Verhaltensweisen – kulturabhängig – als das Nachmachen oder Vorführen von etwas; in solchen Fällen sagt man, daß die nachmachende oder vorführende Person *sich vorstelle,* was sie nachmacht bzw. vorführt. Andere Verhaltensweisen *gelten als* Ausdruck davon, daß jemand etwas denkt, oder als Ausdruck davon, daß jemand etwas erwartet; das ist der begriffliche Grund dafür, ihnen den betreffenden Gedanken oder die Erwartung zuzuschreiben. Allgemein: Wenn in einer Kultur („Lebensform", um Wittgensteins Ausdruck zu gebrauchen) eine Verhaltensweise als Ausdruck eines seelischen Sachverhaltes gilt, dann trifft der seelische Sachverhalt auf die betreffende Person zu, sofern diese Kultur als Bezugsrahmen für die Interpretation des Verhaltens benutzt wird. Wie es um die Seele einer Person steht, hängt vom zugrunde gelegten kulturellen Bezugsrahmen ab.

Die Klärung einer philosophischen Position durch den Vergleich mit Platon und Aristoteles, oben für die Frage nach dem Verhältnis von Körper und Seele benutzt, läßt sich bei Wittgenstein auch in bezug auf die Frage erreichen, aus welchen Gründen der Mensch ein soziales Lebewesen ist. Für Platon ist der Mensch sozial aus Gründen *empirischer* Bedürftigkeit; anders wäre ein Überleben nicht möglich. Das ist empirisch vollkommen plausibel; trotzdem wird man sagen, daß Aristoteles einen vielleicht weniger überzeugenden, aber philosophisch tieferen Grund angibt, wenn er in der „Nikomachischen Ethik" sagt, es gehöre zur Form (im Sinne der Zweckursache oder Bestimmung) des Menschen, *moralisch* zu sein. Moralisch kann der Mensch nur als soziales Lebewesen sein. Bei Wittgenstein sind es nicht moralische, sondern begriffliche Gründe, die den Menschen als Seelenwesen zum sozialen Wesen machen: ohne Betrachtung innerhalb eines sozialen Bezugsrahmens kann von der Seele eines Individuums gar nicht gesprochen werden. Es ist die Herstellung dieses *begrifflichen* Zusammenhanges, welche die Begründung als analytisches Philosophieren kennzeichnet.

8 Sprachphilosophie

Die philosophische Erforschung der Sprache hat für die Analytische Philosophie von jeher eine Sonderrolle gespielt. Extern betrachtet, wird die Analytische Philosophie, die ja auch „sprachanalytische Philosophie" genannt wird, häufig schlichtweg mit Sprachphilosophie gleichgesetzt. Das ist ein verständliches Mißverständnis: ein Mißverständnis deshalb, weil die Sprache nur ein Gegenstand philosophischen Nachdenkens unter anderen ist, nicht einmal besonders wichtig und keineswegs einziges Thema der Analytischen Philosophie; verständlich deshalb, weil die spezifisch analytischen Verfahren immer wieder von Feststellungen über Eigenheiten des Sprachgebrauchs, über Bedeutungskriterien und dergleichen Gebrauch machen und diese gewöhnlich erst selbst erarbeiten müssen, so daß ein Gutteil der Methode, auch soweit sie in der Behandlung von Problemen auf ganz anderen Gebieten erarbeitet wird, im Erforschen der Sprache besteht. Deshalb ist jedes sprachanalytische Arbeiten, z. B. in der Moralphilosophie, sei es auch implizit, auf bestimmte sprachtheoretische Grundpositionen festgelegt, und explizit erarbeitete sprachphilosophische Ergebnisse haben eindeutige Rückwirkungen z. B. auf die philosophische Anthropologie.

Die älteren sprachphilosophischen Arbeiten innerhalb der Analytischen Philosophie haben sich daher im Zusammenhang mit der Bestimmung der methodischen Grundpositionen entwickelt. Die berühmteste dieser Theorien war die „Verifikationstheorie der Bedeutung". Der Slogan, die Bedeutung eines Satzes bestehe in der Methode seiner Verifikation, gibt ihren Inhalt sehr irreführend wieder; genauer ist die Formulierung: die Bedeutung eines Satzes besteht in der Menge der aus ihm logisch ableitbaren Sätze, welche unmittelbar aufweisbare Sachverhalte beschreiben. Unter „unmittelbar aufweisbar" wurde gewöhnlich „beobachtbar" verstanden; die Abgrenzungsschwierigkeiten, in die man mit diesem Begriff gerät, sind hier weniger wichtig als das Motiv dafür, gerade auf ihn zurückzugreifen. Es bestand die Hoffnung, durch diesen Rückgriff der folgenden Schwierigkeit zu entgehen: Definiert man, wie in der Verifikationstheorie der Bedeutung, die Bedeutung eines Satzes unter Rückgriff auf andere Sätze, dann ist diese Definition nur unter der Bedingung informativ, daß die Frage nach der Bedeutung dieser anderen Sätze leichter zu beantworten ist als die nach der Bedeutung des in Rede stehenden Satzes. Bei Sätzen, die beobachtbare Sachverhalte beschreiben, kann man nun davon ausgehen, daß einfaches Hinschauen genügt, um über ihre Wahrheit oder Falschheit zu entscheiden. Die Bedeutungsdefinition ist also informativ unter der Voraussetzung, daß ohne große Schwierigkeiten erkennbar ist, ob Benutzer einer Sprache, die mit einem beobachtbaren Sachverhalt konfrontiert sind, auf Grund der Beobachtung dieses Sachverhaltes einem bestimmten Satz ihrer Sprache übereinstimmend zustimmen oder nicht. Man kann dann durch systematische Zuordnung derjenigen beobachtbaren Sachverhalte, die für das Zustimmungs- und Ablehnungsverhalten der Sprachbenutzer von Bedeutung sind, den einzelnen Sätzen diejenigen Sachverhalte, die ihre Wahrheitsbedingungen darstellen, als ihre Bedeutung zuordnen. Systematisches Variieren von Bestandteilen solcher Sätze wird dann zu entsprechenden systematischen Variationen der ihnen als Wahrheitsbedingungen zugeordneten Sachverhalte führen, und das wird erlauben, einzelnen Bestandteilen von Sätzen, die dadurch als Wörter ausgezeichnet werden, gewisse, in verschiedenen Sachverhalten wiederkehrende Vorgänge, Gegenstände, Eigenschaften usw. als ihre Bedeutungen zuzuordnen.

In der Weiterentwicklung der Verifikationstheorie der Bedeutung ergaben sich zwei Grundprobleme, nämlich das der Einschränkung auf einen relativ kleinen Ausschnitt der Sprache – Sätze, die man sinnvollerweise als wahr oder falsch bezeichnen kann – und das Problem der Eindeutigkeit der Zuordnung eines beobachtbaren Sachverhaltes zu einem auf Grund von Beobachtung spontan akzeptierten oder abgelehnten Satz. Die erste Schwierigkeit resultiert daraus, daß im täglichen Sprachgebrauch nicht nur Berichte, Beschreibungen, Behauptungen, Voraussagen usw. vorkommen, sondern auch Bitten, Aufforderungen, Warnungen, Versprechen, Flüche, Grüße usw., für deren Bedeutung die Zustimmung zu beobachtbaren Sachverhalten irrelevant scheint. Das Problem ist zwar nicht lösbar, erweist sich aber als zweitrangig, wenn die Theorie als ein Bestandteil in eine umfassendere Theorie des Sprachgebrauchs eingebaut werden kann, welche die Bedeutung von Äußerungen unter Rückgriff auf die Annahme erklärt, daß den geäußerten Sätzen Wahrheitsbedingungen als *theoretische Größen* zugeordnet sind, welche die Bedeutung der Äußerung zusammen mit anderen Bestandteilen der Theorie festlegen. Tatsächlich hat dieser Gedanke zur Entwicklung der „Wahrheitsbedingungen-Semantik" geführt, deren systematische Ausarbeitung allerdings nicht mehr in der Philosophie, sondern institutionell in der theoretischen Linguistik anzusiedeln ist.

Als hartnäckiger erwies sich demgegenüber das Problem der eindeutigen Zuordnung, welches von Quine unter dem Namen „Problem der Erstübersetzung" seit 1960 populär gemacht wurde. Quine bemühte sich mit viel Überzeugungskraft um den Nachweis, daß ein satzartiges Gebilde, dem ein Benutzer einer fremden Sprache etwa beim Anblick eines über die Wiese hoppelnden Kaninchens – und nur bei diesem Anblick – zustimmt, keinen Aufschluß darüber gibt, ob das satzartige Gebilde etwa heiße „dort hoppelt ein Kaninchen", „dort ist das Hoppeln der Kaninchenheit veranschaulicht" oder „dort kaninchent ein Hoppeln".[1] Interessanterweise tritt dieses Problem mangelnder Eindeutigkeit auch bei einem früheren sprachanalytischen Ansatz auf, der die „Quelle der sprachlichen Bedeutung" nicht in ganzen Sätzen sieht (mit Wortbedeutungen als theoretischen Konstrukten), sondern in den einzelnen bedeutungstragenden Satzbestandteilen, etwa Wörtern für Eigenschaften oder Tätigkeiten oder Namen für Dinge. Ein solcher Ansatz läßt sich besonders leicht motivieren, wenn man sich daran erinnert, daß Wortbedeutungen durch Definitionen festgelegt werden können, daß aber jedes Definitionssystem, mit dem man überhaupt etwas soll anfangen können, letzten Endes auf ein begrenztes Vokabular von undefinierten Wörtern zurückgreifen muß. Solche Wörter – etwa für Grundfarben – können offenbar nur durch Hinweis erklärt werden; der Begriff der „ostensiven Definition" hat deshalb zu Beginn der analytischen Sprachphilosophie eine große Rolle gespielt, und Russell z. B. hielt eine Bedeutungstheorie, die die Notwendigkeit von Hinweisdefinitionen nicht anerkennt, für ausgeschlossen. Am schärfsten stellt sich das Problem freilich bei Eigennamen für Einzeldinge, und historisch wirksam wurde seine radikale metaphysische Lösung in Wittgensteins *Tractatus*, weil Wittgensteins eigene Abkehr von dieser Lösung zur vollständigen Neuorientierung der analytischen Sprachphilosophie beigetragen hat.

Das Problem der Bedeutung von Bezeichnungen von Einzeldingen ist deshalb so schwerwiegend, weil wir offenkundig ständig über Einzeldinge reden müssen, was nicht ohne bedeutungsvolle Bezeichnungen für sie gehen kann. Schematisch gesprochen, gibt es dafür sprachlich drei Möglichkeiten: Eigennamen, Pronomina und sogenannte Kennzeichnungen.

---

[1] Es bleibt unbestimmt, ob die Zustimmung sich auf konkrete oder abstrakte Objekte bezieht und ob es sich bei einer durch Hinweisen hervorgehobenen Entität um ein Objekt oder eine Eigenschaft handelt.

Die Benutzung von Kennzeichnungen (das sind Ausdrücke der Form „der/die/das F", z. B. „der gegenwärtige Kanzler der Bundesrepublik") setzt gewöhnlich voraus, daß die gekennzeichneten Gegenstände existieren (vgl. Russells Analyse von Kennzeichnungen, die auch für ungewöhnliche Fälle greift, in 2.3.2.5); oder anders: alle Sätze, in denen man über nichtexistente Gegenstände mit Hilfe von Kennzeichnungen spricht, werden falsch oder, wenn man Russells Lösung nicht akzeptiert, sinnlos. Kennzeichnungen können daher für das Reden über Einzelgegenstände nicht grundlegend sein. Eigennamen lassen sich mit weniger Voraussetzungen erklären, nämlich durch einfaches Zeigen auf die Sache oder die Person, die Träger des Eigennamens sein soll. Pronomina werden entweder anaphorisch verwendet und bezeichnen dann nur dank der Tatsache, daß ein dieselbe Sache bezeichnendes Wort im Satz vorausgegangen ist, oder es handelt sich um Demonstrativpronomina. Mit ihrer Hilfe kann man zwar, wenn man gleichzeitig auf die gemeinte Sache zeigt, über sie reden, aber das ist dann offenbar eine Leistung des Zeigens, nicht eine Leistung der Wortbedeutung des Demonstrativpronomens, das sich ja unterschiedslos auf alle möglichen Sachen anwenden läßt. Das Zeigen spielt also die entscheidende Rolle als Bedeutungsquelle.

Allerdings entsteht hier das Problem der mangelnden Eindeutigkeit; aus der Zeigegeste allein ergibt sich noch nicht, ob man z. B. auf den Tisch, auf sein Material, auf seine Farbe, auf seine Form oder was immer zeigen will. Darüber hinaus kann man irrtümlich in eine Richtung zeigen, wo die Sache, auf die man zu zeigen glaubt, gar nicht vorhanden ist. Zur Lösung dieses Problems postulierte Wittgenstein im *Tractatus* die Existenz absolut einfacher, notwendig existierender „Gegenstände", deren Verfügbarkeit das Problem der mangelnden Eindeutigkeit und möglichen Erfolglosigkeit des Zeigens löst: da die Gegenstände notwendig existieren, zeigt, wer auf sie zeigt, auf jeden Fall erfolgreich; und da sie absolut einfach sind, also nicht mehrere Eigenschaften haben, kann, wer auf sie zeigt, nur auf eines zeigen, zeigt also eindeutig. Wird im Zuge des Zeigens ein Name festgelegt, dann hat er also auf jeden Fall Bedeutung – nämlich den Gegenstand –, und die Bedeutung ist eindeutig festgelegt. „Elementarsätze" werden aus solchen „eigentlichen Namen" durch Verkettung gebildet und haben Bedeutung deshalb, weil ihre Verkettung der Konfiguration der bezeichneten „Gegenstände" im Sachverhalt strukturgleich ist; alle komplexeren Sätze werden aus Elementarsätzen durch die sukzessive Anwendung von logischen Operationen gebildet, für die es zwar Namen gibt, die aber lediglich zur Bezeichnung der Operationen dienen, ohne daß ihnen selbst in der Wirklichkeit etwas entsprechen müßte. (Die Interpretation des *Tractatus* ist sehr strittig (s. Abschnitt 3.1); die hier vermutete Grundintention stammt aus Wittgensteins eigener späterer Selbstkritik in den *Philosophischen Untersuchungen*.)

Während die bisher dargelegten Ansätze mit ihrer Orientierung an Sätzen der empirischen Wissenschaften, an Definitionen und an logischen Verfahren deutlich dem formalsprachlichen Zweig der Analytischen Philosophie zuzurechnen sind, hat sich in der Philosophie der normalen Sprache ein Ansatz entwickelt, dem es von vornherein um den ganzen Reichtum der gesamten Umgangssprache ging. Unter einer Sprache wird dabei primär der Inbegriff des Sprachverhaltens verstanden; der berühmteste Slogan war: „Frag nicht nach der Bedeutung, frag nach dem Gebrauch." Als fruchtbar erwies er sich zunächst in der Anwendung der analytischen Methode des Philosophierens außerhalb der Sprachphilosophie, etwa in der Metaethik; sprachtheoretische Anregungen im engeren Sinne lassen sich über Morris, Peirce und James auf den Pragmatismus zurückverfolgen. Den ersten konstruktiven Ansatz, der seine prägende Kraft bis heute bewahrt hat, bildete Austins Sprechakttheorie. Austin entwickelte sie als Versuch, dem Reden vom Sprachgebrauch eine präzise Fassung zu geben, die die Differenzierung verschiedener Probleme und damit ihre Lösung erleichtern sollte. Anders als die Verifikationstheorie der Bedeutung ist seine Theorie eine Theorie nicht der *Sätze,* sondern der *Äußerungen*. An der Frage, was man mit einer Äußerung tue (wozu man sie „gebrauche"), unterschied er drei Aspekte: Eine Äußerung ist ein „lokutionärer Akt" insofern, als man mit ihr einen Satz einer bestimmten Sprache äußert, damit über irgendwelche Sachen redet und über diese Sachen gewisse Dinge sagt. Dieselbe Äußerung ist ein „illokutionärer Akt" insofern, als man mit ihr eine Behauptung aufstellt, ein Versprechen gibt, eine Warnung ausspricht, jemanden um etwas bittet oder zu etwas auffordert usw. Dieselbe Äußerung ist schließlich ein „perlokutionärer Akt" insofern, als man durch sie beim Adressaten gewisse Wirkungen erzielt, ihn etwa überzeugt, in ihm Erwartungen weckt, ihn zu einer Handlung veranlaßt usw. Bei einer Äußerung des Satzes „der Hund ist bissig" besteht der lokutionäre Akt z. B. darin, daß der Sprecher in der deutschen Sprache über Nachbars Hund sagt, daß dieser zum Beißen neige; der illokutionäre Akt kann unter geeigneten Umständen darin bestehen, daß der Sprecher den Adressaten vor Nachbars Hund warnt; der perlokutionäre Akt kann darin bestehen, daß der Sprecher mit der Äußerung den Adressaten davor zurückhält, sich dem Hund zu nähern. Der für Austin deutlich interessanteste Aspekt, der dann auch die Fruchtbarkeit des Ansatzes für die weitere sprachphilosophische Entwicklung begründet hat, ist der illokutionäre; Austin hatte bereits bemerkt, daß Äußerungen ihre „illokutionären Rollen" (Austins Ausdruck „force" ist eine Übersetzung des Fregeschen „Kraft") den in der jeweiligen Sprachgruppe befolgten Konventionen verdanken, und in der weiteren Entwicklung ist diese These dahingehend verschärft worden, daß die illokutionäre Rolle einer Äußerung durch diejenigen Konventionen festgelegt wird, die in der Sprachgruppe für den Umgang mit der Äußerung gelten. Da die Bedeutung einer Äußerung sich in der Regel durch die Angabe ihrer illokutionären Rolle und eines Sachverhaltes spezifizieren läßt (der Sprecher warnt den Adressaten davor, sich dem Hunde zu nähern; der Sprecher sagt voraus, daß das Wetter sich bessern wird; der Sprecher verspricht dem Adressaten, daß er ihm im Garten helfen werde), hat Austin hier das Bindeglied zwischen Bedeutungszuordnung auf der einen Seite und Sprachgebrauchsbeschreibung auf der anderen Seite gefunden.

Die Sprechakttheorie hätte ihre Wirkung nicht entfalten können ohne die Lösung von Problemen auf zwei anderen Gebieten, nämlich welche Umstände der psychischen Seite der Kommunikation von Belang für eine Bedeutungstheorie sind und wie der Begriff der Konvention zu explizieren ist. Auf beiden Problemfeldern gibt es im wesentlichen jeweils zwei Lösungen, von deren vier möglichen Kombinationen gegenwärtig zwei als die überzeugendsten diskutiert werden.

Der zur Zeit herrschende Ansatz für die Frage nach der psychischen Seite der Kommunikation geht auf Grice zurück; er setzt beim Sprecher an und fragt danach, mit was für *Verständigungsabsichten* dieser seine Äußerungen charakteristischerweise tut. Im Regelfall will der Sprecher mit einer Mitteilung z. B. erstens erreichen, daß der Adressat zu einer bestimmten Überzeugung gelangt. Die *sprachliche* Verständigung zeichnet sich nun dadurch aus, daß der Sprecher dem Adressaten die Situation, über die er ihn unterrichten will, nicht zeigt und auch keine Spuren legt, aus denen der Adressat sich die Geschichte selbst zusammenreimen kann; sondern – das ist die zweite charakteristische Sprecherabsicht – der Adressat soll gerade durch die Äußerung des Sprechers erkennen, welcher Sachverhalt vorliegt. Auch diese Sprecheräußerung soll der Adressat nicht als bloßes Indiz verwerten, sondern zu der angestrebten Überzeugung soll er drittens gerade dadurch gelangen, daß er auch die Absicht des Sprechers, ihn mit Hilfe seiner Äußerung zu überzeugen, erkennt. In einer für die Analytische Philosophie typischen Auseinandersetzung mit Gegenbeispielen mußten diesen Sprecherabsichten, um der ursprünglichen Griceschen Intention gerecht zu werden, zunächst zwei weitere und dann eine sechste und siebente hinzugefügt werden, bis Schiffer schließlich eine unendlich verschachtelte Sprecherabsicht postulierte. Vor dieser aus grundsätzlichen begriffstheoretischen Erwägungen nicht mehr zu rechtfertigenden Konsequenz wurde der Ansatz dadurch gerettet, daß erstmals Bennett den Grundgedanken so formulierte, daß der Sprecher *in jeder Hinsicht offen, in keiner Hinsicht irreführend sein will.* (Die präzisere Fassung dieser Klausel ist wesentlich komplizierter.)

Der alternative Ansatz zur psychischen Seite der Kommunikation geht auf Ryle und Wittgenstein zurück; er konzentriert sich auf das Verständnis der Äußerung beim Adressaten und sonstigen Leuten, die sie mithören. Ganz unabhängig davon, was der Sprecher wollte, erzeugt seine Äußerung z. B. beim Adressaten eine bestimmte Überzeugung; diese wird, sehr schematisch gesprochen, verstanden als eine hochkomplexe Disposition, sich der Überzeugung entsprechend zu verhalten – etwa einen Regenschirm mitzunehmen, wenn man auf Grund der Äußerung davon überzeugt ist, daß es regnen werde.

Beide Ansätze haben nun noch das Problem zu lösen, daß die Bedeutung einer Äußerung *in einer Sprache* nicht dasselbe ist wie ihre Bedeutung *für den Sprecher* oder *für den Hörer;* was der Sprecher meint, ist nicht unbedingt das, was er sagt, und was der Adressat versteht, ist nicht unbedingt damit identisch, wie die Äußerung zu verstehen ist. Benötigt wird ein Begriff der Konvention oder Regel, mit dessen Hilfe sich präzisieren läßt, wann das, was mit einer bestimmten Äußerung gemeint oder unter ihr verstanden wird, auch das ist, was nach den Regeln einer Sprache mit ihr gesagt und ausgedrückt ist. Die voraussetzungsreichere und theoretisch interessantere der beiden dazu entwickelten Alternativen stammt von Lewis. Konventionen lassen sich danach von ihrer Funktion her verstehen; sie lösen nämlich für eine Gruppe von vernünftigen Individuen das Problem, sich gemeinsam ohne Verabredung an eine von mehreren möglichen Strategien zu halten, die, jede für sich genommen, für fast alle Beteiligten wünschenswert sind, falls sich fast alle Beteiligten an ein und dieselbe von ihnen halten. (Das eindrucksvollste Beispiel sind Rechtsverkehr und Linksverkehr; für alle Beteiligten ist es gut, wenn alle links fahren, und für alle Beteiligten ist es gut, wenn alle rechts fahren.) Konventionen sind also Verhaltensregelmäßigkeiten; wie sie es schaffen, ihre „Anlaufperiode" zu überstehen, ist eine empirisch sehr schwierige Frage; sind sie erst einmal eingespielt, dann kann jeder rationale Beteiligte auf Grund der vergangenen Beobachtung, daß die anderen sich an die Verhaltensregelmäßigkeit halten, erwarten, daß sie sich auch in Zukunft daran halten und von ihm selbst und voneinander erwarten werden, daß sie sich daran halten werden. Dieses Geflecht von Erwartungen ist es, das die Stabilität der Konvention garantiert; bei einem gewissen Prozentsatz von Abweichungen würde das System kollabieren.

Eine Sprachkonvention ist nun einfach die Konvention, sich an eine von vielen möglichen Sprachen zu halten. Da aus der Lewisschen Definition der Konvention folgt, daß jemand, der sich mit einer Äußerung an eine Sprachkonvention in diesem Sinne hält, ipso facto die von Grice verlangten kommunikativen Absichten hat, ist der Lewissche Konventionsbegriff das natürliche Komplement des Griceschen Begriffs der Kommunikationsabsicht. So gesehen, stellt die gemeinsame Benutzung einer Sprache ein kooperatives Unternehmen vernünftiger Sprachbenutzer dar.

Der zweite für das Regelproblem angebotene Vorschlag macht dafür, daß man von Regelfolgen sprechen darf, weniger Voraussetzungen als der Lewissche Konventionsbegriff für das Existieren einer Konvention. Er geht auf Wittgensteins *Philosophische Untersuchungen* zurück; in den Grundzügen genügt für den Sachverhalt, daß das Verhalten einer Person das Befolgen einer Regel darstellt, daß sie sich im Einklang mit ihrer sozialen Umgebung und mit Selbstverständlichkeit so verhält, wie die Regel es vorschreibt. Genausowenig wie beim Lewisschen Konventionsbegriff braucht den Personen bekannt zu sein, daß sie einer Regel folgen oder gar welcher Regel sie folgen. In Übereinstimmung mit Andeutungen bei Wittgenstein, aber wahrscheinlich unabhängig von ihm hat Hart in *The Concept of Law*, einem Klassiker der analytischen Rechtsphilosophie, als Kriterium für „die Existenz von Regeln" (wie er den Sachverhalt nennt) die *Selbstverständlichkeit* dahingehend konkretisiert, daß Abweichungen spontanen, unfreundlichen Reaktionen der anderen ausgesetzt sind und daß diese unfreundlichen Reaktionen vom Abweichler hingenommen werden. (Eine weitere Bedingung Harts, der „interne Aspekt" des Regelfolgens, bleibt hier unberücksichtigt.) Der Unterschied zum Lewisschen Begriff liegt in zwei Punkten: zum einen ist die Konzeption von keinerlei Rationalitätsannahmen und von keinerlei Annahmen über die positive Funktion des Regelbefolgens motiviert; zum anderen enthält sie keine erklärende Komponente – auf welche Weise das Befolgen einer Regel oder eines Regelsystems längere Zeit stabil gehalten wird, wird nicht präjudiziert. Da als empirisch gesichert gelten kann, daß auf die Enttäuschung von Erwartungen an das Verhalten anderer im allgemeinen unfreundliche Reaktionen folgen, kann angenommen werden, daß die Existenz von Lewisschen Konventionen einen Spezialfall des Befolgens von Regeln im Sinne von Wittgenstein und Hart darstellt.

Die Anwendung des Begriffs des Regelfolgens zur Schließung der Lücke zwischen Verständnis einer Äußerung und ihrer objektiven Bedeutung geschieht dadurch, daß verlangt wird, daß diejenigen Verhaltensweisen, welche ein bestimmtes Verständnis einer Äußerung manifestieren, in der betreffenden Sprachgemeinschaft regelbefolgendes Verhalten darstellen. Es gilt dann in der Sprachgemeinschaft als richtig, die Äußerung des Sprechers gerade so zu verstehen; und ihr in der Sprachgemeinschaft als richtig geltendes Verständnis ist ihre Bedeutung in der Sprache. Während nach dem Grice-Lewisschen Ansatz die Bedeutung einer Äußerung mit derjenigen Absicht identisch ist, auf die der Sprecher sich festlegen lassen muß, hat der Sprecher nach dem Ryle-Wittgenstein-Hartschen Ansatz mit seiner Äußerung gerade das gesagt, was der Adressat oder ein sonstiger Zuhörer unter dieser Äußerung verstehen darf.

Diese Unterschiede dürfen nicht darüber hinwegtäuschen, daß der theoretische Aufbau der Beschreibung einer Sprache, den anzugeben das Ziel der analytischen Sprachphilosophie ist, bei beiden gleich aussieht: eine Satzbedeutung wird theoretisch postuliert (sie kann ihrerseits noch aus einer Semantik der Sprache entwickelt sein). Ein hypothetisch anzunehmendes Regelsystem, die Pragmatik, gibt für *Sätze* mit bestimmten *Satzbedeutungen* an, unter welchen Situationsumständen Äußerungen dieser Sätze bestimmte *Äußerungsbedeutungen* haben. Diese Äußerungsbedeutungen werden im allgemeinen als Paare aus illokutionären Rollen und „Propositionen" (den oben exemplifizierten Sachverhalten) angegeben. Diese Zuweisung von Äußerungsbedeutungen ist ihrerseits wiederum hypothetisch; die Hypothesen sind daran nachzuprüfen, ob im Umgang mit der Äußerung das durch die illokutionäre Rolle und die Proposition definierte, regelfolgende Verhalten tatsächlich an den Tag gelegt wird. Kann eine solche Theorie fruchtbar angewendet werden, dann ist damit der Begriff der Bedeutung als theoretisches Konstrukt einer umfassenden Beschreibung des Sozialverhaltens nachgewiesen.

III Neuere Strömungen: Einige Problemfelder

9 Grundlagen der analytischen Ontologie

9.1 Ein klassisches Problem der Ontologie

Die philosophische Teildisziplin Ontologie beschäftigt sich mit der Frage, was es gibt. Eine Antwort auf diese Frage setzt Prinzipien voraus, die zu entscheiden erlauben, in welchen Fällen eine Existenzannahme begründet beziehungsweise unbegründet ist. Im Rahmen der Philosophie Russells wurde bereits ein zentrales Prinzip der Ontologie eingeführt, nämlich das Prinzip der ontologischen Sparsamkeit beziehungsweise *Ockhams Rasiermesser* (vgl. 2.3.3). Es fordert, daß keine entbehrlichen Existenzannahmen gemacht werden sollen. Dabei gilt die Annahme, daß ein Objekt (beziehungsweise, allgemeiner, eine Entität) O existiert, als entbehrlich, wenn einer der beiden folgenden Fälle zutrifft: Entweder dieses Objekt läßt sich aus bereits als existierend anerkannten Teilen zusammensetzen (in diesem Fall heißt O konstruktiv entbehrlich), oder die Existenzannahme gründet sich auf eine Erklärung von Phänomenen, für die es eine fundiertere, alternative Erklärung gibt, die sich nicht auf die Annahme, daß O existiert, stützt (in diesem Fall heißt O theoretisch entbehrlich). Das so erläuterte Prinzip der ontologischen Sparsamkeit ist ein negatives Prinzip, weil esFälle ausweist, in denen eine Existenzannahme unbegründet ist. Es fehlt aber noch ein positives Prinzip, welches Existenzannahmen als begründet auszuweisen vermag. Um ein solches zu entwickeln, betrachten wir zunächst einen Vorschlag, den wir als unzureichend zurückweisen müssen, weil er auf einer falschen Annahme über den Zusammenhang von Sprache und Welt basiert. Das vorläufige Prinzip für begründete Existenzannahmen bei Gegenständen macht eine wesentliche Annahme über den Zusammenhang von Gegenständen und Einzeldingbezeichnungen. In einer natürlichen Sprache unterscheiden wir drei Arten von Einzeldingbezeichnungen, die auch singuläre Terme genannt werden, i. e. Eigennamen (wie z. B. ‚Cicero'), Kennzeichnungen (das sind Einzeldingbezeichnungen der Form ‚der/die/das F') und Indikatoren (darunter fallen z. B. alle Arten von Pronomina).

Das vorläufige Prinzip für begründete Existenzannahmen ruht auf folgender Grundidee: Die Einzeldingbezeichnung ‚E' (als Ausdruck einer Sprache) muß zum einen die Rolle in der Sprache haben, das Objekt O zu bezeichnen, und zum anderen muß der Ausdruck ‚E' eine sprachliche Bedeutung haben, das heißt, er soll nicht bedeutungslos sein. Die beiden Grundgedanken lassen sich durch Konditionale erläutern: 1. Wenn das Objekt O existiert, dann bezeichnet die Einzeldingbezeichnung ‚E' klarerweise das Objekt O (weil es die Rolle des Ausdrucks ‚E' ist, dieses Objekt und nicht ein anderes zu bezeichnen). 2. Wenn ‚E' in einer Äußerung verwendet wird, in der außer ‚E' nur Ausdrücke mit sprachlicher Bedeutung vorkommen, dann hat diese Äußerung als Ganzes auch sprachliche Bedeutung.

Zusammengenommen erlauben diese Prinzipien es, vorläufig *ein hinreichendes Prinzip für begründete Existenzannahmen* zu formulieren:

Die Annahme, daß ein Objekt O existiert, ist begründet, wenn es erstens eine Einzeldingbezeichnung ‚E' gibt, die, für den Fall, daß O existiert, klarerweise das Objekt O bezeichnet, und wenn zweitens die Äußerungen, in denen ‚E' verwendet wird, eine sprachliche Bedeutung haben (beziehungsweise wenn sie keine sprachliche Bedeutung haben, ist dafür nicht ‚E', sondern ein anderer der verwendeten Ausdrücke verantwortlich).[1]

Damit dieses Prinzip plausibel ist, muß noch eine implizite Annahme über den *Zusammenhang von Bedeutung und Existenz bei Einzeldingbezeichnungen* ergänzt werden:

Eine Einzeldingbezeichnung ‚E' hat nur dann eine sprachliche Bedeutung, wenn sie ein Objekt bezeichnet.

---

[1] Es ist leicht einzusehen, daß es sich dabei bestenfalls um ein hinreichendes, nicht aber um ein notwendiges Prinzip für begründete Existenzannahmen handeln kann; denn auf der Basis der wohlbegründeten Atomtheorie haben wir Grund zu der Annahme, daß z. B. ein Tisch aus Atomen besteht und daß diese Atome existieren. Gleichwohl verfügen wir nicht über eine einzige Einzeldingbezeichnung, die eines der Atome bezeichnen würde. Somit können Existenzannahmen begründet sein, ohne daß die erste Bedingung des obigen Prinzips erfüllt ist.

Da ein Ausdruck nur dann ein Objekt bezeichnen kann, wenn dieses Objekt existiert, so hat eine Einzeldingbezeichnung ‚E' nur dann sprachliche Bedeutung, wenn es ein Objekt O gibt und ‚E' dieses Objekt O bezeichnet.

Das vorläufige Prinzip für begründete Existenzannahmen erlaubt es, auf sehr einfache Weise festzustellen, ob ein Gegenstand O existiert: Es ist hinreichend, wenn man erstens zeigen kann, daß es eine Einzeldingbezeichnung ‚E' in einer Sprache gibt, die passend ist, den Gegenstand O zu bezeichnen, und zweitens, daß diese Einzeldingbezeichnung eine sprachliche Bedeutung hat. Wir schließen gemäß diesem Prinzip von der Existenz eines Ausdrucks mit sprachlicher Bedeutung auf die Existenz eines Gegenstandes.

Dabei stützt man sich wesentlich auf die zusätzliche Annahme, daß eine Einzeldingbezeichnung nur dann eine sprachliche Bedeutung hat, wenn diese einen Gegenstand bezeichnet. Der Schluß von der Existenz von Ausdrücken auf die Existenz von Gegenständen ist in der vorliegenden Form nur dann gerechtfertigt, wenn die genannte zusätzliche Annahme gerechtfertigt ist; denn diese stellt den wesentlichen Zusammenhang von sprachlicher Bedeutung und Existenz her. Daher wird diese Annahme im folgenden kritisch untersucht. Ausgangspunkt ist ein Streitgespräch über die Frage, ob es ein bestimmtes Objekt gibt. Charly und Anna spazieren an einem menschenleeren Strand entlang und stehen plötzlich vor einer Reihe von Steinen, deren Anordnung den Schriftzug ‚STOP' erkennen läßt. Charly glaubt, daß ein Mensch die Steine so angeordnet hat, während Anna glaubt, daß die Steine allein durch Einwirkungen von Wind und Wasser diese Form und Konfiguration bekommen haben. Charly behauptet, daß der Mensch, der diese Steine angeordnet hat, existiert, während Anna dies entschieden bestreitet.

In einem ersten Schritt charakterisieren wir den Streit aus den Perspektiven der beiden Diskussionspartner, wobei wir voraussetzen, daß die obige Annahme über den Zusammenhang von Bedeutung und Existenz bei Einzeldingbezeichnungen richtig ist, das heißt, die Einzeldingbezeichnung hat nur dann eine sprachliche Bedeutung, wenn sie einen Gegenstand bezeichnet. Aus Charlys Sicht läßt sich die Meinungsverschiedenheit konsistent so darstellen, daß Anna sich weigert, die Existenz eines Gegenstandes anzuerkennen, den es tatsächlich gibt. Da Anna bestreitet, daß der Mensch, der diese Steine angeordnet haben soll, existiert, kann sie aus ihrer Sicht Charlys Beschreibung der Meinungsverschiedenheit nicht übernehmen. Aus Annas Sicht gibt es keinen Gegenstand, dessen Existenz sie anerkennen oder nicht anerkennen könnte. Aus ihrer Sicht bezeichnet der Ausdruck ‚der Mensch, der diese Steine angeordnet hat' nichts, das heißt, der Ausdruck ist gemäß der Annahme über den Zusammenhang von Bedeutung und Existenz bei Einzeldingbezeichnungen ohne sprachliche Bedeutung. Deshalb ist jede Äußerung, in der er vorkommt, als Ganzes bedeutungslos. Damit ist es aus Annas Sicht weder möglich, die Existenzbehauptung aufzustellen, noch sie zu bestreiten. Es gibt aus ihrer Sicht zumindest keine naheliegende konsistente Beschreibung der Meinungsverschiedenheit. Daher scheint Charlys Position als diejenige, die die Existenz einer Entität behauptet, die einzig annehmbare Position zu sein; denn eine Position, die sich (prinzipiell) nicht konsistent beschreiben läßt, ist inkonsistent und damit falsch. Allerdings ruht dieser Vorteil von Charlys Position auf der Voraussetzung, daß die Annahme über den Zusammenhang von sprachlicher Bedeutung und Existenz richtig ist. Es lohnt sich, nach Alternativen zu dieser Annahme zu suchen, weil sie eine sehr unplausible Konsequenz hat: In einem Streit über die Existenz eines bestimmten Objekts ist es gemäß dieser Annahme nicht möglich, Annas Position zu beziehen und dabei recht zu behalten; denn ihr gemäß müßte es verneinte Existenzaussagen geben, die zudem wahr sind. Eine Aussage kann jedoch nur wahr sein, wenn sie eine sprachliche Bedeutung hat. Wenn die verneinte Existenzaussage ‚Der Mensch, der diese Steine angeordnet hat, existiert nicht' wahr ist, dann müssen alle (selbständigen) Teilausdrücke des Satzes bedeutungsvoll sein, insbesondere auch die Kennzeichnung ‚der Mensch, der diese Steine angeordnet hat'. Da wir vorerst annehmen, daß eine Einzeldingbezeichnung nur dann eine sprachliche Bedeutung hat, wenn sie ein Objekt bezeichnet, kann die verneinte Existenzaussage nur wahr sein, wenn es den Menschen, der diese Steine angeordnet hat, gibt, das heißt, die verneinte Existenzaussage kann nur wahr sein, wenn sie falsch ist. Das ist ein offensichtlicher Widerspruch. Somit folgt aus der Annahme über den Zusammenhang von sprachlicher Bedeutung und Existenz, daß eine verneinte Existenzaussage nicht wahr sein kann. Es ist demgemäß unmöglich, eine Existenzbehauptung zu bestreiten und dabei recht zu behalten. Wir handeln uns damit eine Reihe von Konsequenzen ein, die unseren Intuitionen völlig entgegenstehen; denn man müßte sagen, daß bei einem Streit über Existenzfragen immer derjenige recht hat, der die Existenz von etwas behauptet. Damit würde man zugleich behaupten, daß ein solcher Streit kein echter Streit ist, weil ein Bestreiten der Behauptung nie zutreffend sein kann.

Somit stehen wir vor folgendem Dilemma: Entweder wir halten an der Annahme über den Zusammenhang von sprachlicher Bedeutung und Existenz bei Einzeldingbezeichnungen fest oder an der stark verankerten

Intuition, daß auch derjenige, der die Existenz von etwas bestreitet, recht haben kann. Letzteres heißt, daß es wahre verneinte Existenzaussagen gibt. Wir werden in Anlehnung an Quine[2] dafür argumentieren, daß es gute Gründe dafür gibt, die Annahme über den Zusammenhang von sprachlicher Bedeutung und Existenz fallenzulassen und an unserer Intuition festzuhalten. Damit müssen wir dann aber auch das vorläufige Prinzip für begründete Existenzannahmen fallenlassen, denn es basiert auf dieser Annahme. Im Anschluß an eine Kritik der Annahme über den Zusammenhang von sprachlicher Bedeutung und Existenz wird daher ein neues Prinzip für begründete Existenzannahmen eingeführt.

9.2 Bedeutungsvolle Äußerungen und Existenzannahmen

Die Annahme, die es zu diskutieren gilt, nennen wir kurz die *Bedeutung-Existenz-Annahme*. Sie besagt, daß eine Einzeldingbezeichnung ‚E' nur dann eine sprachliche Bedeutung hat, wenn sie ein Objekt bezeichnet. Damit ein Objekt bezeichnet werden kann, muß es das Objekt geben.

Eine Argumentation, die auf Meinong zurückgeht, stützt sich auf die Bedeutung-Existenz-Annahme und versucht zugleich zu erklären, warum verneinte Existenzaussagen wahr sein können. Um beides zu vereinbaren, ist es erforderlich, Arten von Existenz zu unterscheiden: Meinong führt neben der (eigentlichen) Existenz die Kategorie der Subsistenz ein. Ein Ding subsistiert, wenn es möglich, aber nicht verwirklicht ist. Die verneinte Existenzaussage ‚Der goldene Berg existiert nicht' ist demgemäß wahr, weil der goldene Berg nicht existiert, sondern nur subsistiert. Da Subsistenz für ein Objekt hinreicht, um von einem Ausdruck bezeichnet werden zu können, ist somit die Bedeutung-Existenz-Annahme nicht verletzt; denn die Kennzeichnung ‚der goldene Berg' bezeichnet ein subsistierendes Objekt, und die wahre, verneinte Existenzaussage behauptet, daß dieses Objekt nicht (im eigentlichen Sinne) existiert. Die Unterscheidung von verschiedenen Arten der Existenz wirft allerdings zwei grundlegende Probleme auf: Erstens ist es keineswegs hinreichend, nur die Kategorie der Subsistenz einzuführen. Wenn man eine Unterteilung dieser Art macht, dann muß man auch eine Art von Existenz vorsehen, die mit der Kennzeichnung ‚das runde Quadrat' zurechtkommt. Da der

2 W. V. O. Quine: „Was es gibt", in ders.: *Von einem logischen Standpunkt. Neun philosophische Essays*, Frankfurt 1979 (Original 1953), S. 9–25.

Ausdruck ‚ist ein rundes Quadrat' ein begrifflicher Widerspruch ist, kann das runde Quadrat nicht in die Kategorie der Subsistenz, die Kategorie des nichtverwirklichten *Möglichen*, eingeordnet werden. Vielmehr müssen wir eine neue Spielart von Existenz einführen, nämlich die Kategorie des nichtverwirklichten *Unmöglichen*. Ein erstes Problem für diese Theorie besteht darin, daß die Behauptung, daß nichtverwirklichte unmögliche Objekte, wie z. B. das runde Quadrat, in irgendeiner Form existieren, nicht mit unserem Alltagsverständnis in Einklang zu bringen ist. Zudem steht die Meinongsche Theorie vor der offenen Frage, in welcher Form unmögliche Objekte existieren sollen?

Ein zweites, noch größeres Problem für die Theorie entsteht mit der Frage nach der Identität von Objekten. Sie betrifft nicht nur die Kategorie des nichtverwirklichten Unmöglichen, sondern auch die der Subsistenz. Ausgangspunkt der Identitätsfrage ist die folgende Überlegung: Wenn meine Annahme, daß ein bestimmtes Objekt, z. B. ein bestimmter Tisch, existiert, begründet sein soll, dann muß ich auch über ein Identitätskriterium verfügen, welches es mir erlaubt, einen Tisch von anderen Objekten und genau diesen Tisch von anderen Tischen zu unterscheiden.[3] In allgemeinerer Form nennen wir dies *das Identitätsprinzip der Ontologie:* Wenn es nicht einmal ein vages Identitätskriterium für ein vermeintliches Objekt gibt, so ist die Annahme, daß dieses Objekt (in irgendeiner Form) existiert, unbegründet.

Dieses Prinzip ist von Quine mit dem Slogan ‚no entity without identity' [keine Entität ohne Identität(skriterium)] in die neuere Ontologie eingeführt worden. Wenn wir die Meinongsche These, daß wir verschiedene Arten von Existenz unterscheiden müssen, mit der Identitätsfrage konfrontieren, so bricht das gesamte Gebäude zusammen. Es ist offensichtlich, daß wir nicht einmal eine Idee haben, wie man ein rundes Quadrat von einem anderen runden Quadrat unterscheiden könnte beziehungsweise wie man ein rundes Quadrat von einem dreieckigen Kreis unterscheiden könnte. Doch nicht nur für das nichtverwirklichte Unmögliche, sondern auch für die Kategorie der subsistierenden Dinge fehlt uns ein Identitätskriterium; denn wie sollen wir einen nichtverwirklichten, möglichen Tisch von einem anderen nichtverwirklichten möglichen Tisch unterscheiden beziehungsweise wie sollen wir die Frage beantworten,

[3] Ein Identitätskriterium kann ohne weiteres vage sein, so daß es in Zweifelsfällen keine Entscheidungsgrundlage liefert. Wesentlich ist, daß es auch klare Anwendungsfälle hat.

wieviel nichtverwirklichte mögliche Tische in einem leeren Raum stehen. Diese Überlegung führt die Meinongsche Theorie ad absurdum, das heißt, wenn man annimmt, diese Theorie sei wahr, so folgt daraus offensichtlicher Unsinn, so daß die Theorie falsch sein muß.

Wir zeigen nun, daß es gute Gründe gibt, die Bedeutung-Existenz-Annahme fallenzulassen. Wir untersuchen die Annahme hier nur für Kennzeichnungen, das heißt für Einzeldingbezeichnungen der Form ‚der/die/das F', wobei ‚F' ein beliebiges Prädikat in geeigneter grammatischer Form ist. Um die Bedeutung-Existenz-Annahme zu widerlegen, müssen wir im Falle von Kennzeichnungen zeigen, daß sie, unabhängig davon, ob sie etwas bezeichnen oder nicht, eine sprachliche Bedeutung haben können. Insbesondere kann auch eine leere Kennzeichnung (das heißt eine Kennzeichnung, die nichts bezeichnet) eine sprachliche Bedeutung haben. Um dies zu zeigen, greifen wir auf Russells Analyse von Kennzeichnungen zurück (siehe 2.3.2.5)[4] Gemäß Russell sind Kennzeichnungen Ausdrücke, die nur im Zusammenhang eines Satzes Bedeutung haben, und sie haben ihre Bedeutung unabhängig davon, ob sie etwas bezeichnen oder nicht; denn es läßt sich zeigen, daß ein Satz, der eine Kennzeichnung enthält, dieselbe Bedeutung hat wie ein Satz, in dem keine Kennzeichnung mehr vorkommt. Dies zeigt das folgende Beispiel. Der Satz ‚Der Mensch, der diese Steine angeordnet hat, ist verrückt' kann durch den folgenden bedeutungsgleichen Satz ersetzt werden: ‚Es gibt genau ein x, so daß x ein Mensch ist, der diese Steine angeordnet hat, und x ist verrückt'. Das wesentliche Merkmal der Satztransformation ist das Verschwinden der Kennzeichnung ‚der Mensch, der diese Steine angeordnet hat' zugunsten eines Prädikats ‚ist ein Mensch, der diese Steine angeordnet hat'. Für Prädikate ist es unstrittig, daß sie eine sprachliche Bedeutung haben können, auch wenn es kein Objekt gibt, das die von dem Prädikat ausgedrückte Eigenschaft hat (beziehungsweise wenn es keine Menge von Objekten gibt, die in der vom Prädikat ausgedrückten Relation zueinander stehen).[5] Da ein Satz, der eine Kennzeichnung enthält, stets in einen bedeutungsgleichen Satz transformiert werden kann, der außer logischen Zeichen nur noch Prädikate enthält, folgt (auf Grund der Rolle von Prädikaten), daß die Bedeutung des Satzes, der eine Kennzeichnung enthält, nicht davon

[4] Russells Analyse von Kennzeichnungen wird hier nur grob vorgestellt. Sie ist ausführlich im Kapitel zu Russells Philosophie dargestellt.

[5] Wenn man bei Prädikaten davon spricht, daß sie etwas bezeichnen, dann bezeichnen sie Eigenschaften bzw. Relationen, aber nicht Objekte.

abhängen kann, ob die Kennzeichnung ein Objekt bezeichnet. Annas Äußerung ‚Der Mensch, der diese Steine angeordnet hat, existiert nicht' ist bedeutungsgleich mit der Äußerung ‚Es ist nicht der Fall, daß es genau ein x gibt, so daß x ein Mensch ist, der diese Steine angeordnet hat.' Diese Äußerung enthält neben dem Satzoperator ‚Es ist nicht der Fall, daß' und dem logischen Zeichen ‚Es gibt genau ein' nur noch die Variable ‚x' und das Prädikat ‚ist ein Mensch, der diese Steine angeordnet hat'. Da die sprachliche Bedeutung des Prädikats unabhängig davon ist, ob es ein Objekt gibt, das die mit dem Prädikat ausgedrückte Eigenschaft hat, hat auch der ganze Satz unabhängig von der Existenz eines bestimmten Objekts eine sprachliche Bedeutung. Damit ist die Bedeutung-Existenz-Annahme am Beispiel von Kennzeichnungen als unhaltbar erwiesen.[6] Wir können nicht von der Tatsache, daß eine Äußerung, in der eine Einzeldingbezeichnung verwendet wird, bedeutungsvoll ist, auf die Existenz eines Objekts schließen. Damit müssen wir auch das vorläufige Prinzip für begründete Existenzannahmen aufgeben.

9.3 Ein neues Prinzip für begründete Existenzannahmen

Eine Existenzbehauptung erlaubt nur dann den Schluß auf die Existenz eines Objekts, wenn sie wahr ist. Somit ist eine Existenzbehauptung nur dann begründet, wenn wir gute Gründe dafür haben, die Existenzbehauptung für wahr zu halten. Das Wahrsein und das Fürwahrhalten einer Aussage müssen strikt unterschieden werden; denn ersteres ist ein ontologisches Phänomen, welches das Bestehen von Tatsachen betrifft, wäh-

---

[6] Dasselbe Problem stellt sich natürlich auch für Eigennamen, z. B. für den Eigennamen ‚Pegasus', der gemäß der griechischen Mythologie ein geflügeltes Pferd benennt. In Anlehnung an Kripkes Theorie der Eigennamen vertreten viele neuere Bedeutungstheorien für Eigennamen die These, daß die Bedeutung von Eigennamen sich in dem bezeichneten Objekt erschöpft. Daraus folgt unmittelbar, daß Eigennamen, die nichts bezeichnen, bedeutungslos sind. Wenn dem aber so wäre, dann könnte es bei der Verwendung von Eigennamen keine wahren, verneinten Existenzaussagen geben. Wir haben jedoch die fest verankerte Intuition, daß der Satz ‚Pegasus existiert nicht' etwas Wahres sagt. Für jede Theorie der Bedeutung von Eigennamen, die an der Bedeutung-Existenz-Annahme festhält, stellt sich somit die schwierige Aufgabe zu erklären, wie es möglich ist, daß es wahre verneinte Existenzaussagen gibt. In der gegenwärtigen Forschung gibt es zu diesem Problem noch keine befriedigende Lösung, so daß es naheliegt, auch für Eigennamen die Bedeutung-Existenz-Annahme aufzugeben.

rend letzteres ein epistemisches Phänomen ist, welches unsere Kenntnis des Bestehens von Tatsachen betrifft. Zunächst konzentrieren wir uns auf die Frage, unter welchen Umständen wir Existenzbehauptungen mit guten Gründen für wahr halten. Zum Schluß widmen wir uns dann dem Wahrsein von Existenzbehauptungen.

Ausgangspunkt für ein neues Prinzip für begründete Existenzannahmen ist die *These des wissenschaftlichen Realismus.* Sie besagt, daß nicht die Philosophie, sondern die empirischen Wissenschaften Auskunft darüber geben können, was es gibt und was die Natur der Dinge ist. Wenn eine Theorie, die zu einer empirischen Wissenschaft gehört, begründet ist, dann sind auch die Existenzbehauptungen, die Teil dieser Theorie sind, begründet. Existenzbehauptungen sind damit nicht als isoliert betrachtete Behauptungen begründet oder nicht, sondern nur als Teil einer Theorie, für die als Ganzes gute Gründe sprechen. Eine Allaussage spricht (quantifiziert) über die Elemente einer Menge von Dingen, z. B. spricht die Aussage ‚Alle Menschen sind sterblich' über die Elemente der Menge der Menschen, das heißt, sie spricht über Menschen. Wenn diese Aussage Teil einer begründeten Theorie ist, dann ist auch die Annahme, daß es Menschen gibt, begründet. Begründete Existenzannahmen können sich somit nicht nur auf begründete Existenzaussagen stützen, sondern auch auf begründete Allaussagen. Demgemäß formulieren wir *das neue Prinzip für begründete Existenzannahmen* in zwei Schritten:

Die Annahme, daß ein bestimmtes Objekt O existiert, ist begründet, wenn die Behauptung, daß O existiert, Teil einer begründeten Theorie einer empirischen Wissenschaft ist.

Die Annahme, daß es Objekte einer bestimmten Art gibt, ist begründet, wenn eine Allaussage, die über Objekte dieser Art redet (quantifiziert), Teil einer begründeten Theorie einer empirischen Wissenschaft ist.

Auf den ersten Blick scheint dieses Prinzip zu eng gewählt, weil es lediglich auf die Theorien der empirischen Wissenschaften Bezug nimmt und empirische Wissenschaften wesentlich von Beobachtungen ausgehen. Doch folgt aus einer Beschränkung auf empirische Theorien nicht, daß Existenzannahmen nur für beobachtbare Dinge begründet sein können; denn auch Theorien empirischer Wissenschaften machen Aussagen über Objekte beziehungsweise Arten von Objekten, die bislang nicht beobachtet wurden. So macht die Physik in neueren Theorien Aussagen über Elementarteilchen, die nur sehr indirekt durch Beobachtungen in Beschleunigerexperimenten bestätigt werden. Es kann keine Rede mehr davon sein, daß man diese Elementarteilchen beobachtet, sondern nur noch davon, daß die Allaussagen über ihre Eigenschaften im Rahmen der

Theorie zusammen mit den Beobachtungen begründet sind. Letzteres ist jedoch hinreichend, damit gemäß dem neuen Prinzip die Annahme, daß es Elementarteilchen gibt, begründet ist.

Das neue Prinzip für begründete Existenzannahmen ist jedoch nur innerhalb einer empirischen Wissenschaft relativ problemlos anwendbar. Dies setzt allerdings bereits voraus, daß es innerhalb einer Disziplin einen hinreichenden Konsens über den Kern der begründeten Theorien dieser Disziplin gibt. Dies ist keineswegs zu allen Zeiten der Fall.[7] Eine weitere Schwäche dieses neuen Prinzips für begründete Existenzannahmen zeigt sich, wenn man sie mit dem Prinzip der ontologischen Sparsamkeit (siehe 2.3.3) in Verbindung bringt. Um dieses Prinzip anzuwenden, müssen wir einen klaren Begriff über die Beziehung zwischen Theorien unterschiedlicher empirischer Wissenschaften haben. Das ist jedoch gegenwärtig nur in Ansätzen der Fall. Das skizzierte Problem wird nun ausführlich dargestellt. Der im folgenden relevante Aspekt der Forderung nach ontologischer Sparsamkeit ist die theoretische Entbehrlichkeit. Die Annahme, daß eine Entität O existiert, ist theoretisch entbehrlich, wenn sie Teil einer Erklärung eines Phänomens ist, für die es eine fundiertere, alternative Erklärung[8] gibt, die sich nicht auf die Annahme stützt, daß O existiert; z. B. ist die Annahme, daß es den griechischen Gott Zeus gibt, theoretisch entbehrlich, weil es für die mythologische Erklärung des Blitzes als eines Zornausbruchs des Gottes Zeus eine fundiertere, alternative Erklärung gibt, die nicht voraussetzt, daß es Zeus gibt, nämlich die Erklärung im Rahmen einer physikalischen Theorie der Potentialdifferenzen. Es gehört zu den Hintergrundannahmen der Forderung nach ontologischer Sparsamkeit, daß es eine Rangfolge empirischer Theorien gibt, wobei die Biologie weniger ontologische Annahmen macht als die Psychologie, die Chemie wiederum weniger ontologische Annahmen macht als die Biologie und letztlich die Physik die geringsten ontologischen Voraussetzungen macht. Das Idealbild der Einheit der Wissenschaften besagt, daß alle

---

[7] Thomas Kuhn zeigt in seiner historischen Analyse der faktischen Entwicklung der empirischen Wissenschaften, daß diese sowohl Phasen durchlief, in denen der Kerngehalt der begründeten Theorien unumstritten war, als auch Phasen, in denen es keinen Konsens über einen Kerngehalt der begründeten Theorien gab (Phasen des Paradigmenwechsels). T. Kuhn: *The Structure of Scientific Revolutions*, 1962, deutsche Übersetzung: *Die Struktur wissenschaftlicher Revolutionen*, Frankfurt ²1973.

[8] Wann eine Erklärung fundierter ist als eine andere, ist eine Frage der Wissenschaftstheorie, die hier zu weit vom Thema wegführen würde. Vgl. dazu Carl G. Hempel: *Aspekte wissenschaftlicher Erklärung*, Berlin 1977 (Original 1965).

wissenschaftlichen Erklärungen sich letztlich auf physikalische Erklärungen reduzieren lassen.

Das Beispiel des Blitzes ist ein klarer Fall, in dem die Forderung nach ontologischer Sparsamkeit greift. Spannend sind jedoch gerade die Fälle, in denen es zu einer Erklärung eines Phänomens noch keine fundiertere, physikalische Erklärung als Alternative gibt. Dazu gehört z. B. die Erklärung des menschlichen Handelns im Rahmen der Alltagspsychologie: Wir erklären Peters Handlung des Kaufens einer Kinokarte durch seinen Wunsch, einen bestimmten Film zu sehen und sich dazu die Berechtigung zu verschaffen, zusammen mit seiner Überzeugung, daß er sich durch das Kaufen einer Kinokarte dazu die Berechtigung verschafft. Die Erklärung von Handlungen gemäß der Alltagspsychologie setzt voraus, daß es Wünsche und Überzeugungen gibt. Nun stellt sich die Frage, ob diese Existenzannahme theoretisch entbehrlich ist oder nicht. Unstrittig ist, daß es zur Zeit keine physikalische Erklärung von Wünschen und Überzeugungen gibt. Strittig ist jedoch die Frage, ob es prinzipiell eine solche Erklärung geben kann (und wird) oder nicht. Die Befürworter und Gegner der These, daß es Wünsche und Überzeugungen (als Phänomene *sui generis*) gibt, stellen hohe Anforderungen an die Vertreter der jeweiligen Gegenposition. Die Gegnerposition lautet: Nur wenn man zeigt, daß es prinzipiell keine physikalische Erklärung von Wünschen und Überzeugungen geben kann, ist es erwiesen, daß diese theoretisch unentbehrlich sind. Die Befürworterposition lautet: Nur wenn man eine physikalische Erklärung von Wünschen und Überzeugungen vorlegen kann, sind Wünsche und Überzeugungen klarerweise theoretisch eliminierbar. Zur Zeit gibt es keine Theorie, die eine der beiden Anforderungen erfüllen würde. Daher endet die kritische Auseinandersetzung der Parteien im Augenblick häufig mit einer Beweislastverteilung, das heißt, man weist den Gegner darauf hin, daß er die hohe Anforderung für einen klaren Nachweis nicht erfüllt, während man selbst dem Pendant ebensowenig genügen kann. Es ist somit eine nach wie vor offene Forschungsfrage, ob Wünsche und Überzeugungen Phänomene *sui generis* sind oder nicht. Sie gehört mit zu den Kernfragen der analytischen Philosophie des Geistes, die im folgenden Kapitel eingehender betrachtet wird.

Zum Schluß möchten wir noch darauf aufmerksam machen, daß wir uns bislang nur mit der Frage beschäftigt haben, unter welchen Bedingungen Existenzannahmen begründet sind, aber noch nicht explizit mit der Frage, wann diese wahr sind. Wie eng epistemische Rechtfertigung und Wahrheit miteinander in Verbindung gebracht werden, hängt davon ab, welche philosophische Konzeption bezüglich des Wahrheitsbegriffs man vertritt. Hier soll ein Hinweis auf die Alternativen genügen: Eine Extremposition besagt, daß Wahrheit nichts anderes ist als epistemische Rechtfertigung, das heißt, wenn eine Existenzbehauptung begründet ist, so folgt logisch (deduktiv), daß diese wahr ist. Eine Gegenposition behauptet, daß der Begriff der Wahrheit überhaupt kein epistemischer Begriff ist. Deshalb ist es stets möglich, daß der Übergang von einer begründeten Existenzbehauptung auf deren Wahrheit sich als falsch erweist. Es handelt sich bei diesem Übergang demgemäß nicht um einen deduktiv logischen Schluß, sondern bestenfalls um einen in hohem Maße bestätigten Übergang. Diese Alternative zeigt, daß eine These zur Ontologie sich wesentlich auf eine These zur Erkenntnistheorie stützen kann. Damit ist dies zugleich ein Beispiel für die enge Verflechtung der philosophischen Disziplinen.

10 Analytische Philosophie des Geistes: Das Problem der mentalen Verursachung

Die analytische Philosophie des Geistes greift unter anderem ein auf Descartes zurückgehendes Problem der Philosophie auf, nämlich das sogenannte Leib-Seele-Problem. Zu dem Problem führt die Frage hin, wie der Zusammenhang zwischen seelischen und körperlichen Phänomenen zu erklären ist. Das Problem entsteht, weil wir in dieser Frage an mehreren Überzeugungen festhalten wollen, die nicht kompatibel sind. Mit den folgenden drei Sätzen entsteht das klassische Leib-Seele-Problem:

(1) Mentale Phänomene sind nicht-physische Phänomene.
(2) Mentale Phänomene sind im Bereich physischer Phänomene kausal wirksam.
(3) Der Bereich physischer Phänomene ist kausal geschlossen.[1]

Die Behauptung in Satz (1) stützt sich auf unsere Intuition, daß mentale Phänomene, wie z. B. Schmerzen, Wahrnehmungen, Hoffnungen, Überzeugungen radikal von physischen Phänomenen verschieden sind. Diese Verschiedenheit hält Satz (1) mit der These fest, daß mentale und physische Phänomene zwei getrennten Bereichen des Seienden zuzuordnen sind. Dies ist die These des ontologischen Dualismus. Die Behauptung in Satz (2) stützt sich auf die Intuition, daß z. B. Wünsche und Überzeugungen, das heißt mentale Phänomene die Ursache von Verhaltensweisen, das heißt von physischen Phänomenen, sind. Auf diese Intuition bauen sich unsere alltagspsychologischen Erklärungen auf: Wir sagen, daß jemand vor Freude weint, vor Schrecken starr ist. Wir erklären die Handlung einer Person durch Hinweis auf dessen Wünsche und Überzeugungen als deren Ursache. Der Satz (2) ist die These, daß es mentale Verursachung gibt, das heißt, daß eine Kausalrelation zwischen einem mentalen Phänomen

---

[1] Bieri: *Analytische Philosophie des Geistes*, S. 5.

als Ursache und einem physischen Phänomen als Wirkung bestehen kann. Schließlich stützt sich der Satz (3) auf ein methodisches Prinzip der Physik: Ein physisches Phänomen kann nur durch ein physisches Phänomen verursacht werden. Das traditionelle Leib-Seele-Problem besteht nun darin, daß die scheinbar gut verankerten Behauptungen in den Sätzen (1) bis (3) nicht zugleich wahr sein können:

Wenn mentale Phänomene nicht-physische Phänomene sind (1) und trotzdem ein mentales Phänomen auf ein physisches Phänomen kausal einwirken kann (2), dann ist damit der Bereich physischer Phänomene nicht kausal geschlossen; denn gemäß der Behauptung in Satz (2) kann ein physisches Phänomen durch ein mentales Phänomen verursacht werden.[2]

Da die drei Sätze nicht kompatibel sind, muß in einer konsistenten Antwort auf die Frage, wie der Zusammenhang zwischen mentalen und physischen Phänomenen zu erklären ist, einer der drei Sätze fallengelassen werden.

Es zeichnet die Beiträge zur Analytischen Philosophie des Geistes weitgehend aus, daß die These des ontologischen Dualismus (1) aufgegeben wird.[3] Damit stellt man sich gegen jede Philosophie des Geistes, die, wie z. B. Descartes, eine klare ontologische Trennung von seelischen Substanzen (res cogitans) und physischen Substanzen (res extensa) annimmt.

Im folgenden werden wir wesentliche Beiträge zur Analytischen Philosophie des Geistes vorstellen. Dabei ist nicht die historische Entwicklung der Positionen, sondern die systematische Frage leitend, welche Haltung die Vertreter einer Position gegenüber der These einnehmen, daß es mentale Verursachung gibt.[4] Zunächst möchten wir zwei befürwortende Positionen und dann zwei ablehnende Positionen vorstellen. Dabei skizzieren wir die jeweiligen Theorien des Geistes nur soweit, wie es erforderlich ist, um die unterschiedlichen Begründungen für die Stellungnahme zu dem Problem der mentalen Verursachung zu verstehen. Die beiden gegensätzlichen Grundhaltungen führen zu einem völlig unterschiedli-

---

[2] Die Unverträglichkeit der drei Sätze geht so weit, daß jeweils zwei Sätze die Falschheit des dritten implizieren.

[3] Obwohl dies ein sehr weitreichender Konsens ist, gibt es auch diesbezüglich Ausnahmen, z. B. R. Warner, „In Defense of a Dualism", in: Warner & Szubka, *The Mind-Body Problem*, S. 343–354; Popper & Eccles, *The Self and Its Brain*, New York 1977.

[4] Historisch orientierte Einführungen zur Analytischen Philosophie des Geistes finden Sie in den Texten von P. Bieri und P. Lanz (s. Literaturverzeichnis).

chen Umgang mit dem Problem: Wenn man gute Gründe dafür hat, daß es mentale Verursachung nicht gibt, dann existiert auch das Problem der mentalen Verursachung nicht mehr. Dies ist ein Beispiel für eine Strategie der Analytischen Philosophie, die philosophische Probleme zu lösen versucht, indem sie zu zeigen versucht, daß es das problematische Phänomen (z. B. mentale Verursachung) gar nicht gibt. Wenn man statt dessen dafür argumentiert, daß es mentale Verursachung gibt, dann benötigt man auch eine Erklärung, wie die kausale Rolle von mentalen Phänomenen zu verstehen ist.

10.1 Ryles Theorie des Geistes: Mentale Phänomene sind Dispositionen

Gilbert Ryle vertritt in seinem Buch *The concept of mind* (deutsche Übersetzung: *Der Begriff des Geistes*) die These, daß mentale Phänomene Dispositionen sind und als solche keine kausale Rolle für physische Phänomene spielen. Diese These wird nun ausführlich erläutert.

Dispositionen sind Fähigkeiten, Verhaltensneigungen oder Verhaltenstendenzen, z. B. hilfsbereit sein oder wasserlöslich sein. Das Gegenstück zu Dispositionen sind manifeste Eigenschaften, z. B. die Eigenschaft, einem Freund Geld geliehen zu haben, oder die Eigenschaft, in Wasser gelöst zu sein. Demgegenüber ist die Unterscheidung in materielle und physische Phänomene unbedeutend. Manifeste Eigenschaften werden mit kategorischen Aussagen beschrieben, z. B. wird die Tatsache, daß Thomas die manifeste Eigenschaft hat, zwei Meter groß zu sein, schlicht mit dem Satz ‚Thomas ist zwei Meter groß' beschrieben. Dispositionen erläutern wir mit Wenn-Dann-Sätzen bzw. hypothetischen Aussagen. Ein Beispiel für eine Disposition ist die Zerbrechlichkeit von Glasscheiben. Ausführlich wird sie durch den folgenden Wenn-Dann-Satz erläutert:

> Wenn ein schwerer, harter Gegenstand auf eine Glasscheibe trifft, dann zerbricht sie.

Für Dispositionsaussagen, wie z. B. ‚Glasscheiben sind zerbrechlich', ist es wesentlich, daß sie – wie im Beispiel – durch *hypothetische* Verknüpfungen von Ausgangs- und Folgeereignissen erläutert werden können; mit diesen Erläuterungen werden Verknüpfungen zwischen einem möglichen Ausgangsereignis und dem zu erwartenden Folgeereignis angegeben. Deshalb spricht man bei den Wenn-Dann-Sätzen auch von hypothetischen Aussagen bzw. kontrafaktischen Konditionalen. Die Bedeutung von Dispositionsaussagen erschöpft sich gemäß Ryle völlig in den Wenn-Dann-Sätzen, die sie erläutern:

(i) Dispositionsaussagen sind nur insoweit bedeutungsvoll, wie sie durch kontrafaktische Konditionale erläutert werden können.

Betrachten wir die Grammatik der Aussage ‚Diese Glasscheibe ist zerbrechlich' nur oberflächlich, so scheint es sich dabei um eine kategorische Aussage zu handeln, die analog zu der kategorischen Aussage ‚Thomas ist zwei Meter groß' behauptet, daß einem Objekt bzw. einer Person eine manifeste Eigenschaft zukommt. Der Schein trügt, da es sich bei Zerbrechlichkeit nicht um eine manifeste Eigenschaft, sondern um eine Disposition handelt. Die Aussage ‚Thomas ist zwei Meter groß' ist genau dann falsch, wenn es nicht der Fall ist, daß Thomas die manifeste Eigenschaft zukommt, zwei Meter groß zu sein. Um die Wahrheits- bzw. Falschheitsbedingungen der Aussage ‚Diese Glasscheibe ist zerbrechlich' angeben zu können, müssen wir sie durch einen Wenn-Dann-Satz erläutern: ‚Wenn ein schwerer, harter Gegenstand auf diese Glasscheibe trifft, dann zerbricht sie.' Da die Eigenschaft, zerbrechlich zu sein, keine manifeste Eigenschaft ist, läßt sie sich nur durch den hypothetischen Zusammenhang zwischen einer Ausgangssituation und einem Folgeereignis charakterisieren. Die Bedeutung von Dispositionsaussagen erschöpft sich dementsprechend in den kontrafaktischen Konditionalen, die sie erläutern. Die logische Struktur von Dispositionsaussagen ist ein Konditional. Die Aussage ‚Diese Glasscheibe ist zerbrechlich' ist somit dann falsch, wenn das Antezedens (der Inhalt des Wenn-Satzes) wahr und das Konsequens (der Inhalt des Dann-Satzes) falsch ist; das heißt, sie ist falsch, wenn die Situation eintritt, daß ein schwerer, harter Gegenstand auf diese Glasscheibe trifft, und es nicht zugleich dazu kommt, daß sie zerbricht.

Bislang haben wir nur materielle Phänomene betrachtet. Ryles zentrale These ist jedoch eine Aussage zu mentalen Phänomenen; Aussagen, die mentale Prädikate enthalten und somit über mentale Phänomene reden, werden im folgenden als psychologische Aussagen bezeichnet. Ryles Kernthese lautet:

(ii) Psychologische Aussagen sind Dispositionsaussagen, und zwar kontrafaktische Verhaltensaussagen.

Betrachten wir beispielsweise das mentale Phänomen, welches mit dem Satz ‚Petra fährt intelligent Auto' beschrieben wird. Petras intelligentes Autofahren läßt sich gemäß Ryle durch eine offene Reihe von Wenn-Dann-

Sätzen charakterisieren, die weder notwendige noch hinreichende, sondern lediglich charakteristische Bedingungen angeben:

K1: Wenn Petra mit ihrem Wagen in einer Stadt fahren würde, dann würde sie besonders auf die Radfahrer und die Fußgänger achten.
K2: Wenn Petra auf eine Kreuzung mit roter Ampel zufahren würde, würde sie schon frühzeitig die Geschwindigkeit verringern.
K3: Wenn Petra bei dichtem Verkehr auf einer Autobahn fahren würde, würde sie sich rechtzeitig an die Geschwindigkeit der Wagenkolonne anpassen.
...
Kn: Wenn Petra sich in der und der Situation befinden würde, würde sie sich so und so verhalten.
usw.

Mit der These, daß Intelligenz eine Disposition ist, die sich durch die kontrafaktischen Konditionale erläutern läßt, wendet sich Ryle gegen die cartesianische Theorie des Geistes. Diese behauptet, daß mentale Phänomene manifeste Eigenschaften sind, die nicht beobachtbar, privat beziehungsweise nur dem Träger eines solchen Zustands unmittelbar zugänglich sind. Mentale Phänomene sind in der cartesianischen Theorie des Geistes geheimnisvolle, weil jeweils nur einer Person zugängliche Phänomene. Diese These nennt er den *Mythos vom Gespenst in der Maschine*. Dieser Mythos speist sich aus einer Verwechslung von manifesten Eigenschaften mit Dispositionen. Psychologische Aussagen sind Dispositionsaussagen, und als solche sind sie überprüfbare hypothetische Verhaltenssätze und nicht – wie in einer cartesianischen Theorie behauptet – unüberprüfbare kategorische Zustandsbeschreibungen. Gemäß der cartesianischen Theorie ist ein Verhalten intelligent, wenn sich die Person, die eine Handlung ausführt, in einem bestimmten geistigen Zustand befindet, der nur ihr unmittelbar zugänglich ist. Gemäß Ryle wird ein Verhalten zu Recht intelligent genannt, wenn die Reaktionen in einer Situation eine charakteristische Qualität haben. Ryles These, daß psychologische Aussagen Dispositionsaussagen sind, schließt des weiteren aus, daß es mentale Verursachung gibt.

(iii) Alltagspsychologische Erklärungen sind keine Kausalerklärungen.

Alltagspsychologische Erklärungen haben die folgende Form:

A tut H, weil:
A wünscht, daß p, und
A glaubt, daß die Handlung H seinen Wunsch erfüllt.

Gemäß diesem Schema erklären wir gewöhnlich Handlungen, das heißt, es sind Wünsche und Überzeugungen, die wir zur Erklärung von Handlungen heranziehen. Ryle vertritt die These, daß solche Erklärungen keine Kausalerklärungen sind. Dazu unterscheidet er zwei Typen von Erklärungen: Eine Erklärung heißt kausal, wenn sie ein Ereignis erklärt, indem sie das verursachende Ereignis angibt; z. B. erklärt man das Zerbrechen dieser Glasscheibe durch die Tatsache, daß ein Stein auf sie geworfen wurde. Eine Erklärung heißt dispositional, wenn sie diejenige Eigenschaft angibt, die dafür verantwortlich ist, daß die Glasscheibe zerbrochen ist, als ein Stein auf sie geworfen wurde, nämlich die Zerbrechlichkeit der Glasscheibe. Dispositionale und kausale Erklärungen sind prinzipiell verschiedene Erklärungen. Ihr Zusammenhang kann wie folgt erläutert werden: Die dispositionale Feststellung ‚Die Glasscheibe ist zerbrechlich' gibt in verschlüsselter Form das Gesetz an, welches die Ursache mit der Wirkung verknüpft; wenn man in einer Erklärung eine Disposition angibt, so gibt man charakteristische Ursache-Wirkung-Zusammenhänge, aber kein verursachendes Ereignis an. Dispositionen sind somit keine Ursachen.

In den alltagspsychologischen Erklärungen verwenden wir psychologische Aussagen, um die Gründe einer Handlung anzugeben. Da es sich bei psychologischen Aussagen um Dispositionsaussagen handelt, handelt es sich bei den alltagspsychologischen Erklärungen um dispositionale und nicht um kausale Erklärungen. Handlungen werden durch Motive erklärt. Motive sind nicht Beschreibungen von singulären Ereignissen, sondern generelle Sätze, die charakteristische Zusammenhänge zwischen Situationen und Verhaltensweisen beschreiben.

Ryles Argumentation stützt sich vor allem auf seine Kernthese, daß mentale Phänomene Dispositionen und als solche durch hypothetische Aussagen vollständig beschreibbar sind. Wenn wir eine Handlung als ein Vorkommnis eines Ereignisses auffassen, dann müßte in einer Kausalerklärung auch ein Vorkommnis eines Ereignisses als Ursache genannt werden. Wenn aber Wünsche und Überzeugungen vollständig durch hypothetische Sätze beschreibbar sind, dann wird mit der Angabe eines Wunsches oder einer Überzeugung kein Vorkommnis eines Ereignisses angegeben. Die Gegenposition, daß es sich bei alltagspsychologischen Erklärungen doch um Kausalerklärungen handelt, stützt sich darauf, daß es sich bei mentalen Phänomenen nicht immer um Dispositionen handelt. Überzeugungen können dispositional und episodisch verstanden werden, das heißt, sie können einerseits als Dispositionen, aber andererseits auch als Vorkommnisse von mentalen Zuständen, das heißt als reale

Ereignisse, aufgefaßt werden. Wenn eine Überzeugung episodisch verstanden wird, so hat eine Person diese Überzeugung zu einem bestimmten Zeitpunkt. Die Überzeugung wird dann (zusammen mit Vorkommnissen von Wünschen) zur Ursache einer Handlung, die als Ereignis aufgefaßt wird. Somit handelt es sich bei alltagspsychologischen Erklärungen (zumindest in vielen Fällen) um Kausalerklärungen.[5]

10.2 Daniel Dennett: Intentionale Systeme

Wie Ryle so vertritt auch Dennett die These, daß mentale Phänomene nicht in einer Kausalrelation zu physischen Phänomenen stehen. Dennetts Begründung für diese These ist Teil seiner Theorie der intentionalen Systeme. Für intentionale Systeme ist es wesentlich, daß ihr Verhalten mittels Wünschen, Befürchtungen, Überzeugungen, Hoffnungen etc. erklärt und vorausgesagt wird. Somit sind Menschen offensichtlich gute Kandidaten für intentionale Systeme. Etwas ist allerdings nur dann ein intentionales System, wenn zwei Bedingungen erfüllt sind:

1. Es gibt jemanden, der das Verhalten dieses Systems zu erklären und vorauszusagen sucht (den Verhaltenserklärer).
2. Die Voraussage und Erklärung folgt einer bestimmten Strategie, nämlich der intentionalen Einstellung.

Dennett unterscheidet drei Strategien für Erklärungen und Voraussagen von Verhalten: die intentionale, die funktionale und die physikalische Einstellung. Diese Strategien werden am Beispiel eines Schachcomputers erläutert, wobei ein Gegner des Schachcomputers dessen Züge vorauszusagen versucht. Wenn die Züge des Schachcomputers gemäß einer physikalischen Einstellung vorausgesagt werden, dann beschreibt der Gegner eine Folge von tatsächlichen physikalischen Zuständen: Ist der Computer aus Röhren aufgebaut, so sind die physikalischen Zustände andere, als wenn er aus Chips, das heißt Halbleitern, bestehen würde. Gemäß einer physikalischen Einstellung wird ein System mittels seiner spezifischen physikalischen Zustände beschrieben, wobei unser gesamtes Wissen über die Naturgesetze vorausgesetzt wird. Bei einer funktionalen Einstellung ab-

---

5 Weitergehende Kritiker vertreten die These, daß alltagspsychologische Erklärungen immer kausale Erklärungen sind. Oft ist dabei die wissenschaftstheoretische These im Hintergrund, daß die einzigen Erklärungen, die es verdienen, so genannt zu werden, kausale Erklärungen sind.

strahiert man von den spezifischen physikalischen Zuständen zugunsten von bestimmten Funktionseinheiten, die durch unterschiedliche physikalische Zustände realisiert sein können. Die Funktionseinheiten werden auch funktionale Zustände genannt. Bei einem Schachcomputer können die funktionalen Zustände als diejenigen Zustände betrachtet werden, die gewöhnlich ein Programmierer mittels der Programmiersprache beschreibt, das heißt, es handelt sich dabei um logische Charakterisierungen des Programms[6]: Eine funktionale Beschreibung könnte, in die natürliche Sprache übertragen, wie folgt aussehen: ‚Wenn die Figuren auf folgenden Feldern stehen (schwarzer Turm auf a8, schwarzer König auf d8, ..., weißer Turm auf f1, ...), dann ziehe den weißen Turm von f1 auf f5'. Dabei wird noch nicht von Wünschen, Überzeugungen oder anderen intentionalen Phänomenen geredet. Schließlich definiert es die intentionale Einstellung, daß die Züge des Schachcomputers auf der Basis von Wünschen, Überzeugungen etc. vorausgesagt werden, z. B. ‚Der Schachcomputer möchte die Dame des Gegners schlagen, und er glaubt, daß er dies nur erreicht, wenn er zuvor seinen Läufer auf schwarzem Feld opfert; deshalb stellt er den Läufer in eine scheinbar ungünstige Position.‘ Während die physikalische Einstellung keine besonderen Voraussetzungen für die Erklärung und Prognose von Verhalten macht, wird bei der funktionalen Einstellung vorausgesetzt, daß ein System störungsfrei funktioniert. Die Beschreibung eines Systems mittels funktionaler Zustände ist nur dann angemessen, wenn die funktionalen Zustände (zumindest weitgehend) realisiert sind. Bei der intentionalen Einstellung nehmen wir an, daß das zu beschreibende System sich rational verhält. Eine Erklärung oder Prognose des Verhaltens mittels intentionaler Prädikate (das sind Prädikate, die wesentlich zur Beschreibung mentaler Phänomene verwendet werden) ist nur dann angemessen, wenn es sich bei dem System um eines handelt, das (zumindest weitgehend) vernünftige Verhaltensregeln realisiert, das heißt, daß es, ausgehend von bestimmten Zielen und Informationen, die vernünftigste und angemessenste Handlung realisiert.[7] Wenn diese Voraussetzungen nicht erfüllt sind, dann erweist

---

6 Diese Charakterisierungen können ihrerseits sehr unterschiedlich ausfallen. Wesentlich ist dabei, daß einerseits von den spezifischen physikalischen Zuständen abgesehen wird und andererseits keine Beschreibungen von Wünschen, Überzeugungen oder anderen intentionalen Phänomenen einfließen.

7 Ob ein System die Voraussetzung der Rationalität erfüllt oder nicht, läßt sich nur relativ zu einem Aufgabenbereich feststellen. Der Schachcomputer ist ein rationales System nur relativ zu dem Aufgabenbereich des Schachspielens. Dennett spricht dabei davon, daß ein System für einen Aufgabenbereich optimal konstruiert ist.

sich die jeweilige Einstellung als unbrauchbar. Wenn ein System sich nicht rational verhält, dann ist die intentionale Einstellung unbrauchbar. Es kann dann vielleicht mit der funktionalen Einstellung erklärt werden. Funktioniert das System nicht störungsfrei, dann ist sogar die funktionale Einstellung unbrauchbar. Funktionsstörungen eines Systems können nur mit der physikalischen Einstellung erfaßt werden. Da die physikalische Einstellung keine Voraussetzungen hat, lassen sich alle Systeme mittels dieser Einstellung beschreiben. Damit kommt der materialistische Zug von Dennetts Theorie zum Ausdruck. Bei der folgenden Begründung von Dennetts Position zum Problem der kausalen Verursachung wird deutlich, daß er dem, was wir im Alltag intentionale Phänomene nennen, eine eigenständige Rolle im Vergleich zu physischen Phänomenen zubilligt.

Art der Einstellung	Voraussetzungen der Anwendung einer Einstellung	Erklärung/Prognose von Verhalten mittels
physikalisch	keine	physikalischer Zustände
funktional	störungsfreies Funktionieren	funktionaler Zustände
intentional	rationales Verhalten	intentionaler Zustände (Wunsch, Überzeugung etc.)

Die These, daß es keine kausale Verursachung gibt, ergibt sich aus Dennetts Theorie der intentionalen Systeme mit den folgenden beiden Überlegungen:

Gemäß der obigen Definition ist ein System ein intentionales System, wenn jemand das Verhalten mittels der intentionalen Einstellung vorauszusagen oder zu erklären sucht; das heißt allein die Tatsache, daß jemand das Verhalten eines Systems, z. B. das Scharren eines Hundes an der Haustür, mittels Wünschen, z. B. daß der Hund aus dem Haus möchte, zu erklären sucht, reicht, damit es sich dabei um ein intentionales System handelt. Die intentionale Strategie kann sich bei der Erklärung und Prognose des Verhaltens eines Systems als brauchbar oder unbrauchbar erweisen, nicht jedoch als wahr oder falsch. Ist die intentionale Strategie brauchbar, so sagt dies nicht mehr, als daß sich das Verhalten eines Systems erfolgreich erklären läßt, wenn man dem System Wünsche und

Überzeugungen *zuschreibt*. Die Frage, ob das System *wirklich* Wünsche und Überzeugungen hat, ist unangebracht. Eine intentionale Einstellung wählt man aus pragmatischen Gründen und nicht weil sie wahre Erklärungen ergeben würde; z. B. spricht jemand beim Schachcomputer von dessen Wünschen, wenn er – wie die meisten Menschen mangels ausreichender Programmier- und Physikkenntnisse – nicht in der Lage ist, die Züge in funktionaler, geschweige denn in physikalischer Einstellung zu erklären. Dennetts Theorie intentionaler Systeme schließt somit nicht die These ein, daß es Wünsche und Überzeugungen gibt. Wünsche und Überzeugungen sind gemäß Dennett nicht Ursachen von Handlungen, denn dazu müßte er behaupten, daß sie existieren.

Der zweite Grund für Dennetts Position, daß alltagspsychologische Erklärungen keine Kausalerklärungen sind, resultiert aus der Unabhängigkeit der drei beschriebenen Einstellungen. Jede Einstellung ist eine eigenständige Erklärungsstrategie. Bei einer intentionalen Einstellung werden Beschreibungen von Wünschen, Überzeugungen und Handlungen miteinander verknüpft. Bei einer funktionalen Einstellung werden nur funktionale Zustände und bei einer physikalischen Einstellung nur physikalische Zustände beschrieben. Die Unabhängigkeit der drei Erklärungsstrategien besteht darin, daß die Verhaltenserklärungen jeder Ebene Erklärungen sui generis sind. Da es sich bei Erklärungen mit der physikalischen Einstellung um Kausalerklärungen handelt, kann es sich bei den Erklärungen mit funktionaler oder intentionaler Einstellung nicht um Kausalerklärungen handeln. Außerdem führt es zu Unsinn, wenn man Beschreibungen aus unterschiedlichen Einstellungen miteinander verknüpft. Wenn man in einer Erklärung Beschreibungen von Wünschen und Überzeugungen als mentalen Phänomenen mit Beschreibungen von physikalischen Phänomenen verknüpfen würde, so wäre das Ergebnis keine Erklärung und somit erst recht keine Kausalerklärung.

Dennetts Theorie des Geistes basiert wesentlich auf der Annahme, daß mentale Phänomene nur über Zuschreibungen mit intentionaler Einstellung erfaßbar sind. Daß eine Person ein mentales Phänomen hat, heißt gemäß Dennett nichts anderes, als daß es für die Verhaltenserklärung nützlich ist, dieser Person einen mentalen Zustand zuzuschreiben. Zu den mentalen Phänomenen gehören unter anderem die Zahnschmerzen, die ein Mensch hat. Dennetts Theorie ist zumindest in hohem Maße kontraintuitiv, wenn er demgemäß behaupten muß, daß die Tatsache, daß eine Person Zahnschmerzen hat, davon abhängt, ob es für jemand anderen nützlich ist, bei Verhaltenserklärungen dieser Person Zahnschmerzen zuzuschreiben. Das Sprachverhalten anderer Menschen scheint zumindest gemäß unserem Alltagsverständnis keinen Einfluß darauf zu haben, ob jemand Schmerzen hat oder nicht. Dennetts Theorie der intentionalen Systeme ist nur so fundiert wie das zugrundeliegende ontologische Prinzip. Wenn man Zuschreibungen mit intentionaler Einstellung als intentionale Zuschreibungen bezeichnet, dann läßt sich das Prinzip plakativ so formulieren: Ohne intentionale Zuschreibung kein mentales Phänomen.[8]

Diese These von der Sprachabhängigkeit mentaler Phänomene wird von *den* Philosophen nicht akzeptiert, die die Position vertreten, daß es mentale Verursachung gibt. Im folgenden werden wir zwei grundlegende Konzeptionen skizzieren, die auf unterschiedliche Weise das Problem der mentalen Verursachung zu lösen versuchen.

10.3 Identitätstheorien und der Funktionalismus

Vertreter einer Identitätstheorie oder des Funktionalismus halten sowohl an der These fest, daß es mentale Verursachung gibt, als auch an der These, daß der Bereich physischer Phänomene kausal geschlossen ist. Das können sie nur, wenn sie zugleich dafür argumentieren, daß mentale Phänomene eine Art physischer Phänomene sind.

Identitätstheorien sind geradezu dadurch motiviert, daß ihre Vertreter[9] das Problem der mentalen Verursachung als echtes Problem anerkennen. Die Lösung des Problems besteht in der Kernthese der Identitätstheorien, die besagt, daß mentale Phänomene mit physischen Phänomenen identisch sind, und zwar mit Gehirnzuständen. Wenn mentale Phänomene eine Teilmenge der physischen Phänomene sind, dann ist mentale Verursachung kein Problem, denn sie ist nichts anderes als eine gewöhnliche Kausalrelation zwischen zwei physischen Phänomenen. Davidsons Argument für eine Identitätstheorie stützt sich wesentlich auf die Annahme, daß es mentale Verursachung gibt. Es läßt sich grob wie folgt rekonstruieren[10]:

---

8 Dennetts Theorie wurde hier nur soweit dargestellt, wie sie in dem Aufsatz *Intentionale Systeme* entwickelt ist. In seinen späteren Arbeiten gibt es wesentliche Weiterentwicklungen (s. Literaturverzeichnis).

9 Dazu zählen unter anderen U. T. Place, J. J. C. Smart, D. M. Armstrong, D. Lewis, siehe Literaturverzeichnis.

10 Eine ausführliche Rekonstruktion ist zu finden bei P. Lanz, *Menschliches Handeln zwischen Kausalität und Rationalität*, Frankfurt 1987, Kap. V.

(i) Es gibt mentale Verursachung, das heißt, ein mentales Phänomen kann die Ursache eines physischen Phänomens sein.
(ii) Wenn ein mentales Phänomen ein physisches Phänomen verursacht, so gibt es ein striktes Gesetz, unter das sich die Kausalrelation zwischen den beiden Phänomenen subsumieren läßt.[11]
(iii) Es gibt keine strikten psychophysischen Gesetze (das sind strikte Gesetze, die einen Zusammenhang zwischen mentalen und physischen Phänomenen beschreiben), wenn sich mentale Phänomene nur mit intentionalen (genauer: mit nichtphysikalischen) Prädikaten beschreiben lassen.

Conclusio: Es muß eine physikalische Beschreibung von mentalen Phänomenen geben, das heißt, mentale Phänomene sind mit physischen Phänomenen identisch.

Bei der ersten Prämisse handelt es sich um eine intuitiv wünschenswerte These. Die zweite Prämisse des Arguments stützt sich auf die wissenschaftstheoretische Annahme, daß Kausalbeziehungen Einzelfälle von strikten Gesetzen sind. Ein Gesetz ist strikt, wenn es Teil einer umfassenden und geschlossenen Theorie ist, das heißt, ein striktes Gesetz gehört zu einer Theorie, die zur Erklärung von Ereignissen eines Gegenstandsbereiches nur Ereignisse bemühen muß, die sich mit den Annahmen, Begriffen und Gesetzen der Theorie beschreiben lassen. Die dritte Prämisse besagt somit, daß psychophysische Gesetze nicht Teil einer umfassenden und geschlossenen Theorie sein können, wenn die mentalen Phänomene mittels nichtphysikalischer Prädikate beschrieben werden. Diese These stützt sich auf folgende Überlegung: Wenn ein Vorkommnis eines mentalen Phänomens mittels intentionaler beziehungsweise nichtphysikalischer Prädikate beschrieben wird, dann gehört es nur relativ auf Hintergrundannahmen über Bedeutung und Rationalität zu einer bestimmten Art mentaler Phänomene. Dagegen gehört ein Vorkommnis eines physischen Phänomens unabhängig von solchen Hintergrundannahmen zu einer bestimmten Art physischer Phänomene. Da eine Theorie, die sowohl mentale als auch physische Phänomene bei derart unterschiedlichen Identitätsbedingungen beschreiben würde, nicht umfassend und geschlossen sein kann, gibt es keine strikten psychophysischen Gesetze,

[11] Davidsons These ist eine ontologische These, die offenläßt, ob wir diese strikten Gesetze kennen oder nicht.

wenn mentale Phänomene mittels intentionaler beziehungsweise nicht-physikalischer Prädikate beschrieben werden. Da es jedoch gemäß der ersten These mentale Verursachung gibt, muß es auch strikte Gesetze geben, die einen Zusammenhang zwischen mentalen und physischen Phänomenen beschreiben. Doch dazu muß es für die mentalen Phänomene eine physikalische Beschreibung geben.

Um eines der Grundprobleme von Identitätstheorien aufzuzeigen, müssen wir zunächst die Art-Vorkommnis-(‚type-token'-)Unterscheidung zur Präzisierung der Kernthese heranziehen.[12] Wenn wir von Gehirnzuständen sprechen, so müssen wir klären, ob wir damit über eine Art von Gehirnzustand sprechen, den unterschiedliche Personen zu unterschiedlichen Zeiten haben können, oder über ein Vorkommnis eines Gehirnzustands, welches sich dadurch auszeichnet, daß es zu einem Zeitpunkt bei genau einer Person realisiert ist. Demgemäß unterscheiden wir zwei Lesarten der Kernthese. Die These, daß mentale Phänomene mit Arten von Gehirnzuständen identisch sind, ist der Kern der *generellen* Identitätstheorie (auch genereller Physikalismus genannt), während die These, daß mentale Phänomene mit Vorkommnissen von Gehirnzuständen identisch sind, der Kern der *partikularen* Identitätstheorie ist (auch partikularer Physikalismus genannt). Aus der generellen Identitätstheorie folgt, daß mentale Phänomene prinzipiell nur bei Wesen mit unserer physiologischen Verfassung auftreten können, während dies nicht aus der partikularen Identitätstheorie folgt. Es ist jedoch unplausibel anzunehmen, daß mentale Phänomene nur bei Wesen auftreten können, die ein menschenähnliches Gehirn haben. Warum sollen mentale Phänomene nicht auch auf einer ganz anderen materiellen Basis realisiert sein können? Diese Überlegung führte dazu, daß die generelle Identitätstheorie zugunsten der partikularen Identitätstheorie aufgegeben wurde. Die partikulare Identitätstheorie hat zwar keine derartigen Probleme, aber sie leistet nicht das, was wir von ihr erwarten. Da sie nur Vorkommnisse von Schmerzen mit Vorkommnissen von physischen Zuständen identifiziert, sagt sie nichts darüber aus, was allen diesen physischen Zuständen, die Schmerzen sind, gemeinsam ist. Wir wollen jedoch gerade wissen, welche Eigenschaft ein physisches Vorkommnis zu einem Fall von Schmerz macht. Wir suchen eine Theorie über mentale Universalien. Somit steht eine Identitätstheorie vor folgendem Dilemma:

---

[12] Vgl. Bieri, Analytische Philosophie des Geistes, S. 39–41.

> Entweder ist sie eine Theorie über mentale Universalien; dann scheint sie empirisch unplausibel. Oder sie ist empirisch plausibel; dann sagt sie uns nicht das, was wir wissen wollen.[13]

Dieses Dilemma war einer der Hauptgründe für die Entwicklung des Funktionalismus (auch funktionaler Materialismus genannt).

Zum Funktionalismus gehört ebenso wie zu den Identitätstheorien die These, daß es mentale Verursachung gibt. Es wird im folgenden verdeutlicht, wie eng sie mit der Kernthese des Funktionalismus zusammenhängt. Diese besagt, daß mentale Zustände in strenger Analogie zu den logischen Zuständen einer Turingmaschine als funktionale Zustände aufgefaßt werden können.[14] Um die Analogie verständlich machen zu können, müssen wir zunächst erläutern, was eine Turingmaschine ist. Bei einer Turingmaschine handelt es sich um ein Modell für universelle Berechenbarkeit. Eine Turingmaschine ist eine universelle Rechenmaschine mit einer strengen Vorschrift für Berechenbarkeit. Eine Turingmaschine können wir durch ein endloses Band symbolisieren, wobei es klar abgegrenzte Felder gibt:

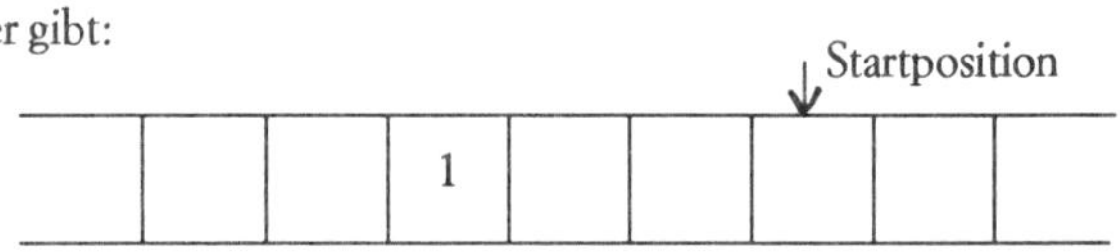

Die Turingmaschine besteht aus einem Schreib-Lese-Kopf, der sich jeweils auf einem Feld des Bandes befindet und auf ein anderes Feld weiterbewegt werden kann. Die Turingmaschine kann folgende Operationen durchführen. Sie kann das Zeichen auf einem Feld lesen, das heißt, sie kann erkennen, ob es leer ist oder ob dort eine ‚1' steht. Sie kann außerdem die Ziffer ‚1' auf ein leeres Feld schreiben und die Ziffer ‚1' auf einem Feld löschen. Schließlich kann der Schreib-Lese-Kopf ein Feld nach rechts oder nach links bewegt werden. Von diesen Operationsmöglichkeiten greifen wir nur einige heraus und charakterisieren die Operationen der Turingmaschine durch eine Maschinentafel, wobei a1 und a2 die Ausgangssituationen und m1 bis m3 die Maschinenzustände sind. Die Vorschriften der Maschinentafel bestehen aus drei Teilen: einer Schreib- oder Löschanweisung, einer Bewegungsanweisung und schließlich einer

---

13 Bieri, *Analytische Philosophie des Geistes*, S. 41.

14 H. Putnam, *Minds and Machines*, deutsche Übers.: *Geist und Maschine*.

Anweisung, in einen der Maschinenzustände m1, m2 oder m3 überzugehen. Dabei verwenden wir folgende Abkürzungen: ‚S1' steht für ‚Schreibe eine ‚1' auf das Feld', ‚L1' steht für ‚Wenn sich eine ‚1' auf dem Feld befindet, dann lösche diese', ‚Gl' für ‚Gehe ein Feld nach links', ‚Gr' für ‚Gehe ein Feld nach rechts'. Somit besagt die Anweisung ‚S1, Gl, m2', daß zunächst eine ‚1' auf das Feld geschrieben werden soll, dann der Schreib-Lese-Kopf ein Feld nach links bewegt werden soll und schließlich die Maschine in den Zustand m2 übergehen soll; das heißt, beim nächsten Schritt wird die Vorschrift aus der Maschinentafel von dem Zustand m2 abgelesen.

	m1	m2	m3
a1 (leeres Feld)	S1, Gl, m2	S1, Gl, m3	S1, Gl, m1
a2 (Feld mit ‚1')	L1, stop	L1, Gr, m3	L1, Gl, m1

Wenn eine Turingmaschine auf dem Feld startet, welches oben durch den Pfeil markiert ist und sich zunächst im Zustand m1 befindet, dann legt die Maschinentafel vollständig fest, welche Operationen sie durchläuft. Das Ergebnis der Berechnung sieht wie folgt aus:

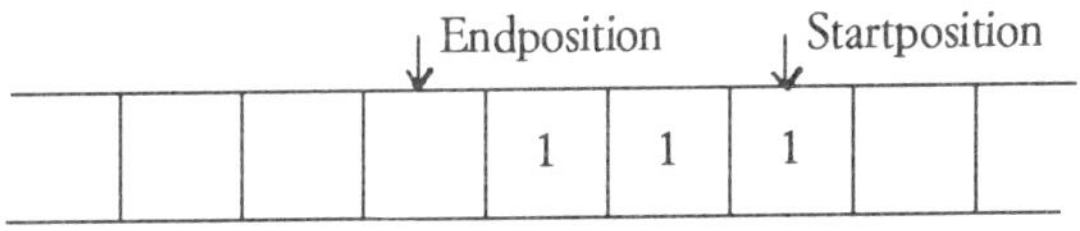

Eine mathematische Funktion f(x) heißt turing-berechenbar, wenn man eine Turingmaschine angeben kann, die in endlich vielen Schritten den Funktionswert f(x) berechnet. Es ist wesentlich für eine Turingmaschine, daß ihre Operationen vollständig durch die Maschinentafel festgelegt sind. Die Maschinentafel ihrerseits ist ein logisches Programm, welches völlig offenläßt, mit welchem Material die Maschine realisiert wird, z. B. ob sie aus Röhren oder aus Chips gebaut ist.

Der Funktionalismus charakterisiert mentale Zustände in strenger Analogie zu den Maschinenzuständen einer Turingmaschine. Für jedes System mit mentalen Zuständen gibt es eine zutreffende Beschreibung seiner Handlungen in Form einer Maschinentafel, wobei die Ausgangssituationen bei Menschen oft durch Wahrnehmungen festgestellt werden und die Anweisungen der Maschinentafel Handlungsanweisungen sind. Dabei entspricht jede Art von Maschinenzustand (im Beispiel m1 bis m3) genau einer Art von mentalem Zustand. Mentale Zustände sind somit identisch mit Maschinenzuständen, das heißt mit Zuständen, die rein funktional festgelegt sind, kurz mit funktionalen Zuständen. Ein funktionaler Zustand legt fest, welche Handlung als Reaktion auf eine bestimmte Ausgangssituation, z. B. bei einer bestimmten Wahrnehmung, erfolgt. Funktionale Zustände haben daher mit den Dispositionen gemäß Ryle gemeinsam, daß sie durch hypothetische Zusammenhänge zwischen Ausgangssituationen und Folgezuständen charakterisiert werden können. Andererseits wahrt der Funktionalismus eine große Nähe zum Materialismus. Es ist eine wesentliche Eigenschaft von turing-berechenbaren Funktionen, daß sie mechanisch realisierbar sind. In Analogie dazu sind auch alle mentalen Zustände physisch realisierbar. Indem mentale Zustände mit funktionalen Zuständen identifiziert werden, sind sie einerseits unabhängig von der Art der materiellen Realisation charakterisiert, während sie andererseits als physisch realisierte Zustände aufgefaßt werden. Einerseits kann ein Typ eines funktionalen Zustands in Systemen realisiert werden, die aus ganz unterschiedlichen Materialien bestehen. Andererseits ist jedes Vorkommnis eines funktionalen Zustands ein physischer Zustand und hat eine physikalische Beschreibung. Das gilt auch für mentale Zustände. Damit wird verständlich, daß mentale Verursachung ein Aspekt des Funktionalismus ist. Mentale Zustände sind physische Zustände, auch wenn ihre Identitätsbedingungen erst dann angegeben werden können, wenn sie als funktionale Zustände beschrieben werden. Mentale Zustände sind als physische Zustände selbstverständlich auch Ursachen anderer physischer Zustände.

Der Turingmaschinen-Funktionalismus ist eine frühe Variante des Funktionalismus. Diese Variante sowie die späteren Entwicklungen[15] stehen vor zwei Problemen, die als die Kernprobleme einer Philosophie des Geistes betrachtet werden können:

(i) Das Problem des phänomenalen, qualitativen, subjektiven Charakters der Erfahrung (das Qualiaproblem): Empfindungen besitzen qualitative Merkmale, die sich durch rein kausale Analysen nicht einfangen lassen; z. B. gibt es eine qualitative Differenz zwischen ‚etwas Saures schmekken' und ‚etwas Süßes schmecken'. Dieser Unterschied scheint unserem Bewußtsein unmittelbar gegenwärtig, unabhängig davon, welche kausalen Rollen wir diesen Qualitäten in einer Erklärung zuschreiben.

[15] Die späteren Versionen des Funktionalismus sind keine Weiterentwicklungen des Turingmaschinenfunktionalismus, sondern sie arbeiten mit anderen Begriffen von Funktion, z. B. solchen, die man in der Biologie und in den Verhaltenswissenschaften findet.

(ii) Das Problem des mentalen Inhalts: Viele mentale Phänomene, z. B. Peters Wunsch, ein Eis zu essen, haben einen Inhalt, nämlich, daß Peter Eis ißt. Physische Zustände scheinen keinen Inhalt zu haben. Damit wird die offene Frage aufgeworfen, wie es möglich ist, daß rein physische Zustände einen Inhalt haben.

Die Tatsache, daß alle skizzierten Theorien grundlegende Probleme mit unseren Alltagsintuitionen bezüglich mentaler Phänomene haben oder wesentliche Fragen offenlassen, bringt zum Ausdruck, daß es sich bei dem Problem der mentalen Verursachung um eine offene Forschungsfrage handelt.

11 Ausgewählte Forschungsschwerpunkte der neueren Sprachphilosophie

In diesem Kapitel werden die Grundlagen für einige neuere sprachphilosophische Diskussionen vorgestellt. Ausgangspunkt ist die Gricesche Sprachphilosophie. Sie bietet einen Rahmen, in den sich einige der gegenwärtig zentralen sprachphilosophischen Diskussionen gut einpassen lassen.

11.1 Paul Grice: Philosophie der Sprache und der Kommunikation

11.1.1 Das Gricesche Programm

Gemäß Grice[1] lassen sich fünf Stufen der theoretischen Behandlung von Sprachverhalten unterscheiden. Diese werden verständlich, wenn wir sie mit Blick auf eine Sprachgemeinschaft entwickeln, deren Sprache und Gewohnheiten wir nicht kennen. Wir versetzen uns somit in die Lage eines Feldforschers, der mit dem Problem der Erstübersetzung einer fremden Sprache befaßt ist. Auf einer ersten Stufe wird das Verhalten der Mitglieder einer Sprachgemeinschaft in ihrer Umgebung beschrieben (Zu der besonderen Problematik der Erstübersetzung siehe S. 140). Diese

[1] Die Griceschen Grundideen finden sich in Grice, Meaning. Die ausführlichste Darstellung des Stufenaufbaus liefert Bennett, Linguistic Behaviour. Unsere Kurzdarstellung orientiert sich an der Darstellung des Stufenaufbaus im Vorlesungsskriptum von Spohn, Namen, S. 8–15, und Spohn, Die fünf Stufen einer Theorie der Bedeutung.

Verhaltensbeschreibungen sind der ausschlaggebende Prüfstein für jede Sprachtheorie auf einer abstrakteren Ebene. Auf einer zweiten Stufe wird eine psychologische Theorie über die Mitglieder einer Sprachgemeinschaft entwickelt. Dabei steht insbesondere die Zuschreibung von Wünschen und Überzeugungen im Vordergrund, denn im Rahmen der Alltagspsychologie werden Handlungen mit Hilfe von Wünschen und Überzeugungen erklärt. Diese Zuschreibungen erfolgen mit Hilfe von Sätzen der Form ‚S wünscht, daß p' bzw. ‚S glaubt, daß p', wobei S der Sprecher einer Äußerung ist und ‚daß p' den Inhalt eines Wunsches bzw. einer Überzeugung angibt. Den Inhalt eines Daß-Satzes bezeichnet man allgemein als Proposition. Alle psychischen Zustände, die mit einem psychologischen Verb (z. B. wünschen, glauben, hoffen, erwarten, befürchten) und einem Daß-Satz beschrieben werden können, nennt man propositionale Einstellungen. Auf der zweiten Stufe wird somit eine Theorie von den propositionalen Einstellungen der Mitglieder einer Sprachgemeinschaft entwickelt, um so das auf der ersten Stufe beschriebene Verhalten alltagspsychologisch zu erklären. Auf einer dritten Stufe soll eine Theorie der subjektiven Äußerungsbedeutung entwickelt werden. Dabei lassen sich die Sprecher- und die Hörerperspektive unterscheiden. Die subjektive Äußerungsbedeutung *für den Hörer* ist das, was er *versteht,* wenn er die Äußerung hört. Die subjektive Äußerungsbedeutung *für den Sprecher* ist das, was er *meint,* wenn er einen Satz äußert. Das Verstehen einer Äußerung zeigt sich auf dieser Stufe darin, zu welchen Überzeugungen der Hörer auf Grund der Äußerung gelangt. Das *Meinen* des Sprechers ist gemäß Grice dafür verantwortlich, daß eine Zeichenkette bedeutungsvoll ist und beim Hörer eine ganz bestimmte Überzeugung hervorzurufen vermag. Es läßt sich gemäß Grice als eine Kombination von Sprecherabsichten auffassen. Auf einer dritten Stufe werden somit subjektives Verstehen und Meinen der Mitglieder einer Sprachgemeinschaft analysiert. Da Meinen und Verstehen Spezialfälle von Einstellungen sind, ist die dritte Stufe der Beschreibung von Sprachverhalten ein Spezialfall der zweiten. Ziel einer vierten Stufe ist es, die intersubjektive Bedeutung von Äußerungen, die konventionale Äußerungsbedeutung, anzugeben. Dies wird dadurch erreicht, daß die Regelmäßigkeiten im Umgang mit Äußerungen aufgezeigt und in Sprachkonventionen festgehalten werden. Die einflußreichste Theorie über Sprachkonventionen ist die Sprechakttheorie. Ein wesentliches Verdienst der Sprechakttheorie ist es, eine Theorie der illokutionären Rollen entwickelt zu haben. Die illokutionäre Rolle gibt an, welche Art von Handlung mit einer Äußerung vollzogen wird. Die Sprechakttheorie hat damit aus der Konzentration auf Behauptungen herausgeführt und genauso Bitten, Warnungen, Befehle etc. systematisch berücksichtigt.[2] Viele Äußerungen lassen sich durch eine illokutionäre Rolle und einen propositionalen Gehalt charakterisieren, wobei die illokutionäre Rolle die Art der Sprachhandlung (Befehl, Bitte etc.) angibt, während der propositionale Gehalt der Inhalt der Äußerung ist, der in Form eines Daß-Satzes angegeben wird.[3] Auf einer fünften Stufe soll eine rekursive Semantik für die Objektsprache aufgestellt werden. Eine rekursive Semantik einer Sprache gibt für jeden sprachlichen Ausdruck eine Bedeutung an. Auf dieser Basis läßt sich dann die Bedeutung eines Satzes als Funktion der Bedeutung der Satzteile ableiten. Eine rekursive Semantik braucht nur für endlich viele Ausdrücke Bedeutungen anzugeben. Mit Hilfe des Kompositionalitätsprinzips, welches besagt, daß die Bedeutung eines Satzes eine Funktion der Bedeutungen seiner Teile ist, läßt sich die Bedeutung für unendlich viele Sätze konstruieren.[4] Dies ist ein zentraler Aspekt einer rekursiven Semantik, denn damit kann das Vermögen eines kompetenten Sprechers erklärt werden, unendlich viele verschiedene Sätze auf der Basis eines endlichen Vokabulars zu konstruieren und zu verstehen. Fassen wir die fünf Stufen des Griceschen Programms tabellarisch zusammen:

Das Gricesche Programm[5]

5. Stufe:	Eine rekursive Semantik der Objektsprache L
4. Stufe:	Eine Theorie der konventionalen Äußerungsbedeutung
3. Stufe:	Eine Theorie der subjektiven Äußerungsbedeutung
2. Stufe:	Eine psychologische Theorie über die propositionalen Einstellungen der Mitglieder einer Gruppe
1. Stufe:	Aussagen über das Verhalten der Mitglieder der Gruppe in ihrer Umgebung

---

2 Austin, *How to do things with words*; deutsche Übers.: *Zur Theorie der Sprechakte*, S. 166–183.

3 Wenn die Äußerung ‚Schließe die Tür!' an den Adressaten A gerichtet ist, so kann sie z. B. gemäß der Sprechakttheorie durch die illokutionäre Rolle der Aufforderung und den propositionalen Gehalt, daß A die Tür schließt, charakterisiert werden. Gewöhnlich werden die beiden Elemente der Äußerung als Paar repräsentiert: [Aufforderung; daß A die Tür schließt].

4 Eine rekursive Semantik für formale Sprachen hat erstmals Tarski entwickelt. Tarski: „Der Wahrheitsbegriff in den formalisierten Sprachen", in: Berka/Kreiser (Hrsg.): *Logik-Texte*, Berlin 1971; eine gute Einführung liefert Künne: „Wahrheit", in: Martens/Schnädelbach (Hrsg.): *Philosophie. Ein Grundkurs*, Bd. 1, S. 147–158.

5 Übernommen aus Spohn, *Namen*, S. 13.

Das Kernstück der Griceschen Theorie der Kommunikation ist seine Theorie des Meinens. Die Theorie des Meinens ist gemäß der soeben vorgestellten Klassifikation eine Theorie der subjektiven Äußerungsbedeutung, und zwar aus der Sicht des Sprechers. Damit ist Grices Theorie im Kern eine intentionale Theorie der Bedeutung. Im folgenden stellen wir die Grundzüge der Griceschen Sprachphilosophie vor und erläutern, inwiefern es sich um eine intentionale Theorie der Bedeutung handelt.

11.1.2 Maximen der rationalen Verständigung

Grice hat eine ausgefeilte Theorie der rationalen Verständigung entwickelt, die von dem Prinzip ausgeht, daß der Sprecher einer Äußerung kommunikative Absichten hat, die der Hörer auf Grund der Äußerung erkennen kann. Der Sprecher kann beispielsweise mittels einer sprachlichen Äußerung den Hörer in die Lage versetzen, die Überzeugung, daß p, zu erfassen, die der Sprecher ihm mitteilen möchte. Um erfolgreich zu kommunizieren, das heißt in diesem Fall, um zu erreichen, daß der Hörer genau die Überzeugung erfaßt, die der Sprecher ihm mitteilen möchte, muß der Sprecher sich an eine Reihe von Gesprächsprinzipien halten. Das Grundprinzip ist das Kooperationsprinzip: Es verlangt von kooperativen Gesprächspartnern, so zu reden, wie es angesichts des Gesprächsverlaufs und des Gesprächszweckes angemessen ist. Dieses allgemeine Prinzip wird durch eine Vielfalt von Konversationsmaximen erläutert. Grice hat die Maximen analog zu Kants Kategorien in vier Gruppen aufgeteilt, die er wie Kant mit den Begriffen Quantität, Qualität, Relation und Modalität bezeichnet.

Quantität:
  Versuche deinen Beitrag informativ adäquat zu machen.
  a) Mache deinen Beitrag so informativ wie nötig.
  b) Mache deinen Beitrag nicht informativer als nötig.

Qualität:
  Versuche deinen Beitrag so zu machen, daß er wahr ist.
  a) Sage nichts, was du für falsch hältst.
  b) Sage nichts, wofür dir angemessene Gründe fehlen.

Relation:
  Sei relevant.

Modalität:

Sei klar.

a) Vermeide Dunkelheit des Ausdrucks.

b) Vermeide Mehrdeutigkeit.

c) Vermeide unnötige Weitschweifigkeit.

d) Halte die Reihenfolge (der Ereignisse beim Bericht) ein.

Die Maxime der *Quantität* verlangt erstens, daß man seinen Beitrag so informativ wie für den Gesprächszweck nötig machen soll, und zweitens, daß man ihn nicht informativer als nötig machen soll. Die Maxime der *Qualität* fordert, den Gesprächsbeitrag so zu wählen, daß er wahr ist, wobei man insbesondere nichts sagen soll, was man für falsch hält oder für das man keine angemessenen Gründe hat. Hier ist für nicht wahrheitswertfähige Äußerungen eine entsprechende Erweiterung erforderlich. Die Maxime der Qualität besagt in erweiterter Form, daß man einen Sprechakt nur dann vollziehen soll, wenn man glaubt, daß die Bedingungen für eine erfolgreiche Durchführung des Sprechakts erfüllt sind. Die Maxime der *Relation* besteht in der Aufforderung, relevant zu sein; das heißt, man sollte seinen Gesprächsbeitrag so wählen, daß erkennbar ist, in welche Richtung das Gespräch sich weiterentwickelt und was genau der Beitrag zu dieser Gesprächsentwicklung ist. Schließlich verlangt die Maxime der *Modalität* Klarheit. Sie soll insbesondere erreicht werden, indem man Dunkelheit des Ausdrucks, Mehrdeutigkeiten, unnötige Weitschweifigkeit und ungewöhnliche Anordnungen bei der Wahl der Erzählreihenfolge vermeidet. Mit Blick auf alle Typen von Äußerungen soll die Forderung der Klarheit sicherstellen, daß der Sprechakt, den man vollziehen will, sowie der damit beabsichtigte Beitrag zum Gespräch eindeutig erkennbar ist.[6] Welche Rolle diese Maximen spielen, wird bei der Theorie der Implikatur deutlich.

11.1.3 Die Theorie der Implikatur

Das folgende Beispiel dient als Einstieg für die Charakterisierung von Implikaturen:

> Am Eingang des Supermarktes XY befindet sich eine sehr auffällige Werbetafel für preiswerte Schokolade. Als sie den Supermarkt betre-

---

[6] Grice, Logic and Conversation, S. 26–28.

ten und vor der Werbetafel stehen, sagt die kleine Anna zu ihrem Vater: „Hier gibt es preiswerte Schokolade."

Mit dieser Äußerung bittet Anna ihren Vater, ihr eine Tafel Schokolade zu kaufen.[7] Unser Verständnis von Annas Äußerung können wir nur adäquat beschreiben, wenn wir zumindest dreierlei unterscheiden: erstens die Bedeutung *des Satzes (unabhängig vom Äußerungskontext),* zweitens das mit der Äußerung (im Kontext) wörtlich Gesagte und drittens das mit der Äußerung (im Kontext) Gemeinte. Dafür möchten wir auch die folgenden Begriffe verwenden:

1. die Satzbedeutung,
2. den semantischen Gehalt des Satzes (= das wörtlich Gesagte) und
3. die Äußerungsbedeutung (= das Gemeinte).

Die Satzbedeutung kann im obigen Beispielfall durch den Satz „An dem Ort der Äußerung gibt es preiswerte Schokolade" charakterisiert werden. Dabei werden keine Kontextinformationen berücksichtigt. Der semantische Gehalt des Satzes ist das mit einer Äußerung wörtlich Gesagte. Er kann im obigen Fall durch einen Daß-Satz angegeben werden, in dem die Kontextinformation in bezug auf den kontextabhängigen Ausdruck ‚hier' berücksichtigt wird: „Im Supermarkt XY gibt es preiswerte Schokolade." Schließlich unterscheiden wir noch die Äußerungsbedeutung. Dabei werden diejenigen Kontextinformationen sowie zusätzliches Hintergrundwissen berücksichtigt, die dazu nötig sind, damit der Hörer das vom Sprecher (mit der Äußerung) Gemeinte erfaßt. Anna meint mit ihrer Äußerung, daß ihr Vater für sie eine Tafel Schokolade kaufen möge. Dieses Beispiel zeigt, daß Satzbedeutung und semantischer Gehalt einerseits sowie semantischer Gehalt und Äußerungsbedeutung andererseits auseinanderfallen können.

Betrachten wir zunächst den Zusammenhang von Satzbedeutung und semantischem Gehalt. Allgemein können wir sagen, daß der semantische Gehalt sich ergibt, wenn neben der Satzbedeutung zusätzlich noch Kontextinformationen berücksichtigt werden. Der Zusammenhang zwischen Satzbedeutung und semantischem Gehalt kann somit durch eine Theorie der Kontextabhängigkeit einer Äußerung beschrieben werden. Dazu gehört unter anderem eine Theorie der Referenzfestlegung, die beschreibt, wie das, worüber man mit Hilfe eines kontextabhängigen Ausdrucks re-

---

[7] Dieselbe Äußerung könnte auch andere Interpretationen bekommen. Wir gehen hier davon aus, daß die Interpretation als Bitte die im beschriebenen Kontext naheliegende ist.

det, festgelegt wird. Außerdem benötigt man eine Theorie der Disambiguierung, die für mehrdeutige Ausdrücke (wie z. B. ‚Bank') *eine* Lesart (z. B. Geldinstitut) als die relevante auszeichnet.[8]

Der zweite Zusammenhang ist der zwischen dem semantischen Gehalt und der Äußerungsbedeutung. Der semantische Gehalt eines Satzes und die Äußerungsbedeutung können auseinanderfallen, nämlich dann, wenn der Sprecher offensichtlich mehr oder etwas anderes meint, als er auf Grund der wörtlichen Bedeutung der Äußerung sagt. In unserem Beispiel *sagt* Anna, daß es im Supermarkt XY preiswerte Schokolade gibt. Was sie darüber hinaus *meint,* ist das Folgende: Sie bittet ihren Vater, er möge ihr eine Tafel Schokolade kaufen. Der Unterschied zwischen dem wörtlich Gesagten und dem darüber hinaus Gemeinten läßt sich in diesem Fall besonders deutlich machen, wenn wir eine sprechakttheoretische Darstellung wählen, das heißt, es wird jeweils die Art der Sprachhandlung, die sogenannte illokutionäre Rolle, und deren Inhalt, der propositionale Gehalt, angegeben. Das wörtlich Gesagte läßt sich durch das Paar [Behauptung; daß es im Supermarkt XY preiswerte Schokolade gibt] darstellen. Das darüber hinaus Gemeinte dagegen durch das Paar [Bitte; daß der Vater Anna eine Tafel Schokolade kauft]. Diese Darstellung macht deutlich, daß nicht nur der Inhalt (der mit einem Daß-Satz repräsentierte propositionale Gehalt) von wörtlich Gesagtem und eigentlich Gemeintem verschieden ist, sondern sogar die Art der Sprachhandlung (die illokutionäre Rolle). Die Theorie der Implikatur ist unter anderem eine Antwort auf die naheliegende Frage, wie die Transformation von wörtlich Gesagtem zu darüber hinaus Gemeintem zu erklären ist.[9]

Allgemein ist eine Implikatur eine Transformation vom semantischen Gehalt eines Satzes zu seiner Äußerungsbedeutung. Grice unterscheidet viele Arten von Implikaturen. Die zentrale Unterscheidung ist die zwischen konventionalen und konversationalen Implikaturen.

---

[8] Weitere Faktoren, die beim Übergang von der Satzbedeutung zum semantischen Gehalt eine Rolle spielen, werden ausführlich in Sperber/Wilson: *Relevance* besprochen.

[9] Es wird nicht behauptet, daß das, was Anna wörtlich sagt, nicht von ihr gemeint wird, sondern daß sie noch mehr meint, als sie wörtlich sagt. Bei den meisten Äußerungsarten ist es so, daß der Sprecher zumindest das meint, was er wörtlich sagt; meist meint er jedoch mehr. Es gibt aber auch besondere Fälle, in denen der Sprecher nicht meint, was er wörtlich sagt, z. B. bei ironischen Äußerungen. Wenn jemand zu einer offensichtlich schlecht gelaunten Person sagt: „Du bist heute aber gut gelaunt."

Eine *konventionale* Implikatur stützt sich allein auf Sprachkonventionen.[10] So wird gemäß Grice z. B. der Kontrast, der per Konvention mit dem Ausdruck ‚aber' ausgedrückt wird, mit Hilfe einer konventionalen Implikatur erklärt. Wenn wir die folgenden beiden Sätze betrachten, so *sagen* sie gemäß Grice dasselbe, wenn auch der Sprecher mit den beiden Sätzen Unterschiedliches *meint:*

(1) Van Gogh ist ein bedeutender Künstler, und er wurde von seinen Zeitgenossen wenig geschätzt.
(2) Van Gogh ist ein bedeutender Künstler, aber er wurde von seinen Zeitgenossen wenig geschätzt.

Nach Grice haben die beiden Sätze denselben propositionalen Gehalt, da sie dieselben Wahrheitsbedingungen haben: Sie sind genau dann wahr, wenn van Gogh ein bedeutender Künstler ist und er zugleich von seinen Zeitgenossen wenig geschätzt wurde. Der Unterschied, der durch die Verwendung des Junktors ‚aber' anstelle von ‚und' zum Ausdruck kommt, ist ein Unterschied auf der Ebene der Äußerungsbedeutung. Er kann mit Hilfe einer konventionalen Implikatur erklärt werden. Es gehört per Sprachkonvention zu dem Ausdruck ‚aber', daß ein Kontrast ausgedrückt wird. Im obigen Beispiel (2) ist es der Kontrast zwischen der Eigenschaft, ein bedeutender Künstler zu sein, und der Geringschätzung durch die Zeitgenossen. Dieser Kontrast spielt beim propositionalen Gehalt des Satzes keine Rolle. Bliebe der Unterschied jedoch völlig unberücksichtigt, so hätte der Sprecher die Maxime der Quantität verletzt, weil er seinen Beitrag informativer als nötig gemacht hätte. Das Verletzen der Maxime der Quantität (auf der Ebene des Gesagten) ist somit der Anlaß für die Transformation vom propositionalen Gehalt zu der reicheren Äußerungsbedeutung, bei der der Kontrast erfaßt wird. Die Äußerungsbedeutung von (2) kann vollständig erst mit Hilfe einer Implikatur erklärt werden. Die Implikatur ist in diesem Fall konventional, weil der in der Äußerung relevante Kontrast durch eine Sprachkonvention mit dem Ausdruck ‚aber' verbunden ist.

Annas Äußerung im Supermarkt ist ein Beispiel für eine Äußerung, bei deren Interpretation eine nichtkonventionale Implikatur hineinspielt, und zwar die sogenannte *konversationale* Implikatur. Sie unterscheidet sich

10 Mittels einer konventionalen Implikatur wird ein Aspekt, der durch die Sprachkonventionen mit einem Ausdruck verbunden ist, nicht dem wörtlich Gesagten, das heißt dem semantischen Gehalt, sondern dem Gemeinten, das heißt der Äußerungsbedeutung, zugerechnet.

von der konventionalen Implikatur dadurch, daß der Aspekt der Äußerungsbedeutung, der nicht Teil des semantischen Gehaltes ist, nicht durch Sprachkonventionen für Ausdrücke charakterisiert werden kann. Während es bei konventionalen Implikaturen nur der Sprachbeherrschung bedarf, um sie zu erfassen, muß dazu bei konversationalen Implikaturen spezifisches Hintergrundwissen jenseits der Sprachkompetenz berücksichtigt werden.

Wir verstehen Annas Äußerung „Hier gibt es preiswerte Schokolade“ in den geschilderten Umständen als an den Vater gerichtete Bitte, ihr eine Tafel Schokolade zu kaufen. Das wörtlich Gesagte ist die Behauptung, daß es im Supermarkt XY preiswerte Schokolade gibt. Würde dies zugleich als die Äußerungsbedeutung, das Gemeinte, aufgefaßt, so würde die Maxime der Quantität bzw. die der Relation verletzt. Die Maxime der Quantität verlangt, daß ein Beitrag nicht informativer als nötig zu machen ist, die der Relation verlangt vom Sprecher, nur Relevantes zu äußern. Da die preiswerte Schokolade mit einem sehr auffälligen Schild angepriesen wird, welches jeder Kunde des Supermarktes bemerkt, ist Annas Äußerung für ihren Vater informativer als nötig bzw. irrelevant. Was Anna ihm *sagt,* weiß er schon. Wäre das wörtlich Gesagte zugleich die Äußerungsbedeutung, so wäre die Äußerung unvernünftig. Da wir davon ausgehen können, daß Anna eine vernünftige Sprecherin ist, weist das Verletzen der Gesprächsmaximen darauf hin, daß mit der Äußerung noch mehr gemeint ist als gesagt wird. Die Äußerungsbedeutung ist die Bitte mit dem Inhalt, daß der Vater ihr eine Tafel Schokolade kaufen möge. Einige konversationale Implikaturen können somit genauso wie einige konventionale durch das Verletzen von Gesprächsmaximen auf der Ebene des wörtlich Gesagten charakterisiert werden.[11] Wesentlich ist für konversationale Implikaturen, daß die über das Gesagte hinausgehende Interpretation einer Äußerung nicht auf Sprachkonventionen, sondern auf dem Wissen über etablierte Verhaltensweisen oder andere Kontextfaktoren basiert. In diesem Fall ist es das Hintergrundwissen, daß Kinder gerne Schokolade essen und daß Eltern für ihre kleinen Kinder einkaufen, welches uns hilft, die Äußerungsbedeutung zu erfassen. Eine Implikatur läßt sich somit durch zwei Kriterien näher bestimmen: zum einen durch die Art des Wissens, welches bei der Transformation berücksich-

---

[11] Es gibt auch Implikaturen, die nicht darauf beruhen, daß Gesprächsmaximen verletzt werden. Wenn z. B. jemand den Satz äußert „Peter ist in Berlin oder Hamburg“, dann meint er über den wörtlichen Inhalt des Satzes hinaus, daß er nicht genau weiß, wo Peter sich aufhält.

tigt wird, Wissen von Sprachkonventionen versus Wissen von Kontextfaktoren, und zum anderen gegebenenfalls durch die Angabe der Gesprächsmaximen, die durch das wörtlich Gesagte verletzt werden.

Gemäß Grice läßt sich die Äußerungsbedeutung als das auffassen, was der Sprecher meint, wenn er eine Sprachhandlung vollzieht. Der Zusammenhang zwischen dem, was der Sprecher meint, dem wörtlich Gesagten und den verschiedenen Arten von Implikaturen kann durch das folgende Schema verdeutlicht werden, in dem jeweils ein Oberbegriff in zwei Unterbegriffe analysiert wird[12]:

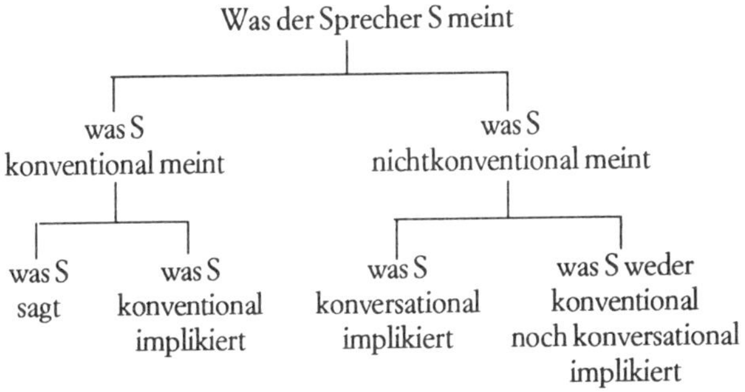

11.1.4 Die Gricesche Analyse des Meinens

Damit eine Handlung eine kommunikative Handlung ist, ist es gemäß Grice erforderlich, daß der Sprecher etwas mit seiner Äußerung meint. Wenn die Kommunikation funktioniert, ist das vom Sprecher Gemeinte auch zugleich das vom Hörer auf Grund der Äußerung Erfaßte. Auch wenn der Sprecher nichts meint, das heißt keine kommunikativen Absichten hat, kann eine seiner Handlungen dazu führen, daß jemand einen Gedanken erfaßt. Wenn jemand ein Feuer entfacht, welches viel Rauch produziert, dann kann ein anderer, der den Rauch sieht, den Gedanken fassen, daß es dort (in Richtung des Rauches) brennt. Für dieses Beispiel ist es wesentlich, daß das Feuer die *Ursache* des Rauches ist. Wenn jemand auf Grund der Wahrnehmung des Rauches den Gedanken faßt, daß es dort brennt, so kann er dies, weil er den relevanten Kausalzusammenhang

---

12 Vgl. Neale, *Paul Grice and the Philosophy of Language*, S. 524.

kennt. Weil für das Erfassen des Gedankens nur die Kenntnis von Kausalzusammenhängen, nicht aber ein Meinen des Sprechers erforderlich ist, spricht man in diesem Fall von der natürlichen Bedeutung eines Zeichens. Wenn das Meinen einer Person keine Rolle spielt, damit jemand auf Grund des verwendeten Zeichens einen Gedanken erfaßt, dann handelt es sich um die *natürliche Bedeutung* des Zeichens. Die natürliche Bedeutung von roten Flecken auf dem Körper ist, daß jemand Masern hat.

Dagegen spricht Grice von der *nichtnatürlichen Bedeutung* eines Zeichens, wenn die Bedeutung des Zeichens darauf beruht, daß der Sprecher etwas meint, das heißt, wenn der Sprecher kommunikative Absichten hat. Das Meinen eines Sprechers im Falle der nichtnatürlichen Bedeutung nennt Grice auch das nichtnatürliche Meinen, welches er mit Meinen_{nn} abkürzt. In Grices Theorie der Bedeutung nimmt das nichtnatürliche Meinen eine zentrale Stellung ein. Denn letztlich ist es dieses Meinen, welches für die nichtnatürliche Bedeutung von Zeichen verantwortlich ist. Grice schlägt vor, das nichtnatürliche Meinen mit Hilfe von drei Sprecherabsichten zu charakterisieren, wobei das allgemeine Schema für ein Beispiel dargestellt wird, damit es leichter lesbar ist[13]:

> Der Sprecher S meint_{nn} mit dem Äußern eines Satzes A, daß es regnet, genau dann, wenn S den Satz A mit der Absicht äußert,
> (1) daß der Hörer zu der Annahme gelangt, daß es regnet,
> (2) daß der Hörer die Sprecherabsicht (1) erkennt und
> (3) daß der Hörer (1) erfüllt, *weil* er (2) erfüllt (das heißt, daß der Hörer deshalb zu der Annahme gelangt, daß es regnet, weil er erkennt, daß der Sprecher genau dies beabsichtigt)

Der Kern der Griceschen Theorie der Bedeutung ist die These, daß das nichtnatürliche Meinen und damit die drei Sprecherintentionen (1) bis (3) für die nichtnatürliche Bedeutung eines Zeichens verantwortlich sind. Die Gricesche Bedeutungstheorie ist somit im Kern eine intentionale Theorie der Bedeutung. An seiner Analyse des nichtnatürlichen Meinens hat sich eine umfangreiche Debatte entzündet, auf die hier nur durch einige Literaturhinweise aufmerksam gemacht werden kann. Insbesondere hat Grice selbst seine Theorie wesentlich weiterentwickelt.[14]

---

[13] Das allgemeine Schema findet sich bei Grice, P.: „Sprecher-Bedeutung und Intentionen", S. 20, in: Meggle, G. (Hrsg.): *Handlung, Kommunikation, Bedeutung*, S. 16–51.

[14] Fast alle Aufsätze von Grice sind in dem folgenden Band zusammengestellt: Grice, P.: *Studies in the Way of Words*, Cambridge Mass. 1989. Auf einige Beiträ-

11.2 Semantik: Bedeutung und Referenz

11.2.1 Die Abgrenzung von Semantik und Pragmatik

Die Hauptaufgabe einer Semantik besteht darin, jeder Äußerung eines Satzes (einer Sprache) eine Wahrheitsbedingung zuzuordnen, die zugleich das mit der Äußerung wörtlich Gesagte erfaßt, z. B. soll eine Semantik so angelegt sein, daß sich für den Satz ‚Schnee ist weiß' ergibt, daß er genau dann wahr ist, wenn Schnee weiß ist. Da eine natürliche Sprache es erlaubt, unendlich viele Sätze zu bilden, kann die Aufgabe, für jeden dieser Sätze eine adäquate Wahrheitsbedingung anzugeben, nur dann erfüllt werden, wenn man auf das endliche Vokabular der Sprache zurückgreift, um die Wahrheitsbedingungen von Sätzen zu definieren. Dabei wird jedem einfachen Ausdruck einer Sprache ein semantischer Wert zugeordnet, so daß dann durch Zurückführen von komplexen sprachlichen Ausdrükken auf einfache sprachliche Ausdrücke der semantische Wert der komplexen sprachlichen Ausdrücke *berechnet* werden kann.[15] Die Grundidee einer rekursiven Semantik für eine Sprache läßt sich mit Hilfe von zwei Prinzipien darstellen:

1. *Kompositionalitätsprinzip:* Der semantische Wert eines komplexen sprachlichen Ausdrucks ist eine Funktion der semantischen Werte der verwendeten einfachen sprachlichen Ausdrücke.[16]
2. *Prinzip der Wertzuweisung:* Jeder (beziehungsweise fast jeder) einfache sprachliche Ausdruck hat einen semantischen Wert.

Der semantische Wert eines einfachen sprachlichen Ausdrucks ist der Beitrag, den dieser Ausdruck zu den Wahrheitsbedingungen des Satzes liefert, in dem er vorkommt. Der semantische Wert ist auf Grund der beiden Prinzipien für alle komplexen sprachlichen Ausdrücke, die durch

---

ge, die für die Diskussion seiner Analyse des nichtnatürlichen Meinens wichtig sind, möchten wir hinweisen. Strawson, P. F.: *Intention and Convention in Speech Acts*; Kemmerling, A.: *Was Grice mit „Meinen" meint*; Schiffer, S.: *Meaning*; Bennett, J.: *Linguistic Behaviour*, weitere Texte in: Meggle, G. (Hrsg.): *Handlung, Kommunikation, Bedeutung* (s. Literaturverzeichnis).

15 Diese Aufgabe ist gemäß dem Griceschen Bild das Ergebnis, wenn man das Sprachverhalten einer Gruppe auf einer fünften Stufe beschreibt (siehe S. 178).

16 Es gibt verschiedene Formulierungen dieses einleuchtenden Prinzips. Vgl. Crimmins, M.: *Talk about beliefs*. In unserer Darstellung wird das Kompositionalitätsprinzip zum Kernprinzip einer Semantik. Das ist jedoch keineswegs unumstritten. Vgl. S. Schiffer: *Remnants of Meaning*.

Kombinationen der einfachen sprachlichen Ausdrücke gebildet werden können, festgelegt. Der semantische Wert eines Satzes ist das, was wir bei Grice den semantischen Gehalt eines Satzes genannt haben. Der semantische Gehalt eines Satzes soll die wörtliche Bedeutung der Äußerung eines Satzes für einen bestimmten Kontext erfassen. Damit ist oft der eigentliche Punkt der Äußerung noch nicht erfaßt, wie das folgende Beispiel zeigt: Fritz hat sich um eine Stelle beworben. Der Personalchef fordert ein Gutachten an. Der semantische Gehalt des Gutachterurteils „Er hat eine schöne Handschrift" über den Bewerber Fritz kann durch den folgenden Daß-Satz angegeben werden: „daß Fritz eine schöne Handschrift hat"; denn das Gutachterurteil ist genau dann wahr, wenn Fritz eine schöne Handschrift hat. Damit ist jedoch noch nicht erfaßt, was der Gutachter eigentlich über Fritz zum Ausdruck bringen möchte. Er möchte den Adressaten der Äußerung davor warnen bzw. ihm dringend abraten, Fritz einzustellen. Dies ist ein Beispiel für eine konversationale Implikatur, das heißt, die über den semantischen Gehalt hinausgehende Äußerungsbedeutung kann erst zusammen mit dem relevanten Hintergrundwissen erfaßt werden, daß eine schöne Handschrift zu haben für die Stelle keinerlei Qualifikation ist.

Semantik und Pragmatik werden grob so unterschieden, daß Semantik die Theorie des semantischen Gehalts eines Satzes ist, während die Pragmatik die Theorie der mittels Implikaturen weitergehenden Äußerungsbedeutung ist. Da beide Begriffe jedoch keine klaren Definitionen haben, gibt es einen Streit um die Abgrenzung der sich ergänzenden Theorien von Semantik und Pragmatik. Meistens wird versucht, das Feld der Semantik genau zu bestimmen, um der Pragmatik die dann noch offenen Sprachphänomene zuzuweisen. Die meisten Sprachphilosophen akzeptieren als Rahmen für eine Semantik zwei Bedingungen: Zum einen soll sie rekursiv angelegt sein (das heißt, das Kompositionalitätsprinzip soll gültig sein), zum anderen soll sie das wörtlich in einem Kontext Gesagte erfassen. Das Grundprinzip einer Semantik lautet somit: Der semantische Gehalt eines Satzes ist zum einen das Resultat der Komposition der semantischen Werte der einfachen Ausdrücke, aus denen der Satz besteht, und zum anderen erfaßt er das gemäß unserem intuitiven Verständnis wörtlich Gesagte.

Strittig sind die intuitiven Einschätzungen des wörtlich Gesagten, insbesondere bei Äußerungen von Sätzen, in denen kontextabhängige Ausdrücke verwendet werden. Im folgenden weisen wir auf zentrale Anforderungen an eine Bedeutungstheorie hin, wobei es strittig ist, ob eine Semantik sie erfüllen sollte oder nicht. Es ist ein Merkmal von Äußerungen, daß wir mit akustischen Lauten oder Schriftzeichen über die Welt reden. Dieser Sachverhaltsbezug spiegelt sich in der ersten Forderung wider:

Sachverhaltsadäquatheit: Die Bedeutung eines Satzes soll es für einen Äußerungskontext ermöglichen, den Sachverhalt zu erfassen, der den Satz wahr machen bzw. erfüllen würde, wenn er bestünde.

Der Begriff der Bedeutung sollte außerdem das gemeinsame Wissen der kompetenten Sprecher erfassen.

Wissensadäquatheit: Die Bedeutung eines Satzes soll es ermöglichen, das Wissen eines kompetenten Sprechers (qua kompetenter Sprecher, das heißt unabhängig von Kontextinformationen) zu charakterisieren.

Schließlich sollte eine Bedeutungstheorie dem Phänomen Rechnung tragen, daß mit Behauptungen (allgemeiner: mit assertiven Sprechakten) Überzeugungen ausgedrückt werden. Bei der Charakterisierung eines Überzeugungsinhaltes sollte dessen Rolle in Handlungserklärungen berücksichtigt werden.

Kognitive Adäquatheit: Die Bedeutung eines Satzes soll es für einen Äußerungskontext ermöglichen, die Überzeugung bzw. allgemeiner die Einstellung, die der Sprecher mit dem Satz zum Ausdruck bringt, adäquat zu repräsentieren.

Es ist umstritten, ob diese Anforderungen alle wesentlich sind, um unser intuitives Verständnis vom wörtlich Gesagten zu bestimmen; das heißt, es ist strittig, ob es die Aufgabe einer Semantik ist, allen diesen Anforderungen zu genügen. Viele Semantiker bemühen sich darum, den semantischen Gehalt von Äußerungen so anzugeben, daß alle Adäquatheitsanforderungen erfüllt werden.[17] Dabei treten eine Reihe von Standardproblemen auf, die am Beispiel von Sätzen, in denen Indikatoren vorkommen, erläutert werden.

---

17 Andere Wege beschreiten u. a. S. Schiffer: *Remnants of Meaning*; K. Bach: *Thought and Reference*. Zur Diskussion der Adäquatheitsbedingungen vgl. Newen: Kontextabhängigkeit, Referenz und Bedeutung, Kap. 1.

11.2.2 Einstellungen de se und informative Identitätsaussagen

Indikatoren sind kontextabhängige Ausdrücke, z. B. Demonstrativpronomina, Personalpronomina, kontextabhängige Orts- und Zeitausdrücke etc. Eine Sonderstellung nehmen die Ausdrücke ‚ich', ‚hier' und ‚jetzt' ein. Sie sind unverzichtbare Ausdrücke, wenn eine Person die dreidimensionale Erfahrungswelt aus ihrer subjektiven Sicht beschreiben möchte. Man kann sie daher auch die zentralen Indikatoren nennen. Die anderen Indikatoren lassen sich alle auf einen dieser drei zentralen Indikatoren zurückführen. Dies läßt sich zeigen, indem man die Referenzfestlegungsregeln der jeweiligen Ausdrücke aufeinander zurückführt. Für ein Vorkommnis des Ausdrucks ‚jetzt' wird das Referenzobjekt mit der Regel ‚Der Zeitpunkt dieser Äußerung' festgelegt. Für ein Vorkommnis des Ausdrucks ‚heute' wird das Referenzobjekt mit einer Regel festgelegt, die sich auf die Regel für ‚jetzt' zurückführen läßt, nämlich ‚Der Tag, zu dem der Zeitpunkt dieser Äußerung gehört'. Analog gilt, daß sich alle Indikatoren auf die drei zentralen Indikatoren ‚ich', ‚hier' und ‚jetzt' zurückführen lassen. Diese drei Indikatoren bringen so etwas wie die Grundkategorien der subjektiven Perspektive zum Ausdruck.

Meistens wird das Phänomen, daß es sich bei den drei Indikatoren um nicht eliminierbare Ausdrücke handelt, am Beispiel des Ausdrucks ‚ich' illustriert. Bahnbrechend sind die Arbeiten von Perry, Lewis und Kaplan. Betrachten wir die folgenden Sätze, die jeweils einen singulären Term (eine Gegenstandsbezeichnung) enthalten:

(1) **Ernst Mach** hat einen Fleck auf dem Hemd.
(2) **Der Verfasser des Buches** *Die Analyse der Empfindungen* hat einen Fleck auf dem Hemd.
(3) **Ich** habe einen Fleck auf dem Hemd. (Geäußert von Ernst Mach.)

Die drei Sätze stehen für Äußerungen, wobei der Äußerungskontext in allen Fällen so gewählt ist, daß die drei singulären Terme (der Eigenname, die Kennzeichnung und der Indikator) dieselbe Person, nämlich Ernst Mach, bezeichnen. Gemäß dem Kriterium für Sachverhaltsadäquatheit müssen die drei Äußerungen durch dieselben Wahrheitsbedingungen charakterisiert werden, weil es derselbe Sachverhalt ist, der sie wahr macht: Die Äußerungen (1) bis (3) sind genau dann wahr, wenn Ernst Mach einen Fleck auf dem Hemd hat. Wenn wir nur die Sachverhaltsadäquatheit berücksichtigen, fallen jedoch die unterschiedlichen Überzeugungen unter den Tisch, die gemäß dem Kriterium für kognitive Adäquatheit charakterisiert werden sollen. Die Überzeugung, die mit Hilfe des Indikators ‚ich' zum Ausdruck gebracht wird, spielt deshalb eine besondere Rolle, weil nur mit ihrer Hilfe erklärt werden kann, daß Mach sein Hemd reinigt. Dabei wird vorausgesetzt, daß Mach den Wunsch hat, ein sauberes Hemd zu tragen. Mach würde sein Hemd nicht reinigen, wenn er nur die Überzeugung hätte, daß Ernst Mach einen Fleck auf dem Hemd hat, ohne zu glauben, daß er selbst Ernst Mach ist. Wenn er nämlich auf Grund von Amnesie seinen Namen vergessen hätte, dann könnte genau diese Situation eintreten: Er würde glauben, daß Ernst Mach einen Fleck auf dem Hemd hat (z. B. weil ihm jemand dies mit einer Äußerung von Satz (1) gesagt hat), ohne zu glauben, daß er selbst Ernst Mach ist. In diesem zugegebenermaßen unüblichen Fall hätte Mach keinen hinreichenden Grund, sein Hemd zu säubern. Diese Überlegung läßt sich leicht auf die Kennzeichnung ‚der Verfasser des Buches *Die Analyse der Empfindungen*' übertragen. Wenn Mach mitgeteilt bekommt, daß der Verfasser des Buches *Die Analyse der Empfindungen* einen Fleck auf dem Hemd hat, und er dies glaubt, so hat er damit noch keinen hinreichenden Grund, sein Hemd zu säubern. Denn es ist ohne weiteres möglich, daß er vergessen hat, daß er das Buch *Die Analyse der Empfindungen* geschrieben hat. Nur wenn Mach auch glaubt, daß er selbst einen Fleck auf dem Hemd hat, hat er (zusammen mit dem Wunsch, ein sauberes Hemd zu tragen) hinreichenden Grund, sein Hemd zu reinigen. Die Überzeugung (3), die Mach ausdrückt, indem er den Satz ‚*Ich* habe einen Fleck auf dem Hemd' äußert, ist somit die einzige, die hinreichenden Grund liefert, eine bestimmte Handlung zu tun (nämlich, sein eigenes Hemd zu reinigen). Wegen dieser Sonderrolle haben Überzeugungen, die mit Hilfe des Indikators ‚ich' zum Ausdruck gebracht werden, in der Literatur die Bezeichnung ‚Einstellungen de se' (lat. von sich) bekommen. Entsprechend können die Einstellungen, die mit Hilfe des Indikators ‚jetzt' ausgedrückt werden, als ‚Einstellungen de nunc' (nichtreduzierbare Einstellungen über den gegenwärtigen Zeitpunkt) und diejenigen, die mit Hilfe des Indikators ‚hier' ausgedrückt werden, als ‚Einstellungen de hoc' (nichtreduzierbare Einstellung über den gegenwärtigen Ort) bezeichnet werden. In den neueren sprachphilosophischen Diskussionen nimmt die Frage, wie der Inhalt einer Einstellung de se (bzw. de nunc oder de hoc) adäquat angegeben werden kann, breiten Raum ein.[18]

---

18 Castaneda, H. N.: *Indicators and Quasi-Indicators*; Kaplan, D.: *Demonstratives*; Lewis, D.: *Attitudes De Dicto and De Se*; Perry, J.: *The Problem of the Essential Indexical*; Schiffer, S.: *Indexicals and the Theory of Reference*; Smith, Q.: *The Multiple Uses of Indexicals*; Stalnaker, R. C.: *Indexical Belief* (sowie alle anderen Beiträge in: Synthese 49 (1949)); Yourgrau, Palle (Hrsg.): *Demonstratives*.

Eine Semantik, die das Kriterium der kognitiven Adäquatheit erfüllen möchte, steht vor der Aufgabe, die subjektive Perspektive einer Person, die ihre Überzeugung zum Ausdruck bringt, zu repräsentieren. Dabei muß die mit (3) ausgedrückte Überzeugung deutlich von den mit (1) und (2) ausgedrückten Überzeugungen unterschieden werden, obwohl die drei Äußerungen durch denselben Sachverhalt wahr gemacht werden. Das Beispiel von Einstellungen de se zeigt somit, daß die Anforderungen aus dem Kriterium für Sachverhaltsadäquatheit und aus dem Kriterium für kognitive Adäquatheit sehr verschieden sind. Es ist die Aufgabe einer Semantik, diese Anforderungen bei der Angabe des semantischen Gehalts eines Satzes zu vereinbaren.[19]

Eine ähnliche Spannung zwischen den Adäquatheitsforderungen entsteht im Falle von informativen Identitätsaussagen. Betrachten wir dazu das folgende Beispiel:

> Carola schaut aus ihrem Zimmer, das zwei Fenster hat, auf einen nahegelegenen Kai, an dem ein Hochseeschiff liegt. Das Schiff befindet sich so dicht an ihren Fenstern, daß sie aus beiden Fenstern auf verschiedene Teile desselben Schiffs schauen kann. In dieser Situation macht sie die folgende Äußerung: „Dies (begleitet von einer Zeigegeste auf das Schiff durch Fenster 1) ist dasselbe Schiff wie dies (begleitet von einer Zeigegeste auf das Schiff durch Fenster 2)."

Gemäß dem Kriterium für Sachverhaltsadäquatheit soll eine Semantik dieser Äußerung den Sachverhalt angeben, der die Äußerung wahr macht. Dies ist offensichtlich der Sachverhalt, daß das Schiff mit sich selbst identisch ist. Dieser Sachverhalt ist trivial, weil für alles gilt, daß es mit sich selbst identisch ist. Der semantische Gehalt der Äußerung soll dagegen gemäß dem Kriterium für kognitive Adäquatheit so angegeben werden, daß die ausgedrückte Überzeugung deutlich wird. Die Überzeugung, die zum Ausdruck gebracht wird, ist jedoch nicht die Trivialität, daß dieses Schiff mit sich selbst identisch ist, sondern die interessante Information, daß es sich bei dem Schiff, welches durch das erste Fenster zu sehen ist, um dasselbe Schiff handelt wie bei dem Schiff, welches durch das zweite Fenster zu sehen ist. Somit muß der semantische Gehalt der Äußerung einerseits so angegeben werden, daß der Sachverhalt, daß das Schiff mit sich selbst identisch ist, repräsentiert ist, und andererseits so, daß die in-

---

[19] Weiterführende deutschsprachige Arbeiten: U. Haas-Spohn: *Versteckte Indexikalität und subjektive Bedeutung*; A. Newen: *Kontextabhängigkeit, Referenz und Bedeutung*.

teressante Erkenntnis, daß es sich bei dem Objekt, welches aus zwei unterschiedlichen Perspektiven wahrgenommen wird, um dasselbe Schiff handelt. Die Behandlung dieses einfachen Beispiels ist in der neueren Semantik umstritten.

11.3 Bedeutung und Referenz: Eigennamen

Mit ‚Referenz' wird das Phänomen bezeichnet, daß wir mit Ausdrücken über etwas reden können. Referenz ist eine Relation zwischen dem Vorkommnis eines singulären Terms (einer Gegenstandsbezeichnung) und dem dadurch bezeichneten Objekt. Das Phänomen der Referenz ist grundlegend für die Semantik, und es ist eines der zentralen Themen in der Sprachphilosophie. Im folgenden werden Grundzüge der neueren Diskussionen am Beispiel von Eigennamen eingeführt.

Mit einem Eigennamen wie ‚Aristoteles' reden wir bekanntlich über eine Person. Die mit dem Eigennamen bezeichnete Person wird auch als das Referenzobjekt bezeichnet. Zu dem Phänomen der Referenz gehören zwei zentrale Fragen, die am Beispiel der Eigennamen eingeführt werden:

1. Wie wird das Referenzobjekt des Vorkommnisses eines Eigennamens festgelegt?
2. Was ist die Bedeutung eines Eigennamens?

Die erste Frage nennen wir auch die Frage nach der Referenzfestlegung. Sie wurde lange nicht klar von der Frage nach der Bedeutung getrennt. Gemäß der einfachen Variante einer Beschreibungstheorie der Bedeutung, der sogenannten *Kennzeichnungstheorie,* kann die Bedeutung des Eigennamens ‚Aristoteles' mit einer Kennzeichnung, z. B. ‚der Schüler Platons' gleichgesetzt werden. Dabei stößt man jedoch auf das Problem, daß jemand auch dann mit dem Namen ‚Aristoteles' über den bekannten Philosophen redet und die Bedeutung des Namens erfaßt, wenn er vieles von dem antiken Philosophen weiß, aber irrtümlich nicht glaubt, daß er der Schüler Platons war. Aus diesem Grunde hat Searle die These aufgestellt, daß die Bedeutung eines Eigennamens erst durch ein Bündel von charakteristischen Kennzeichnungen angegeben werden kann. Searles sogenannte *Bündeltheorie* für Eigennamen ist eine Weiterentwicklung der Idee, daß die Bedeutung eines Eigennamens durch eine einzige Kennzeichnung angegeben werden kann. Jemand erfaßt die Bedeutung des Eigennamens ‚Aristoteles' somit hinreichend, wenn er einige zentrale charakteristische

Kennzeichnungen kennt. Searles einflußreiche *Beschreibungstheorie* der Bedeutung versteht sich zugleich auch als Theorie der Referenzfestlegung. Zur Bündeltheorie gehört damit auch die These, daß die charakteristischen Kennzeichnungen, die die Bedeutung eines Eigennamens angeben, auch das Referenzobjekt festlegen. Die Frage nach der Bedeutung und die nach der Referenzfestlegung bekommen dieselbe Antwort: Es ist ein Bündel von charakteristischen Kennzeichnungen, das die Bedeutung eines Eigennamens angibt und das das Referenzobjekt eines Eigennamens festlegt.

Searles Bündeltheorie ist, wie alle Beschreibungstheorien, durch Kripkes Untersuchungen in *Naming and Necessity* einer umfassenden Kritik unterzogen worden. In einem ersten Schritt zeigt Kripke, daß alle Varianten einer Beschreibungstheorie der Bedeutung unhaltbar sind. Sein modales Argument stützt sich auf eine allgemein akzeptierte notwendige Bedingung für Bedeutungsgleichheit[20]:

(BB) Wenn zwei Ausdrücke a1 und a2 bedeutungsgleich sind, dann sind sie in Sätzen, die mit dem Modaloperator ‚Es ist notwendig, daß' eingeleitet werden, wechselseitig ersetzbar, ohne daß der Wahrheitswert des Satzes sich ändert.

Wir erläutern die Bedingung für die Begriffe ‚Junggeselle' und ‚unverheirateter Mann', indem wir mit einem offensichtlich wahren Satz starten: Es ist notwendig, daß ein Junggeselle ein Junggeselle ist. Wenn wir ein Vorkommnis des Ausdrucks ‚Junggeselle' durch ‚unverheirateter Mann' ersetzen, bekommen wir den folgenden Satz: Es ist notwendig, daß ein Junggeselle ein unverheirateter Mann ist. Da beide Sätze, sowohl der Ausgangssatz als auch der durch Ersetzen der Ausdrücke entstehende Satz, wahr sind, ist die notwendige Bedingung für Bedeutungsgleichheit nicht verletzt.

Dieselbe Überlegung kann für den Eigennamen ‚Aristoteles' und eine beliebige Kennzeichnung K angewendet werden, wobei wir wiederum mit einer offensichtlichen Wahrheit starten: *Es ist notwendig, daß Aristoteles Aristoteles ist.*

Wenn man ein Vorkommnis des Namens durch eine Kennzeichnung K ersetzt, ergibt sich das folgende Satzschema: *Es ist notwendig, daß Aristoteles K ist.*

---

[20] Im folgenden finden Sie eine Rekonstruktion von Kripkes Argument. In der kritischen Auseinandersetzung mit Kripkes modalem Argument sind verschiedene Rekonstruktionen vorgeschlagen und diskutiert worden. Vgl. Salmon, N.: *Reference and Essence*; Bach, K.: *Thought and Reference.*

Wenn wir für K die Kennzeichnung ‚der Schüler Platons' einsetzen, dann sieht man leicht, daß der Satz durch das Ersetzen falsch wird; denn es ist nicht notwendig, daß Aristoteles der Schüler Platons ist. Das Leben des Aristoteles hätte auch anders verlaufen können, so daß er Platon nie getroffen hätte. Somit liegt keine Notwendigkeit vor. Da der wahre Ausgangssatz durch das Ersetzen des Namens falsch wird, kann der Name ‚Aristoteles' nicht dieselbe Bedeutung haben wie die Kennzeichnung ‚der Schüler Platons'. Diese Überlegung können wir für alle Kennzeichnungen K durchführen (solange K nicht für die personale Identität wesentlich ist). Erwähnenswert ist ein Sonderfall der Beschreibungstheorie der Bedeutung, die sogenannte *metasprachliche Theorie*. Gemäß dieser Theorie kann die Bedeutung des Eigennamens ‚Aristoteles' mit der Kennzeichnung „der Träger des Namens ‚Aristoteles'" angegeben werden. Diese Kennzeichnung erfaßt das kontextunabhängige Wissen eines Sprechers in bezug auf den Eigennamen. Wenn das vorgestellte Kriterium für Bedeutungsgleichheit (BB) gültig ist, dann kann auch die metasprachliche Theorie nicht richtig sein. Es ist zwar notwendig, daß Aristoteles Aristoteles ist, aber es ist nicht notwendig, daß Aristoteles der Träger des Namens ‚Aristoteles' ist. Denn Aristoteles hätte bei seiner Geburt einen anderen Namen bekommen können, ohne daß er dadurch eine andere Person geworden wäre. Deshalb ist der metasprachliche Vorschlag unhaltbar.

Dieses modale Argument, welches Kripke in die Literatur eingeführt hat, läßt für Beschreibungstheorien der Bedeutung keinen Raum, wohl aber für Varianten einer Objekttheorie der Bedeutung: Vertreter dieser Theorie behaupten, daß die Bedeutung des Eigennamens das bezeichnete Objekt ist. Eine Variante dieser Theorie ist *Russells Theorie der Bedeutung von logischen Eigennamen*. Unter logischen Eigennamen versteht Russell vor allem Demonstrativpronomina wie ‚dies' oder ‚jenes'. Ihre Bedeutung ist jeweils das bezeichnete Objekt. Die Frage, wie das Referenzobjekt festgelegt wird, hat Russell im Rahmen seiner Erkenntnistheorie mit der Theorie der Bekanntschaft beantwortet (siehe Abschnitt 2.3.1). Da Russells Erkenntnistheorie sich jedoch als unhaltbar erwies, muß die Frage der Referenzfestlegung für eine Objekttheorie der Bedeutung eine andere Antwort bekommen. Ein möglicher Zug besteht darin, die Idee einer Beschreibungstheorie für eine Theorie der Referenzfestlegung zu bemühen, das heißt, das Referenzobjekt wird mittels einer Kennzeichnung festgelegt. Der Referent einer Gegenstandsbezeichnung ‚E' ist der einzige Gegenstand, der die Kennzeichnung erfüllt, welche mit dem Ausdruck ‚E' assoziiert ist. Diese Idee hat zuerst *Frege in seiner Theorie von Sinn und Bedeutung* konkretisiert: Die Fregesche Bedeutung eines Eigennamens ist das Referenzobjekt. Die Frage, wie das Referenzobjekt festgelegt wird, beantwortet Frege mit seiner Theorie des Sinns. Der Sinn eines Eigennamens kann mittels einer Kennzeichnung ausgedrückt werden. Die Kennzeichnung charakterisiert gemäß Frege die Referenzfestlegung. Frege verbindet somit eine Objekttheorie der Bedeutung mit einer Beschreibungstheorie der Referenzfestlegung.

Kripke hat auch die Beschreibungstheorie der Referenzfestlegung in einem zweiten Schritt schlagkräftig kritisiert. Nehmen wir zur Abwechslung als Beispiel den Eigennamen ‚Platon'. Dann behauptet eine Beschreibungstheorie der Referenzfestlegung, daß eine Kennzeichnung K, die mit dem Namen ‚Platon' assoziiert ist, dafür verantwortlich ist, daß mit einem Vorkommnis des Namens ‚Platon' über eine bestimmte Person geredet wird. Kripke wendet ein, daß so, wie wir Eigennamen gewöhnlich verwenden, eine Kennzeichnung nicht das Referenzobjekt festlegen kann; betrachten wir einen Kandidaten für eine solche Kennzeichnung, z. B. „der Verfasser des Dialogs ‚Sophistes'". Wir würden mit dem Namen ‚Platon' auch dann über die Person reden, für die der Name eingeführt wurde, wenn die Kennzeichnung nicht auf sie zutreffen würde. Also angenommen, nicht Platon, sondern ein unbekannter Zeitgenosse hätte den Dialog ‚Sophistes' verfaßt und nach dessen Ableben hätte Platon das Werk als sein eigenes ausgegeben. Auch in dieser hypothetischen Situation würden wir mit dem Namen ‚Platon' nicht über den Verfasser des Dialogs reden. Der Name ‚Platon' bezeichnet (bei gewöhnlicher Verwendung) stets die Person Platon, unabhängig davon, welche Kennzeichnungen auf sie in anderen hypothetischen Situationen zutreffen mögen. Charakteristische Kennzeichnungen sind somit bei Eigennamen (in gewöhnlicher Verwendung) für die Referenzfestlegung nicht verantwortlich. Kripkes konstruktiver Vorschlag zur Beantwortung der Frage nach der Referenzfestlegung ist als *die kausale Theorie* bekannt geworden.

Die kausale Theorie der Referenzfestlegung besagt, daß das bezeichnete Objekt mittels einer Kausalkette der Kommunikation festgelegt wird. Diese Kausalkette der Kommunikation hat ihren Ursprung in einer Tauf- oder Einführungssituation, in der einer Person (oder einem Objekt) dieser Name verliehen wurde. Die Kette der Namensverwendungen kann, ausgehend von der Taufsituation, fortgesetzt werden, wenn jemand, der den Namen hört, ihn mit der Absicht verwendet, damit genau dieselbe Person zu bezeichnen wie der Sprecher, von dem er den Namen übernommen hat. Die Kausalkette der Kommunikation ist somit zum einen durch aufeinanderfolgende Verwendungen des gleichen Namens geprägt und zum anderen durch eine Reihe von Sprecherintentionen, die sicherstellen, daß alle Sprecher, die den Namen weiterverwenden, damit die Person bezeichnen, der ursprünglich der Name verliehen wurde. Eine Verwendung des Namens ‚Albert Einstein' bezeichnet die Person, die am Anfang der Kausalkette der Kommunikation steht, an der der Sprecher teilhat, wobei der Anfang der Kausalkette die Tauf- oder Einführungssituation ist.[21]

Die Idee einer kausalen Theorie der Referenz ist von Kripke als Theorie der Referenzfestlegung eingeführt worden. Bei Kripke wird sie mit einer Objekttheorie der Bedeutung verknüpft. Devitt hat die Grundidee einer kausalen Theorie zugleich für eine Theorie der Bedeutung bemüht. Devitt vertritt die These, daß die Bedeutung eines Eigennamens das kausale Netz ist, welches durch die skizzierte Kausalkette der Kommunikation gebildet wird. Die Theorie der Referenz ist nach wie vor sehr umstritten. Allerdings hat sich in den letzten fünfzehn Jahren zumindest eine Richtung ausgebildet, die Kripkes Theorie im Kern als neuen Standard einer Theorie der Bedeutung und der Referenzfestlegung bei Eigennamen anerkennt. Die Auswahl der dargestellten Theorien stellen wir in einem Schema einander gegenüber, wobei die Spalten die Theorien der Bedeutung und die Reihen die Theorien der Referenzfestlegung für Eigennamen markieren:

	Beschreibungstheorie der Bedeutung	Objekttheorie der Bedeutung	Kausale Theorie der Bedeutung
Beschreibungstheorie der Referenzfestlegung	– Kennzeichnungstheorien – Searles Bündeltheorie – metasprachliche Theorien	– Freges Theorie von Sinn und Bedeutung	
Bekanntschaftstheorie der Referenzfestlegung		– Russells Theorie der Bedeutung von *logischen* Namen	
Kausale Theorie der Referenzfestlegung		– Kripkes Theorie	– Devitts Theorie

21 Kripke, Name und Notwendigkeit, S. 112 f.; Original: Naming and Necessity, S. 96 f.

Als umfassendere Einführung empfehlen wir das Vorlesungsskriptum von Wolfgang Spohn.[22] Einige zentrale Aufsätze zur Bedeutung von Eigennamen sind in einem Sammelband übersetzt, der von Ursula Wolf herausgegeben wurde.[23]

---

22 Spohn, W.: Namen, Bielefeld 1993.

23 Weitere wichtige Arbeiten: Devitt, M.: Designation; Evans, G.: The Varieties of Reference; Kripke, S. A.: Naming and Necessity; Loar, B.: The Semantics of Singular Terms; Peacocke, C.: Proper Names, Reference and Rigid Designation; Schiffer, S.: The Basis of Reference; Wolf, U. (Hrsg.): Eigennamen. Dokumentation einer Kontroverse. (Siehe Literaturverzeichnis.)

Literaturverzeichnis

0 Was ist Analytische Philosophie?

Cohen, L. J., *The Dialogue of Reason. An Analysis of Analytical Philosophy*, Oxford 1986.

Charlton, W., *The Analytic Ambition. An Introduction to Philosophy*, Oxford 1991.

Dummett, M., *Ursprünge der analytischen Philosophie* (deutsche Übers.) Frankfurt 1988.

Hoche, H. U., *Einführung in das sprachanalytische Philosophieren*, Darmstadt 1990.

Hügli, A./Lübcke, P. (Hrsg.), *Philosophie im 20. Jahrhundert, Band 2, Wissenschaftstheorie und Analytische Philosophie*, Reinbek 1993.

Künne, Wolfgang, „George E. Moore. Was ist Begriffsanalyse?“ in: M. Fleischer, *Philosophen des 20. Jahrhunderts. Eine Einführung*, Darmstadt 1990, 27–40.

Rorty, R. (Hrsg.), *The Linguistic Turn*, Chikago 1967.

Rosenberg, J. F., *Philosophieren. Ein Handbuch für Anfänger* (deutsche Übers.), Frankfurt ^{2}1989.

v. Savigny, E., *Die Philosophie der normalen Sprache. Eine kritische Einführung in die „ordinary language philosophy“*, Frankfurt a. M. ^{3}1993.

v. Savigny, E., „Das sogenannte ‚paradigm case argument‘“, *Grazer Philosophische Studien* 14 (1981), 37–72.

Speck, J. (Hrsg.), *Grundprobleme der großen Philosophen. Philosophie der Gegenwart*. Bd. I ^{2}1979, Bd. III ^{2}1984 Göttingen 1972.

Stegmüller, W., *Hauptströmungen der Gegenwartsphilosophie*. 4 Bände, Stuttgart ^{6}1978 (Bd. I), ^{8}1987 (Bd. II, III), 1989 (Bd. IV).

Strawson, P. F., *Analysis and Metaphysics. An Introduction to Philosophy*, Oxford 1992; deutsche Übers.: *Analyse und Metaphysik. Eine Einführung in die Philosophie*, München 1994.

1 Gottlob Frege

a) Hauptwerke

Frege, G., *Begriffsschrift, eine der arithmetischen nachgebildete Formelsprache des reinen Denkens,* Halle 1879. Zitiert nach: „Begriffsschrift", in: G. Frege, *Begriffsschrift und andere Aufsätze,* hrsg. von I. Angelelli, Hildesheim ³1988.

Frege, G., *Die Grundlagen der Arithmetik. Eine logisch mathematische Untersuchung über den Begriff der Zahl,* Breslau 1884. Zitiert nach: *Die Grundlagen der Arithmetik,* Stuttgart 1987.

Frege, G., *Funktion und Begriff: Vortrag, gehalten in der Sitzung vom 9. Januar 1891 der Jenaischen Gesellschaft für Medizin und Naturwissenschaft,* Jena 1891. Zitiert nach: „Funktion und Begriff", in: G. Frege, *Funktion, Begriff, Bedeutung,* hrsg. von G. Patzig, Göttingen ⁶1986, 18–39.

Frege, G., „Über Sinn und Bedeutung", *Zeitschrift für Philosophie und philosophische Kritik* 100 (1892), 25–50. Zitiert nach: „Über Sinn und Bedeutung", in: G. Frege, *Funktion, Begriff, Bedeutung,* hrsg. von G. Patzig, Göttingen ⁶1986, 40–65.

Frege, G., „Über Begriff und Gegenstand", *Vierteljahresschrift für wissenschaftliche Philosophie* 16 (1892), 192–205. Zitiert nach: „Über Begriff und Gegenstand", in: G. Frege, *Funktion, Begriff, Bedeutung,* hrsg. von G. Patzig, Göttingen ⁶1986, 66–80.

Frege, G., „Der Gedanke. Eine logische Untersuchung", *Beiträge zur Philosophie des deutschen Idealismus* 1 (1918/9), 58–77. Zitiert nach: „Der Gedanke", in: G. Frege, *Logische Untersuchungen,* hrsg. von G. Patzig, Göttingen ³1986, 30–53.

Frege, G., „Die Verneinung. Eine logische Untersuchung", *Beiträge zur Philosophie des deutschen Idealismus* 1 (1918/9), 143–157.

Frege, G., *Logische Untersuchungen,* hrsg. und eingel. von G. Patzig, Göttingen ³1986.

b) Einführende Literatur

Currie, G., *Frege. An Introduction to his Philosophy,* Sussex/New Jersey 1982.

Sluga, H. D., *Gottlob Frege,* London 1980.

Stuhlmann-Laeisz, R., *Gottlob Freges* Logische Untersuchungen, Darmstadt 1995.

Thiel, C., „Gottlob Frege: Die Abstraktion", in: J. Speck (Hrsg.), *Grundprobleme der großen Philosophen. Philosophie der Gegenwart Bd. I,* Göttingen 1972, 9–44.

c) Weiterführende Literatur

Baker, G. P./Hacker, P. M. S., *Frege: Logical Excavations,* Oxford 1984.

Becker, W., „Die Mitteilbarkeit von Gedanken. Zu Selbstbewußtsein und Intersubjektivität bei Frege", *Zeitschrift für philosophische Forschung* 42 (1988), 274–286.

Bell, D., *Frege's Theory of Judgement,* Oxford 1979.

Bouveresse, J., „Frege, Logic, and the Theory of Knowledge", *The Monist* 65 (1982), 52–67.

Carl, W., *Sinn und Bedeutung. Studien zu Frege und Wittgenstein,* Königstein 1982.

Carl, W., *Frege's Theory of Sense and Reference. Its Origins and Scope,* Cambridge 1994.

Carruthers, P., „Eternal thoughts", *The Philosophical Quarterly* 34 (1984), 186–204.

Currie, G., „Frege on thoughts", *Mind* 89 (1980), 234–248.

Dummett, M., *Frege. Philosophy of Language,* London 1973.

Dummett, M., *The Interpretation of Frege's Philosophy,* London 1981.

Dummett, M., *Frege. Philosophy of Mathematics,* London 1991.

Garavaso, P., „Frege and the analysis of thoughts", *History and Philosophy of Logic* 12 (1991), 195–210.

Kaschmieder, H., *Beurteilbarer Inhalt und Gedanke in der Philosophie Gottlob Freges,* Hildesheim 1989.

Kitcher, P., „Frege's epistemology", *The Philosophical Review* 88 (1979), 235–262.

Klemke, E. D. (Hrsg.), *Essays on Frege,* Chicago 1968.

Künne, W., „Hybrid Proper Names", *Mind* 101 (1992), 721–731.

v. Kutschera, F., *Gottlob Frege,* Berlin 1989.

Lenk, H., „Freges Rechtfertigung der ‚Gedankengefüge'", in: H. Lenk, *Kritik der logischen Konstanten. Philosophische Begründungen der Urteilsformen vom Idealismus bis zur Gegenwart,* Berlin 1968, 500–513.

Max, I./Stelzner, W. (Hrsg.), *Logik und Mathematik. Frege-Kolloquium Jena 1993,* Berlin 1995.

Patzig, G., „Gottlob Frege und die logische Analyse der Sprache", in: ders., *Sprache und Logik,* Göttingen 1970, 77–100.

Perry, J., „Frege on demonstratives", in: P. Yourgrau (Hrsg.), *Demonstratives,* Oxford 1990, 50–70.

Schirn, Matthias (Hrsg.), *Studien zu Frege,* 3 Bände, Stuttgart 1976.

Sluga, H. (Hrsg.), *General Assessments and Historical Accounts of Frege's Philosophy,* 4 Bände, New York 1993.

Stuhlmann-Laeisz, R., *Gottlob Freges* Logische Untersuchungen, Darmstadt 1995.

Thiel, C., *Sinn und Bedeutung in der Logik Gottlob Freges,* Meisenheim 1965.

Tichy, P., *The Foundations of Frege's Logic,* Berlin 1988.

Weidemann, H., „Aussagesatz und Sachverhalt. Ein Versuch zur Neubestimmung ihres Verhältnisses", *Grazer Philosophische Studien* 18 (1982), 75–99.

Yourgrau, P., „The path back to Frege", in: ders. (Hrsg.), *Demonstratives,* Oxford 1990, 97–132.

2 Bertrand Russell

a) Hauptwerke

(Ein vollständige Verzeichnis seiner Schriften ist zu finden in: P. A. Schilpp (Hrsg.), *The Philosophy of Bertrand Russell,* New York 1944.)

Russell, B., *The Principles of Mathematics,* Cambridge 1903 (²1937), 1956.

Russell, B., „On denoting", *Mind,* New Series, 14 (1905), 479–493. Zitiert nach: „Über das Kennzeichnen", in: B. Russell, *Philosophische und politische Aufsätze,* hrsg. von U. Steinvorth, Stuttgart 1971, 3–22.

Russell, B./Whitehead, A. N., *Principia Mathematica,* Vol. I, Cambridge 1910; Vol. II, 1911; Vol. III, 1913 (mit einer Einführung ²1925–27), 1963.

Russell, B., *The Problems of Philosophy,* London 1912. Zitiert nach: B. Russell, *Probleme der Philosophie,* Frankfurt a. M. 1967.

Russell, B., „On the nature of acquaintance", *Monist* 24 (Jan.–July 1914), 1–16; 161–187; 435–453. Zitiert nach: „Über die Natur der Bekanntschaft", in: B. Russell, *Die Philosophie des Logischen Atomismus. Aufsätze zur Logik und Erkenntnistheorie. 1908–1918,* hrsg. von J. Sinnreich, München 1976, 130–177.

Russell, B., „The relation of sense-data to physics", *Scientia* 4 (1914). Zitiert nach: „Sinnesdaten und Physik", in: B. Russell, *Die Philosophie des Logischen Atomismus. Aufsätze zur Logik und Erkenntnistheorie. 1908–1918,* J. Sinnreich (Hrsg.), München 1976, 103–129.

Russell, B., „Philosophy of Logical Atomism", *Monist* 28 (Oct. 1918), 495–527; 29 (July, 1919), 32–63; 190–222; 345–380, (Original als Vorlesung gehalten). Zitiert nach: „Philosophie des Logischen Atomismus", in: B. Russell, *Die Philosophie des Logischen Atomismus. Aufsätze zur Logik und Erkenntnistheorie. 1908–1918,* hrsg. von J. Sinnreich, München 1976, 178–277.

Russell, B., *The Analysis of Mind,* London 1921, 1968.

Russell, B., „Logical Atomism", *Contemporary British Philosophy: Personal Statements,* First Series, (1924), 356–383. Zitiert nach: „Der logische Atomismus", in: B. Russell, *Philosophische und politische Aufsätze,* hrsg. von U. Steinvorth, Stuttgart 1971, 23–51.

Russell, B. *The Analysis of Matter,* London 1927, 1959.

Russell, B., *Human Knowledge: Its Scope and Limits,* London 1948, 1967.

Russell, B., *Autobiography,* London 1967.

b) Einführende Literatur

Ayer, A. J., *Russell,* London 1972.

Ayer, A. J., *Russell and Moore: The Analytical Heritage,* London 1971.

Carl, W., „Bertrand Russell: Die ‚Theory of Descriptions'. Ihre logische und erkenntnistheoretische Bedeutung", in: J. Speck (Hrsg.) *Grundprobleme der großen Philosophen. Philosophie der Gegenwart Bd. I,* Göttingen 1972, 215–263.

Clark, R. W., *The Life of Bertrand Russell,* New York 1976.

Hylton, P., *Russell, Idealism and the Emergence of Analytic Philosophy,* Oxford 1990.

Sainsbury, M., *Russell,* London 1979.

Watling, J., *Bertrand Russell,* Edinburgh 1970.

c) Weiterführende Literatur

Black, M., „Russell's philosophy of language", in: P. A. Schlipp (Hrsg.), *The Philosophy of Bertrand Russell,* New York 1944, [3]1951.

Blackburn, S./Code, A., „The power of Russell's criticism of Frege: ‚On denoting' pp. 48–50", *Analysis* 37 (1978).

Cappio, J., „Russell's philosophical development", *Synthese* 46 (1981), 185–205.

Church, A., „Comparison of Russell's resolution of the semantical antinomies with that of Tarski", *Journal of Symbolic Logic* 41 (1976), 747–760.

Copi, I. M., *The Theory of Logical Types,* London 1971.

Geach, P., „Russell's theory of descriptions", *Analysis* 10 (1950), 84–88.

Gödel, K., „Russell's mathematical logic", in: P. A. Schilpp (Hrsg.), *The Philosophy of Bertrand Russell,* New York 1944, [3]1951.

Horstmann, R.-P., *Ontologie und Relationen: Hegel, Bradley, Russell und die Kontroverse über interne und externe Beziehungen,* Königstein 1984.

Klemke, E. D. (Hrsg.), *Essays on Bertrand Russell,* Urbana 1971.

Nakhnikian, G. (Hrsg.), *Bertrand Russell's Philosophy,* London 1974.

Pears, D. F., *Bertrand Russell and the British Tradition in Philosophy,* London 1967.

Pears, D. F., *Bertrand Russell: A Collection of Critical Essays,* Garden City 1972.

Rheinwald, R., *Semantische Paradoxien, Typentheorie und ideale Sprache: Studien zur Sprachphilosophie Bertrand Russells,* Berlin 1988.

Salmon, W. C., „Russell on scientific inference *or* Will the real inductivist please stand up?", in: G. Nakhnikian (Hrsg.), *Bertrand Russell's Philosophy,* London 1974.

Schilpp, P. A. (Hrsg.), *The Philosophy of Bertrand Russell,* New York 1944, ^{3}1951.

Searle, J., „Russell's objections to Frege's theory of sense and reference", *Analysis* 18 (1958).

3 Ludwig Wittgenstein

a) Hauptwerke

Wittgenstein, L., *Logisch-philosophische Abhandlung, Tractatus logico-philosophicus. Kritische Edition,* hrsg. von B. McGuinness/J. Schulte, Frankfurt a. M. 1989.

Wittgenstein, L., *Prototractatus,* in: ders., *Logisch-philosophische Abhandlung, Tractatus logico-philosophicus. Kritische Edition,* hrsg. von B. McGuinness/J. Schulte, Frankfurt a. M. 1989.

Wittgenstein, L., „Bemerkungen über logische Form", in: *Wittgenstein. Vortrag über Ethik und andere kleine Schriften,* hrsg. und übers. von J. Schulte, Frankfurt 1989.

Wittgenstein, L., Suhrkamp Werkausgabe in 8 Bänden, Frankfurt a. M. 1984,

Bd. 1: Tractatus logico-philosophicus, Tagebücher 1914–1916, Philosophische Untersuchungen

Bd. 2: Philosophische Bemerkungen

Bd. 3: Wittgenstein und der Wiener Kreis. Gespräche, aufgezeichnet von Friedrich Waismann

Bd. 4: Philosophische Grammatik

Bd. 5: Das Blaue Buch, Eine Philosophische Betrachtung (Das Braune Buch)

Bd. 6: Bemerkungen über die Grundlagen der Mathematik

Bd. 7: Bemerkungen über die Philosophie der Psychologie, Letzte Schriften über die Philosophie der Psychologie

Bd. 8: Bemerkungen über die Farben, Über Gewißheit, Zettel, Vermischte Bemerkungen

b) Einführende Literatur

Anscombe, G. E. M., *An Introduction to Wittgenstein's Tractatus,* London 1967.

Fogelin, R. J., *Wittgenstein,* London ²1987.

Frongia, G./McGuinness, B., *Wittgenstein. A Bibliographical Guide,* Oxford 1990.

Kenny, A., *Wittgenstein,* Frankfurt a. M. 1974.

Klemke, E. D. (Hrsg.), *Essays on Wittgenstein,* Urbana Ill. 1971.

Lapointe, F. H., *Ludwig Wittgenstein. A Comprehensive Bibliography,* Westport 1980.

Luckhardt, C. G. (Hrsg.), *Wittgenstein: Sources and Perspectives,* Hassocks 1979.

McGuinness, B., *Wittgensteins frühe Jahre,* Frankfurt 1988.

Monk, R., *Wittgenstein. Das Handwerk eines Genies,* (deutsche Übers.) Stuttgart 1992.

Pitcher, G., *The Philosophy of Wittgenstein,* Englewood Cliffs 1965.

v. Savigny, E., *Die Philosophie der normalen Sprache. Eine kritische Einführung in die „ordinary language philosophy",* Frankfurt a. M. ³1993, Kap. 1.

Schulte, J., *Wittgenstein. Eine Einführung,* Stuttgart 1989.

Stenius, E., *Wittgensteins Traktat. Eine kritische Darlegung seiner Hauptgedanken,* Frankfurt a. M. 1969.

v. Wright, G. H., *Wittgenstein,* übers. von J. Schulte, Frankfurt a. M. 1986.

c) Weiterführende Literatur

(i) zu Wittgensteins *Tractatus*

Black, M., *A Companion to Wittgenstein's Tractatus,* Cambridge 1971.

Block, I. (Hrsg.), *Perspectives on the Philosophy of Wittgenstein,* Oxford 1981.

Carruthers, P., *Tractarian Semantics. Finding Sense in Wittgenstein's Tractatus,* Oxford 1989.

Copi, I. M./Beard, R. W. (Hrsg.), *Essays on Wittgenstein's Tractatus,* London 1966.

Goddard, L./Judge, B., „The metaphysics of Wittgenstein's *Tractatus*", *Australasian Journal of Philosophy,* Monographie Nr. 1, (1982).

Griffin, J., *Wittgenstein's Logical Atomism,* Oxford repr.1965.

Ishiguro, H., „Die Beziehung zwischen Welt und Sprache: Bemerkungen im Ausgang von Wittgensteins *Tractatus*", *Grazer Philosophische Studien. Internationale Zeitschrift für Analytische Philosophie* 33/34 (1989).

Ishiguro, H., „Namen. Gebrauch und Bezugnahme", in: J. Schulte (Hrsg.), *Texte zum Tractatus,* Frankfurt a. M. 1989, 96–135.

Kenny, A., „Wittgensteins frühe Philosophie der psychologischen Begriffe, in: J. Schulte (Hrsg.), *Texte zum Tractatus,* Frankfurt 1989, 155–164.

Lokhorst, G.-J., „Ontology, semantics and philosophy of mind in Wittgenstein's *Tractatus:* A formal reconstruction", *Erkenntnis* 29 (1988), 35–75.

Malcom, N., „Sprache und Gegenstände", in: J. Schulte (Hrsg.), *Texte zum Tractatus,* Frankfurt a. M. 1989, 136–154.

McGuinness, B., „The so-called realism of Wittgenstein's *Tractatus*", in: I. Block (Hrsg.), *Perspectives on the Philosophy of Wittgenstein,* Oxford 1981, 60–73.

Newen, A., „Interpretation und Rekonstruktion der Ontologie in Wittgensteins *Tractatus*", *Grazer Philosophische Studien* 41 (1991), 33–65.

Pears, D., *The false Prison. A Study of the Development of Wittgenstein's Philosophy,* Vol. 1, Oxford 1987.

Schulte, J. (Hrsg.), *Texte zum Tractatus. Aufsätze von Hidé Ishiguro, Anthony Kenny, Norman Malcom, Brian McGuinness, David Pears, Frank Ramsey, Peter Simons,* Frankfurt a. M. 1989.

Winch, P. (Hrsg.), *Studies in the Philosophy of Wittgenstein,* London 1969.

Winch, P., *Trying to Make Sense,* Oxford 1987.

(ii) zu Wittgensteins *Philosophischen Untersuchungen*

Arrington, R. L./Glock, H. J. (Hrsg.), *Wittgenstein's* Philosophical Investigations, London 1991.

Baker, G. P./Hacker, P. M. S., *An Analytical Commentary on Wittgenstein's Philosophical Investigations,* Vol. 1, Oxford 1980; Vol. 2, Oxford 1985; Vol. 3, Oxford 1990.

Birnbacher, D./Burkhardt, A. (Hrsg.), *Sprachspiel und Methode. Zum Stand der Wittgenstein-Diskussion,* Berlin 1985.

Dummett, M., „Wittgenstein's philosophy of mathematics", *Phil. Review* 68 (1959), 324–348.

Fogelin, R. J., „Wittgenstein and classical scepticism", *Int. Phil. Quarterly* (1981), 3–15.

Hacker, P. M. S., *Einsicht und Täuschung. Wittgenstein über Philosophie und die Metaphysik der Erfahrung,* (engl. *Insight and Illusion*), übers. von U. Wolf, Frankfurt a. M., 1978.

Hilmy, S. S., *The Later Wittgenstein. The Emergence of a New Philosophical Method,* Oxford 1987.

Hintikka, M. B./Hintikka, J., *Untersuchungen zu Wittgenstein,* (deutsche Übers.) Frankfurt 1990.

Holtzman, S. H./Leich, C. M., *Wittgenstein: to Follow a Rule,* London 1981.

Hunter, J. F. M., *Understanding Wittgenstein. Studies of Philosophical Investigations,* Edinburgh 1985.

Jones, O. R. (Hrsg.), *The Private Language Argument,* London 1971.

Kemmerling, A., „Regel und Geltung im Lichte der Analyse Wittgensteins", *Rechtstheorie* 6 (1975), 104–31.

Kripke, S. A., *Wittgenstein über Regeln und Privatsprache. Eine elementare Darstellung,* (engl. *Wittgenstein on Rules and Private Language*), übers. von H. Pape, Frankfurt 1987.

McDowell, J., „Wittgenstein on Following a Rule", *Synthese* 58 (1984), 325–363.

McGinn, C., *Wittgenstein on Meaning. An Interpretation and Evaluation,* Oxford 1984.

Newen, A., „Die Entwicklung der Wittgensteinschen Sprachphilosophie von 1929–1932", erscheint in: *Zeitschrift für philosophische Forschung* 1995.

Pettit, P., „The reality of rule-following", *Mind* 99 (Jan. 1990), 3–21.

Pitcher, G. (Hrsg.), *Wittgenstein. The Philosophical Investigations,* New York 1966.

Puhl, K. (Hrsg.), *Meaning Scepticism,* Berlin 1991.

v. Savigny, E., *Wittgensteins Philosophische Untersuchungen. Ein Kommentar für Leser,* Frankfurt a. M., Bd. 1, ²1994; Bd. 2, ²1995.

Shanker, S. (Hrsg.), *Ludwig Wittgenstein. Critical Assessments,* 4 Bände, London 1986.

Vesey, G. N. A. (Hrsg.), *Understanding Wittgenstein,* Royal Institute of Philosophy Lectures, Vol. 7 (1972–3), London 1974.

Einführende Literatur zu Kapitel 4 und 5

Harman, G., *The Nature of Morality. An Introduction to Ethics,* Oxford 1977; deutsche Übers.: *Das Wesen der Moral. Eine Einführung in die Ethik,* Frankfurt 1981.

Frankena, W., *Analytische Ethik. Eine Einführung,* München 1972.

v. Kutschera, F., *Grundlagen der Ethik,* Berlin 1982.

McIntyre, A., *A Short History of Ethics,* London 1967.

Ricken, F., *Allgemeine Ethik. Grundkurs Philosophie 4,* Stuttgart ²1989.

Tugendhat, E., *Probleme der Ethik,* Stuttgart 1984.

Williams, B., *Morality. An Introduction to Ethics,* Cambridge UP 1976; deutsche Übers.: *Der Begriff der Moral. Eine Einführung in die Ethik,* Stuttgart 1978.

4 Metaethik

a) Hauptwerke

Moore, G. E. M., *Principia Ethica,* Cambridge 1903.

Frankena, W., „The naturalistic fallacy“, *Mind* 48 (1939).

Stevenson, C. L., *Ethics and Language,* New Haven 1944.

Toulmin, S. E., *An Examination of the Place of Reason in Ethics,* Cambridge 1950.

Hare, R. M., *The Language of Morals,* Oxford 1952.

Edwards, P., *The Logic of Moral Discourse,* Glence 1955.

Baier, K., *The Moral Point of View,* Ithaca 1958.

Hare, R. M., *Freedom and Reason,* Oxford 1963.

Hare, R. M., *The Language of Morals,* Oxford 1952; deutsche Übers.: *Die Sprache der Moral,* Frankfurt 1983.

Hare, R. M., *Moral Thinking,* Oxford 1981.

b) Weiterführende Literatur

Foot, Ph. (Hrsg.), *Theories of Ethics,* Oxford 1967.

Grewendorf, G./Meggle, G. (Hrsg.), *Seminar: Sprache und Ethik. Zur Entwicklung der Metaethik,* Frankfurt a. M. 1974.

Seanor, D./Fotion, N. (Hrsg.), *Hare and Critics. Essays on Moral Thinking,* Oxford 1988.

Smart, J. J. C., *Ethics, Persuasion and Truth,* Oxford 1984.

5 Moralphilosophie

a) Hauptwerke

Moore, G. E. M., *Ethics,* London 1912.

Braithwaite, R. B., *Theory of Games as a Tool for the Moral Philosopher,* Cambridge 1955.

Brandt, R. B., *Ethical Theory,* Englewood Cliffs 1959.

Smart, J. J. C., *An Outline of a System of Utilitarian Ethics,* Melbourne 1961.

Singer, M. G., *Generalization in Ethics,* New York 1961.

Rawls, J., *A Theory of Justice,* Oxford 1972.

Nozick, R., *Anarchy, State, and Utopia,* New York 1974.

Parfit, D., *Reasons and Persons,* Oxford 1984.

b) Weiterführende Literatur

Ackermann, B. A., *Social Justice in the Liberal State,* London 1980.
Brülisauer, B., *Moral und Konvention. Darstellung und Kritik ethischer Theorien,* Frankfurt 1988.
Höffe, O., *Gerechtigkeit als Fairness,* München 1977.
Hudson, W. D., *Modern Moral Philosophy,* London 1967.
Kern, L., *Neue Vertragstheorie. Zur rationalen Rekonstruktion politisch-ethischer Grundprinzipien,* Königstein 1980.
Kern, L./Nida-Rümelin, J., *Logik kollektiver Entscheidungen*, München 1994.
Miller, D., *Social Justice,* Oxford 1976.
Nida-Rümelin, J., *Kritik des Konsequentialismus,* München 1993.
Nida-Rümelin, J. (Hrsg.), *Praktische Rationalität. Grundlagenprobleme und ethische Anwendungen des rational choice Paradigmas,* Berlin 1994.
Noonan, H. (Hrsg.), *Personal Identity,* Aldershot 1993.
Petitt, P. (Hrsg.), *Consequentialism,* Aldershot 1993.
Scheffler, S. (Hrsg.), *Consequentialism and its Critics,* Oxford 1988.
Warnock, G. J., *Contemporary Moral Philosophy,* London 1967.

6 Wahrnehmung

a) Hauptwerke

Carnap, R., *Der logische Aufbau der Welt,* Berlin 1928.
Carnap, R., „Testability and meaning", *Philosophy of Science* 3 (1936), 419–471; 4 (1937), 1–40.
Goodman, N., *The Structure of Appearance,* Cambridge 1951.
Paul, G. A., „Is there a problem about sense-data?", *Proceedings of the Aristotelian Society,* Suppl. 15 (1936), 61–77.
Bouwsma, O. K., „Moore's theory of sense-data", in: P. A. Schilpp (Hrsg.), *The Philosophy of G. E. Moore,* La Salle [3]1968, 201–221.
Ryle, G., *The Concept of Mind,* London 1949 (insbes. ch. 7).
Ryle, G., *Dilemmas*, Cambridge 1954 (ch. 7).
Hirst, R. J., „The difference between sensing and observing", *Proceedings of the Aristotelian Society,* Suppl. 28 (1954), 197–218.
Quinton, A., „The problem of perception", *Mind* 64 (1955), 28–51.
Sibley, F. N., „Seeking, scrutinizing, and seeing", *Mind* 64 (1955), 455–478.
Grice, P., „The causal theory of perception", *Proceedings of the Aristotelian Society,* Suppl. 35 (1961), 121–152.
Austin, J. L., *Sense and Sensibilia,* London 1962.

b) Einführende Literatur

Dancy, J., *An Introduction to Contemporary Epistemology,* Oxford 1985.
v. Kutschera, F., *Grundfragen der Erkenntnistheorie,* Berlin 1982.
Robinson, H., *Perception,* London 1994.

c) Weiterführende Literatur
(insbesondere die Aufsätze in Dancy, 1988, s. u.)

Armstrong, D. M., *Perception and the Physical World,* London 1961.
Armstrong, D. M., *A Materialist Theory of the Mind,* London 1968.
Ayer, A. J., *The Problem of Knowledge,* London 1956.
Bennett, J., *Linguistic Behaviour,* Cambridge 1976 (ch. 2–4).
Chisholm, R. M., *Perceiving,* Ithaca 1962.
Cornman, J., *Perception, Science and Common Sense,* New Haven 1975.
Dancy, J. (Hrsg.), *Perceptual Knowledge,* Oxford 1988.
Dretske, F., *Seeing and Knowing,* London 1969.
Dretske, F., *Knowledge and the Flow of Information,* Cambridge Mass. 1981 (inbes. ch. 6).
Hintikka, J., *Knowledge and Belief,* Ithaca 1962.
Jackson, F., *Perception,* Cambridge 1977.
Lehrer, K., *Theory of Knowledge,* London 1990.
Marr, D., *Vision,* San Francisco 1982.
Mundle, C. W. K., *Perception: Facts and Theories,* Oxford 1971.
O'Shaughnessy, B., „Seeing the light", *Proceedings of the Aristotelian Society* 85 (1985), 193–218.
Pitcher, G., *A Theory of Perception,* New York 1975.
Sellars, W., „The adverbial theory of the objects of sensation", *Metaphilosophy* 6 (1975), 144–160.
Strawson, P. F., „Perception and its objects", in: G. McDonald (Hrsg.), *Perception and Identity: Essays presented to A. J. Ayer,* London 1979, 41–60.
Stroud, B., *The Significance of Philosophical Scepticism,* Oxford 1984.

7 Anthropologie

a) Hauptwerke

Ryle, G., *The Concept of Mind,* London 1949.
Wittgenstein, L., *Philosophische Untersuchungen,* Oxford 1953.

Burge, T., „Individualism and the mental", *Midwest Studies in Philosophy* 4 (1979), 73–121.

Fodor, J., *Psychosemantics. The Problem of Meaning in the Philosophy of Mind,* Cambridge Mass. 1987, (ch. 2).

b) Weiterführende Literatur

(Siehe auch weiterführende Literatur zu Kapitel 10)

Block, N. (Hrsg.), *Readings in Philosophy of Psychology* I, II, Cambridge 1980, 1981.

Burge, T., „Individualism and Psychology", *Philosophical Review* 95 (1986), 3–45.

Loewer, B./Rey, G. (Hrsg.), *Meaning in Mind. Fodor and his Critics,* Cambridge 1991.

Saporiti, K., *Die Sprache des Geistes. Repräsentationalistische und syntaktische Theorien des Geistes im Vergleich,* Berlin 1995.

Stalnaker, R., „Narrow content", in: C. A. Anderson/J. Owens (Hrsg.), *Propositional Attitudes. The Role of Content in Logic, Language, and Mind,* Stanford 1990.

8 Sprachphilosophie

a) Hauptwerke

Russell, B., „Knowledge by acquaintance and knowledge by description", *Proceedings of the Aristotelian Society* 11 (1910/1911), 108–128.

Wittgenstein, L., „Logisch-Philosophische Abhandlung", *Annalen der Naturphilosophie* (1921); später als *Tractatus Logico-Philosophicus,* London 1922, 1933; Kritische Ausgabe, Frankfurt 1989.

Neurath, O., „Protokollsätze", *Erkenntnis* 3 (1932), 204–214.

Carnap, R., *Introduction to Semantics,* Cambridge 1942.

Carnap, R., *Meaning and Necessity,* Chicago 1947.

Carnap, R., „Meaning postulates", *Philosophical Studies* 3 (1952), 222–229.

Ryle, G., *The Concept of Mind,* London 1949, (insbes. ch. 2).

Strawson, P. F., „Truth", *Analysis* 9 (1949).

Strawson, P. F., „On referring", *Mind* 59 (1950).

Strawson, P. F., *Introduction to Logical Theory,* London 1952.

Wittgenstein, L., *Philosophische Untersuchungen,* Oxford 1953.

Grice, H. P., „Meaning", *Philosophical Review* 66 (1957), 377–388.

Grice, H. P., „Meaning revisited", in: N. V. Smith (Hrsg.), *Mutual Knowledge,* New York 1982, 223–243.

Quine, W. V. O., *Word and Object,* Cambridge 1960.

Hart, H. L. A., *The Concept of Law,* Oxford 1961.

Austin, J. L., *How to Do Things With Words,* Oxford 1962.

Davidson, D., „Truth and meaning", *Synthese* 17 (1967), 304–323.

Searle, J. R., *Speech Acts,* Cambridge 1969.

Lewis, D. K., *Convention,* Cambridge 1969.

Schiffer, S., *Meaning,* Oxford 1972.

Putnam, H., „The meaning of ‚meaning'", in: ders., *Philosophical Papers,* Vol. II, Cambridge 1975.

Dummett, M., „What is a theory of meaning?", in: S. Guttenplan (Hrsg.), *Mind and Language,* Oxford 1975, 97–138; deutsche Übers.: „Was ist eine Bedeutungstheorie?", in: M. Dummett, *Wahrheit,* Stuttgart 1982, 94–155.

Bennett, J., *Linguistic Behaviour,* Cambridge 1976.

v. Savigny, E., *The Social Foundations of Meaning,* Berlin 1988.

b) Weiterführende Literatur

(Siehe weiterführende Literatur zu Kapitel 11)

9 Grundlagen der analytischen Ontologie

a) Einführende Literatur

Patzig, G., „Relation", in: H. Krings (Hrsg.), *Handbuch philosophischer Grundbegriffe,* München 1973.

Prior, A. N., „Existence", in: P. Edwards (Hrsg.), *Encyclopedia of Philosophy,* London 1967.

Stegmüller, W., *Das Universalienproblem einst und jetzt,* Darmstadt 1965.

Stegmüller, W., „Einleitung", in: ders. (Hrsg.), *Das Universalienproblem,* Darmstadt 1978, 1–20.

b) Weiterführende Literatur

Carl, W., *Existenz und Prädikation,* München 1974.

Castaneda, H. N., *Sprache und Erfahrung. Texte zu einer neuen Ontologie,* Frankfurt 1982.

Davidson, D., „Truth and meaning", *Synthese* 17 (1967).

Davidson, D., „True to the facts", *Journ. Phil.* 66 (1969).

Donnellan, K., „Speaking of nothing", *Phil. Rev.* 83 (1974).

Dummett, M., *The Logical Basis of Metaphysics,* London 1991.

Forum für Philosophie Bad Homburg (Hrsg.), *Realismus und Antirealismus,* Frankfurt 1992.

Horstmann, R.-P., *Ontologie und Relationen. Hegel, Bradley, Russell und die Kontroverse über interne und externe Beziehungen,* Königstein 1984.

Künne, W., *Abstrakte Gegenstände. Semantik und Ontologie,* Frankfurt a. M. 1983.

Lewis, D., *On the Plurality of Worlds,* Oxford 1986.

Putnam, H., *The Many Faces of Realism,* La Salle 1987.

Putnam, H., *Representation and Reality,* Cambridge Mass. 1988.

Quine, W. V. O., „Was es gibt", in: ders., *Von einem logischen Standpunkt. Neun philosophische Essays,* (deutsche Übers.) Frankfurt 1979, 9–25, (Original 1953).

Quine, W. V. O., *Word and Object,* Cambridge 1960.

Quine, W. V. O., *Ontological Relativity and Other Essays,* New York 1969.

Quinton, A., *The Nature of Things,* London 1973.

Ramsey, F., „Universals", in: ders., *The Foundations of Mathematics and Other Logical Essays,* hrsg. von R. Braithwaite, London 1931.

Sellars, W., *Pure Pragmatics and Possible Worlds. The Early Essays of W. Sellars,* hrsg. von J. F. Sicha, Reseda 1980.

Simons, P., *Parts. A Study in Ontology,* Oxford 1987.

Specht, E. K., *Sprache und Sein,* Berlin 1967.

Stegmüller, W. (Hrsg.), *Das Universalienproblem,* Darmstadt 1978.

Stöcker, R., *Was sind Ereignisse?,* Berlin 1992.

Strawson, P. F., *Individuals. An Essay in Descriptive Metaphysics,* London 1959; deutsche Übers.: *Einzelding und logisches Subjekt. Ein Beitrag zur deskriptiven Metaphysik,* Stuttgart 1972.

Trapp, R. W., *Analytische Ontologie. Der Begriff der Existenz in Sprache und Logik,* Frankfurt 1976.

Wiggins, D., *Sameness and Substance,* Oxford 1980.

Williams, C. F. J., *What is Existence?,* Oxford 1981.

10 Analytische Philosophie des Geistes

a) Einführende Literatur

Bieri, P., „Was macht Bewußtsein zu einem Rätsel?", *Spektrum der Wissenschaft* (Okt. 1992), 48–56.

Bieri, P. (Hrsg.), *Analytische Philosophie des Geistes,* Bodenheim ²1993.

Fodor, J., „The mind-body problem", *Scientific American* (Jan. 1981); dtsch. Übers.: „Das Leib-Seele-Problem", *Spektrum der Wissenschaft* (1981).

Gardner, H., *The Mind's New Science,* New York 1985; deutsche Übers: *Dem Denken auf der Spur. Der Weg der Kognitionswissenschaft,* Stuttgart 1989.

Gregory, R. L. (Hrsg.), *The Oxford Companion to the Mind,* Oxford 1987.

Guttenplan, S. (Hrsg.), *A Companion to the Philosophy of Mind,* Oxford 1994, insbes. Part I, 3–107.

Lanz, P., „Vom Begriff des Geistes zur Neurophilosophie. Das Leib-Seele-Problem in der angelsächsischen Philosophie des Geistes von 1949–1987", in: A. Hügli (Hrsg.), *Philosophie im 20. Jahrhundert,* Bd. 2: Wissenschaftstheorie und analytische Philosophie der Sprache, Reinbeck 1991.

Metzinger, T., „Kriterien für eine Theorie zur Lösung des Leib-Seele-Problems", *Erkenntnis* 32 (1990), 127–45.

Priest, S., *Theories of the Mind,* London 1991.

Warner, R./Szubka, T. (Hrsg.), *The Mind-Body Problem. A Guide to the Current Debate,* Cambridge 1994.

b) Weiterführende Literatur

Armstrong, D. M., *A Materialist Theory of the Mind,* London 1968.

Armstrong, D./Malcom, N., *Consciousness and Causality,* Oxford 1984.

Beckermann, A. (Hrsg.), *Analytische Handlungstheorie, Band 2, Handlungserklärungen,* Frankfurt 1985.

Beckermann, A./Bieri, P., „Mental causation", *Erkenntnis* 36(3), (May 1992).

Beckermann, A./Flohr, H./Kim, J. (Hrsg.), *Emergence or Reduction? Essays on the Prospects of Non-reductive Physicalism,* Berlin 1992.

Bieri, P., „Trying out epiphenomenalism", *Erkenntnis* 36 (1992), 283–309.

Block, N. (Hrsg.), *Readings in the Philosophy of Psychology,* Cambridge, Vol. 1, 1980; Vol. 2, 1981.

Borst, C. V. (Hrsg.), *The Mind-Brain Identity Theory,* London 1965.

Bunge, M., *The Mind-Body Problem,* Oxford 1981.

Churchland, P. M., *Matter and Consciousness,* Cambridge 1984.

Churchland, P. S., *Neurophilosophy. Toward a Unified Science of the Mind/Brain,* Cambridge 1986.

Cummins, R., *Meaning and Mental Representation,* Cambridge Mass. 1989.

Davidson, D., *Essays on Actions and Events,* Oxford 1980, deutsche Übers.: *Handlung und Ereignis,* Frankfurt 1990.

Dennett, D. C., „Intentional Systems", *Journal of Philosophy* 68 (1971), 87–106; deutsche Übers.: „Intentionale Systeme", in: P. Bieri, *Analytische Philosophie des Geistes,* 162–183.

Dennett, D. C., *The Intentional Stance,* Cambridge 1987.

Dennett, D. C., *Elbow Room: The Varieties of Free Will Worth Wanting,* Cambridge Mass. 1984, deutsche Übers.: *Ellenbogenfreiheit. Die wünschenswerten Formen von freiem Willen,* Frankfurt 1986.

Dennett, D. C., *Consciousness Explained,* London 1991.

Heckmann, H.-D., *Mentales Leben und materielle Welt. Eine philosophische Studie zum Leib-Seele-Problem,* Berlin 1994.

Heil, J./Mele, A. (Hrsg.), *Mental Causation,* Oxford 1993.

Kim, J., „Psychophysical supervenience", *Philosophical Studies* 41 (1982), 51–70.

Kim, J., „Realism and explanatory exclusion", *Midwest Studies in Philosophy* 12 (1987), 225–239.

Kim, J., „Supervenience as a philosophical concept", *Metaphilosophy,* 21 (1990), 1–27.

v. Kutschera, F., *Die falsche Objektivität,* Berlin 1993.

Lanz, P., *Das Phänomenale Bewußtsein. Eine Verteidigung,* erscheint beim Klostermann-Verlag, Frankfurt 1996.

Lewis, D., *Philosophical Papers,* Bd. 1, Oxford 1983.

Lycan, W. G., *Consciousness,* Cambridge 1987.

Lycan, W. G. (Hrsg.), *Mind and Cognition,* Oxford 1990.

McGinn, C., *The Character of Mind,* Oxford 1982.

McGinn, C., *The Problem of Consciousness,* Oxford 1991.

Metzinger, T., *Subjekt und Selbstmodell. Die Perspektivität phänomenalen Bewußtseins vor dem Hintergrund einer naturalistischen Theorie mentaler Repräsentation,* Paderborn 1993.

Mittelstrass, J./Carrier, M., *Geist, Gehirn, Verhalten. Das Leib-Seele-Problem und die Philosophie der Psychologie,* Berlin 1989.

Place, U. T., „Is consciousness a brain process?", in: C. V. Borst, 1970 (s. o.), 42–51.

Pöppel, E. (Hrsg.), *Gehirn und Bewußtsein,* Weinheim 1989.

Putnam, H., „Minds and machines", in: S. Hook (Hrsg.), *Dimensions of Mind,* New York 1960; deutsche Übers., „Geist und Maschine", in: A. Beckermann (Hrsg.), *Analytische Handlungstheorie,* s. o., 364–397.

Robinson, H. (Hrsg.), *Objections to Physicalism,* Oxford 1993.

Rosenthal, D. M. (Hrsg.), *Materialism and the Mind-Body-Problem,* Englewood Cliffs 1971.

Rosenthal, D. M. (Hrsg.), *The Nature of Mind,* Oxford 1991.

Searle, J. R., *Minds, Brains and Science,* London 1984.

Searle, J. R., *The Rediscovery of the Mind,* Cambridge 1992.

Shoemaker, S., *Identity, Cause and Mind,* Cambridge 1984.

Smart, J. J. C., „Sensations and brain Processes“, in: Borst, C. V., 1970 (s. o.), 52–66.

Stich, S. P./Warfield, T. A. (Hrsg.), *Mental Representation. A Reader*, Cambridge 1994.

Tetens, H., *Geist, Gehirn, Maschine. Philosophische Versuche über ihren Zusammenhang*, Stuttgart 1994.

Vendler, Z., *The Matter of Minds*, Oxford 1984.

11 Ausgewählte Forschungsschwerpunkte

a) Einführende Literatur

Grewendorf, G./Hamm, F./Sternefeld, W., *Sprachliches Wissen. Eine Einführung in moderne Theorien der grammatischen Beschreibung*, Frankfurt a. M. 1987, Kap. VI und VII.

v. Kutschera, F., *Sprachphilosophie*, München ²1975.

Lyons, J., *Semantics*, Vol. I, II, Cambridge 1977; deutsche Übers., *Semantik*, Band I, II, München 1983.

Runggaldier, E., *Analytische Sprachphilosophie*, Stuttgart 1990.

Spohn, W., *Namen. Oder: das Einfachste ist das Schwierigste. Oder: eine Einführung in die Sprachphilosophie*, Vorlesung von Wolfgang Spohn im WS 92/93, Skriptum ausgearbeitet von Ulrike Kleemeier und Wolfgang Spohn, Bielefeld 1993.

v. Stechow, A./Wunderlich, D. (Hrsg.), *Semantik – Ein internationales Handbuch der zeitgenössischen Forschung*, Berlin 1991.

Stegmüller, W., *Das Wahrheitsproblem und die Idee der Semantik. Eine Einführung in die Theorien von A. Tarski und R. Carnap*, Wien 1957.

Tugendhat, E., *Vorlesungen zur Einführung in die sprachanalytische Philosophie*, Frankfurt 1976.

b) Weiterführende Literatur

Anduschus, M., *Zuschreibungen propositionaler Einstellungen*, Dissertation Hamburg 1995.

Bach, K., *Thought and Reference*, Oxford 1987.

Barwise, J./Perry, J., *Situations and Attitudes*, Bradford 1983; deutsche Übers.: *Situationen und Einstellungen*, Berlin 1987.

Bennett, J., *Linguistic Behaviour*, Cambridge 1976; deutsche Übers.: *Sprachverhalten*, Frankfurt 1982.

Castaneda, H. N., „Indicators and quasi-indicators“, *American Philosophical Quarterly* 4 (1967), 85–100.

Cresswell, M. J., *Logics and Languages,* London 1973.

Cresswell, M. J., *Structured Meanings,* Cambridge 1985.

Crimmins, M., *Talk about beliefs,* Cambridge Mass. 1992.

Davidson, D./Harman, G. (Hrsg.), *Semantics of Natural Language,* Dordrecht [2]1977.

Davidson, D., *Inquiries into Truth and Interpretation,* Oxford 1984, deutsche Übers.: *Wahrheit und Interpretation,* Frankfurt 1990.

Davis, S. (Hrsg.), *Pragmatics. A Reader,* Oxford 1991.

Devitt, M., *Designation,* New York 1981.

Evans, G., *The Varieties of Reference,* hrsg. von J. McDowell, Oxford 1982.

Falkenberg, G. (Hrsg.), *Wissen, Wahrnehmen, Glauben. Epistemische Ausdrücke und propositionale Einstellungen,* Tübingen 1989.

Forum für Philosophie Bad Homburg (Hrsg.), *Intentionalität und Verstehen,* Frankfurt 1990.

Grewendorf, G./Meggle, G. (Hrsg.), *Sprechakttheorie und Semantik,* Frankfurt 1979.

Grice, P., *Studies in the Way of Words,* Cambridge 1989.

Haas-Spohn, U., *Versteckte Indexikalität und subjektive Bedeutung,* Bonn 1995.

Kamp, H., „A Theory of Truth and Semantic Representation", in: J. Groenendijk u. a., *Truth, Interpretation and Information: Selected Papers from the Third Amsterdam Colloquium* Dordrecht 1984.

Kaplan, D., „Demonstratives. An essay on the semantics, logic, metaphysics, and epistemology of demonstratives and other indexicals", in: J. Almog, J. Perry/H. Wettstein (Hrsg.): *Themes from Kaplan,* Oxford 1989, 481–563.

Kemmerling, A., „Was Grice mit ‚Meinen' meint", in: G. Grewendorf (Hrsg.), *Sprechakttheorie und Semantik,* Frankfurt 1979, 67–118.

Kemmerling, A., „Utterer's meaning revisited", in: R. Grandy, R. Warner (Hrsg.), *Philosophical Grounds of Rationality,* Oxford 1986, 131–155.

Kripke, S. A., *Naming and Necessity,* Oxford 1972; deutsche Übers.: *Name und Notwendigkeit,* Frankfurt 1981.

Lewis, D., „Attitudes de dicto and de se", *The Philosophical Review* 88 (1979), 513–543.

Loar, B., „The semantics of singular terms", *Philosophical Studies* 30 (1976), 353–377.

Martinich, A. P., *Communication and Reference,* Berlin 1984.

Meggle, G. (Hrsg.), *Handlung, Kommunikation, Bedeutung,* Frankfurt a. M. 1979.

Neale, S., *Descriptions,* Cambridge Mass. 1990.

Neale, S., „Paul Grice and the philosophy of language", *Linguistics and Philosophy* 15 (1992), 509–559.

Newen, A., *Kontextabhängigkeit, Referenz und Bedeutung,* erscheint beim Schöningh-Verlag, Paderborn 1996.

Peacocke, C., „Proper names, reference and rigid designation", in: S. Blackburn (Hrsg.), *Meaning, Reference and Necessity,* Cambridge 1975, 109–132.

Peacocke, C., *Thoughts: An Essay on Content,* Oxford 1986.

Peacocke, C. (Hrsg.), *Understanding and Sense,* 2 Bände, Aldershot 1993.

Perry, J., „The problem of the essential indexical", *Nous* 13, (1979) 3–21.

Perry, J., „Cognitive significance and new theories of reference", *Nous* 22 (1988), 1–18.

Recanati, F., *Meaning and Force. The Pragmatics of Performative Utterances,* Cambridge 1987.

Recanati, F., *Direct Reference. From Language to Thought,* Oxford 1993.

Salmon, N., *Reference and Essence,* Oxford 1982.

Salmon, N./Soames, S. (Hrsg.), *Propositions and Attitudes,* Oxford 1988.

v. Savigny, E., *Zum Begriff der Sprache. Konvention, Bedeutung, Zeichen,* Stuttgart 1983.

v. Savigny, E., *The Social Foundations of Meaning,* Berlin/Heidelberg/New York 1988.

Schiffer, S., *Meaning,* Oxford 1972.

Schiffer, S., „The basis of reference", *Erkenntnis* 13 (1978), 171–206.

Schiffer, S., „Indexicals and the theory of reference", *Synthese* 49 (1981), 43–100.

Schiffer, S., *Remnants of Meaning,* London 1987.

Smith, Q., „The multiple uses of indexicals", *Synthese* 78 (1989), 167–191.

Sperber, D./Wilson D., *Relevance. Communication and Cognition,* Oxford 1986.

Spohn, W., „Die fünf Stufen einer Theorie der Bedeutung", in: P. Wapnewski (Hrsg.), *Wissenschaftskolleg zu Berlin. Jahrbuch 1985/86,* 365–376.

Stalnaker, R. C., „Indexical belief", *Synthese* 49 (1981), 129–151.

Strawson, P. F., „Intention and convention in speech acts", *The Philosophical Review* 73 (1964).

Wolf, U. (Hrsg.), *Eigennamen. Dokumentation einer Kontroverse,* Frankfurt 1985.

Woodfield, A. (Hrsg.), *Thought and Object. Essays on Intentionality,* Oxford 1982.

Yourgrau, P. (Hrsg.), *Demonstratives,* Oxford 1990.

Personenregister